KB052613

"북조선 여성",
장마당 뷰티로
잠자던 욕망을 분출하다!

"북조선 여성", 장마당 뷰티로 잠자던 욕망을 분출하다!

초판 1쇄 발행 2019년 6월 25일

지은이 김석향 · 박민주
펴낸이 윤관백
펴낸곳 ᄎᆞ동선 출판선인

등록 제5-77호(1998.11.4)
주소 서울시 마포구 마포대로 4다길 4(마포동 324-1) 곳마루빌딩 1층
전화 02)718-6252 / 6257
팩스 02)718-6253
E-mail sunin72@chol.com

정가 29,000원
ISBN 979-11-6068-280-9 93300

· 이 연구는 아모레퍼시픽재단의 학술연구비 지원을 받아 수행되었음.

"북조선 여성",
장마당 뷰티로
잠자던 욕망을 분출하다!

김석향 · 박민주

 도서 선인
출판

머리말 :
북한을 읽는 렌즈, 여성과 "꾸미기" 활동

　이 연구는 북한사회에 유례없는 변화가 발생했던 1990년 이후 북한 여성
의 일상생활 속에서 "꾸미기" 활동과 관련하여 어떤 변화가 나타나는지 세
밀하게 읽어내고 그 사회적 의미를 해석해 보는 시도로 출발했다. 경제적으
로 최악의 상황이라고 알려진 그 시절에 북한 여성의 "꾸미기" 경험은 어떤
특징을 지니는지, 이들의 행위가 북한사회의 전반적인 문화와 어떤 관계를
지니는지 입체적으로 드러내고자 하는 것이 이 연구의 목적이다.

　잘 알려진 바와 같이 북한사회는 1990년대 중반을 지나며 혹독한 식량난
과 경제난을 겪었다. 그 속에서 여성은 사실상 배급제를 중단했던 북한당국
을 대신하여 가족의 생계를 이어나가는 일차적 책임자 역할을 떠맡아 장마
당에 나와 장사로 연명하기 시작했다. 이른바 사회주의 정신에 따라 몇 가
지 예외를 제외하고 일체의 상행위를 불법으로 금지했던 그 당시에 여성들
은 북한당국의 방침에 순응하지 않고 자신과 가족의 생존 가능성을 적극적
으로 모색한 것이다. 당시 이들이 장마당에 나와 물건을 파는 행위는 그 자
체로 기존규범에 도전하는 의미를 지닌다.

　2000년 이후 북한사회 전역에 걸쳐 시장화는 더욱 활발하게 진행이 되었
다. 북한당국은 다양한 방식으로 시장화의 진행을 막으려 했었지만 결국

2003년에는 종합시장의 설치를 합법화하는 조치를 취할 수밖에 없었다. 이렇게 시장의 움직임이 활발해지면서 자연스럽게 외부 문물의 유입이 증가했고 북한사회 전반에 다양한 변화가 일어나기 시작했다. 북한당국이 여전히 불법으로 규정해 놓은 각종 규범도 시장을 통해 이익을 추구하려는 주민들의 욕망 앞에서 무력화하는 현상이 벌어졌다. 단속이 계속 이어져도 장마당의 다양한 매대는 중국산 물품으로 채워졌고 중국을 통해 한국산 제품을 몰래 들여가는 일은 더 많아졌다. 무엇보다 젊은 청년층 중심으로 한국 드라마를 소비하는 북한주민의 숫자가 시간이 지날수록 급격하게 늘어났다.

이렇게 전반적 흐름이 바뀌는 가운데 북한 여성은 집이나 옷, 장신구, 헤어스타일 등 "꾸미기" 활동의 주체로서 유행을 만들어 내고 그 속에서 문화를 향유하는 핵심주체로 등장했다. 꾸미기 수요와 공급이 만나 관련 시장이 커지는 가운데 북한당국은 "비사회주의적" 행태를 단속하겠다며 제재를 가하는 시도를 멈추지 않았다. 이른바 "비사회주의 그루빠" 활동을 통해 수시로 옷차림을 단속하고 장신구 착용을 하지 못하게 감시하였다. 특히 여성을 대상으로 "조선옷" 차림을 권장하면서 "민족적 특성"이나 "민족전통"을 강조하는 한편 우리 민족을 "김일성 민족"으로 규정하려는 시도를 이어나갔다.[1]

2019년 오늘의 시점에서 북한사회 현황을 살펴보면 그 속에 사는 여성은 치열한 삶의 역정을 헤쳐 나가는 단계에 놓여 있다고 하겠다. 시장과 자본, 물질문화를 향유하고자 하는 욕구, 외부에서 쏟아져 들어오는 새로운 문물의 유입이 뒤섞여 있는 와중에 북한당국은 나름대로 다양한 방식을 동원하여 주민의 일상생활을 통제하고 체제를 수호하고자 하는 상황이 이어지는데 이런 상황에서 여성은 매일매일 자신과 가족의 생존을 위해 더 나은 삶을 꿈꾸며 몸부림치는 것으로 나타난다. 그런 의미에서 오늘날 북한 여성의 일상은 북한사회의 역동성을 "날 것 그대로" 드러내는 모습을 보여준다. 특히

---

1 김석향, 2007.

오늘날 북한 여성의 소비 행태는 주어진 여건이 어렵지만 그 속에서 조금이라도 더 나은 미래를 모색하는 생존전략 속에서 위기를 극복하는 방향으로 아슬아슬한 선택을 지속하는 행위라는 의미를 지닌다.

1990년 이후 2019년 현재의 시점에 이르는 북한사회를 입체적으로 이해하려면 반드시 '여성의 관점에서' 전반적인 사회현상을 해석할 필요가 있다. 특히 통일을 준비해야 하는 오늘의 우리에게 북한 인구의 절반인 여성과 이들의 일상생활이 지니는 의미를 분석하는 작업은 정부와 기업, 학계, 모두의 관점에서 반드시 달성해야 하는 필수적인 과업이라 하겠다. 그렇지만 지금까지 북한 관련 연구는 주로 정치·군사·국방 관점에 매몰이 된 상태로 머물러 있었다는 비판을 면하기 어렵다. 그나마 남성 중심적 관점을 벗어나지 못한 상태로 여성의 일상에 어떤 영향을 주는지 분석하려는 시도조차 하지 않는 경우가 많았다. 그 결과는 자연히 북한 여성이나 주민의 일상에서 나타나는 문화나 유행 현상을 분석해 온 사례를 사실상 찾을 수 없는 현실로 이어졌다.

이 연구는 1990년대 들어선 이후 북한 여성의 "꾸미기" 현상이 갖는 사회적 의미에 주목하려 한다. 구체적으로는 1989년 평양에서 열린 제13차 세계청년학생축전 이후 오늘에 이르는 시기를 연구대상 기간으로 선정하였다. 북한사회는 이 기간 동안 극심한 변동을 겪었고 그 변화의 진폭은 고스란히 주민들 일상생활 전반에 강력한 충격을 주었다.[2] 1989년이라는 시점은 동유럽의 사회주의권 국가에서 연이어 정권이 몰락하는 차원을 넘어서 이른바 "사회주의 형제나라" 대부로 자처하던 소련과 중국에도 변화의 조짐이 나타나는 등 당시 북한은 대내외적으로 체제 유지가 어려운 위기 상황을 겪고 있었다. 이런 상황에서 한국의 대학생 임수경이 사회주의권 국가의 청년과 대학생이 참여하는 제13차 세계청년축전 개최 현장인 평양에 홀로 깃발을 들고 나타났다. 당시 "남조선에서 온" 임수경이라는 젊은 여성의 옷차림과

---

2 김석향, 2012.

언행은 "그때까지 별다른 유행이라는 것이 없었던" 북한사회에 강력한 바람을 몰고 온 "추세" 현상을 만들어 냈다. 바로 이 "추세" 현상에서 이번 연구는 출발하고자 한다.

이 연구는 북한사회에서 "추세" 현상이 나타난 이후 여성이 일상생활 속에서 어떻게 "꾸미기" 경험을 하고 소비생활을 해나가는지 세밀하게 묘사하는 반면 동시대에 북한당국이 발간한 공간문헌에서 이런 활동을 어떤 방식으로 묘사해 놓았는지 그 내용을 분석하는 활동을 동시에 진행하였다. 구체적으로 여성의 일상생활과 문화를 보다 세밀하게 묘사하는 것을 목표로 이들의 활동을 몇 개의 세부 영역으로 분류하여 옷차림과 머리모양, 장신구, 화장이나 성형을 비롯한 얼굴 미용, 신발, 집 꾸미기, 자녀와 남편 등 가족 구성원의 스타일링 등 다양한 측면에서 면담 대상자가 직접 경험한 내용을 자료로 수집하고 그 내용을 재구성하여 제시하고자 하였다. 물론 이 과정이 결코 쉽지 않았고 연구진은 현실적으로 주어진 한계 내에서 사용 가능한 방법은 최대한 동원하여 자료를 수집하였다.

연구진은 이와 같은 활동을 북한주민의 일상생활 전반을 기록하는 "실록화" 작업의 일환으로 명명하고자 한다. 굳이 "실록화" 작업의 일환으로 명명하려 하는 이유는 조선시대 사관(史官)이 임금의 일거수일투족을 세밀하게 기록하는 사초(史草)를 만들고 그 사초를 토대로 실록을 만드는 과정을 염두에 두었기 때문이다. 만약 조선시대 당시 사관(史官)이 기록한 사초(史草)가 없었더라면 오늘날 우리는 실록의 흥미진진한 내용을 만날 수 없었을 것이다. 마찬가지로 연구진이 북한주민의 일상생활 전반을 세밀하게 기록하는 작업을 하지 않는다면 100년 뒤, 200년 뒤 오늘의 북한 상황을 연구하고자 하는 후세 사람은 오로지 북한당국이 남긴 김일성 일가를 칭송하는 기록만 만나게 될 것이다.

그런 의미에서 연구진은 "실록화" 작업을 통하여 북한 여성의 "꾸미기" 경험을 치밀하게 묘사하고 그 의미를 분석함으로써 북한사회의 변화를 읽어

내는 한편 그 중심에서 유행을 소비하고 향유하며 끊임없이 상품과 서비스를 선택하는 주체성을 발휘해 온 여성의 일상이 지닌 의미를 살펴보고자 했다. 또한 이 작업을 통해 북한 여성이 문화의 주체임을 드러내고 북한 여성사와 일상사, 미시사, 문화사 연구의 질적·양적 폭을 넓혀 관련 종사자나 연구진 뿐 아니라 북한/여성 분야 관련 주제에 관심을 둔 사람은 누구나 손쉽게 읽을 수 있는 문헌을 만들어내고자 했다. 이 연구가 북한사회 다양한 면모를 입체적으로 이해하는 길잡이 역할을 함으로써 그동안 수면 아래 감추어져 있었던 북한 여성의 일상생활이 그 모습을 드러내는 역할을 하게 될 것을 기대한다.

이제 오래 기다려 오던 책을 세상에 선보이면서 한 가지 안타까운 소회를 밝혀두려 한다. 이번 연구는 2016년 7월 아모레퍼시픽 재단의 '2016 여성과 문화 정기 학술공모' 지원사업에 제안서를 제출하고 11월 최종선정 소식을 받았다. 2016년 12월 1일, 아모레퍼시픽 재단과 출판지원 계약을 발효하고 연구를 시작했다. 그로부터 6개월 정도 시간이 지났을 때 우리 연구진이 재단에 제출했던 제안서 내용을 떠올리게 만드는 학술지 논문과 책이 나왔다는 소식을 전해 들었다. 연구진 두 사람이 아모레퍼시픽 재단의 지원을 받아 면담을 하고 자료를 수집하며 글을 쓰는 동안 자세한 내용을 공개하지 않았던 만큼 누군가 우리와 비슷한 관심사를 가지고 있다는 소식에 반가운 마음으로 찾아보았다.

막상 해당 자료를 찾아 손에 쥐었을 때 차가운 실망감 같은 것이 스쳐 지나갔다. 잠시 어떻게 대처하는 것이 좋을까 하는 생각에 빠져들기도 했다. 이 글을 쓰는 순간에도 여전히 의문이 남는다. 평소 "별로 중요하지도 않은 여자들 화장하는 이야기" 관련 주제를 학술 논문으로 만드는 작업에 관심이 없을 것 같던 남성 학자가 북한여성의 화장품을 다루는 연구결과를 내놓았으니 고맙고 반갑게 받아들여야 할까? 언제, 어디서, 어떤 일을 계기로 이런 주제에 관심을 갖고 연구를 시작한 것인지 제대로 따져봐야 할까? 그동안 학문의 영역에서 가치를 지니는 주제로 인정을 받지 못했던 북한 여성의 "지극히 사소한 일상" 관련 주제를 그렇게라도 책과 논문으로 만들어 냈으니 나름의 긍정적 의미를 부여해야 할까? 아직도 현명한 대처 방안이 무엇인지 잘 모르겠다. 다만 이 책이 북한여성과 주민의 평범한 일상을 다루는 주제를 더 자주, 더 깊이 학술적 장에 드러내는 마중물 역할을 할 것을 소망하는 마음으로 인사말을 맺는다.

2019년 6월
연구진

일러두기

본격적인 서술을 시작하기 전에, 이 글에서는 다음 두 가지 경우에 한하여 북한식 표기를 그대로 사용하였다는 점을 미리 밝혀두고자 한다.

첫째, 고유명사인 경우에 조선민주녀성동맹이나 『조선녀성』, 『로동신문』 같은 사례에서 볼 수 있는 것처럼 북한에서 표기하는 명칭을 그대로 사용하였다.

둘째, 북한당국이 발행한 공간문헌이나 면담 대상자의 발언 내용을 직접 인용하는 경우에는 비록 대한민국 국립국어원이 규정하는 맞춤법 규범과 다르다고 해도 원형 그대로 제시하는 원칙을 지켰다. 이런 경우에는 면담 대상자가 말하는 내용을 그대로 살리고자 하는 의도에서 연구진은 북한식 표기방법이 나온다고 해도 맞춤법 규범에 맞추어 수정하려 하지 않았다는 뜻이다.

그리고, 북한에서 "여맹"이라 부르는 "조선사회주의녀성동맹"은 이 연구의 분석 대상 시기인 2015년까지 "조선민주녀성동맹"이 그 정식명칭이었다. 따라서 본문에서는 2016년 개칭한 정식명칭이 아닌 분석 대상 시점 당시의 정식명칭 "조선민주녀성동맹"을 사용하고자 한다.

차 례

II. 1990년대: 북한 여성의 일상생활에 꾸미기 "추세" 등장하다

IV. 2010년대: 북한 여성 스스로 꾸미기 방식을 선택하기 시작하다

V. 맺음말: 북한 여성이 꾸미기 문화의 주인공이 되는 길

표 차례

그림 차례

Ⅰ. 연구 소개

Ⅰ. 연구 소개

1. 기획의도

사람은 누구나 자신의 존재를 확인하고 또 내면의 욕망을 드러내고 싶어
하는 욕구를 지니고 있다. 외부로 드러나는 차림새는 사람의 내면에 숨어
있는 이런 욕구를 타인과 세상을 향해 드러내는 양상을 잘 보여준다. 당연
히 사람마다 자신의 차림새에 대해서 나름의 취향과 선호를 지닌 채 일상생
활을 영위하게 마련이다. 이런 활동을 전체적으로 "꾸미기" 행위로 규정할
수 있겠다.

"꾸미기" 행위의 유형은 다양하고 그 범위도 폭넓게 나타난다. 옷차림 행
위라는 영역을 살펴보면 유행과 상관없이 자신이 선호하는 방식의 차림새
를 확고하게 추구하는 사람이 있는가 하면 스스로 트렌드 세터라는 자의식
을 갖고 사회적 유행이라는 흐름에 민감하게 반응하는 사람도 드물지 않다.
철이 바뀔 때마다 트렌드에 민감하게 물건을 구입하는 사람이 있는가 하면
유행과 상관없이 단골 빈티지 가게에 가서 자신의 개성을 또렷하게 드러내
는 옷을 구매하는 사람도 존재한다. 나름대로 기준을 세워 두고 그에 맞는
방식으로 얼굴과 피부를 가꾸는 일에 상당한 규모의 비용과 시간을 투자하

는 사람도 많다. 물론 얼굴과 피부를 가꾸는 데 쓰는 돈과 시간이 가장 아깝다고 생각하며 이 부분에 투자하는 것을 낭비라고 주장하는 사람도 드물지 않다. 그런 반면에 전체적인 차림새에 어울리는 장신구와 소지품을 선택하는 일에 신경을 쓰고 한 걸음 더 나아가 집과 자동차 내부를 꾸미고 필요한 가구를 갖추어 두는 일이야말로 삶의 최우선 순위를 두어야 할 분야라고 확신하는 사람도 자주 볼 수 있다. 결국 "꾸미기" 활동의 유형은 매우 다양하고 그 범위는 아주 폭넓게 나타난다고 하겠다.

사람이 자신을 꾸미는 활동을 하는 것은 명백하게 사회적인 행위이면서도 또 다른 측면에서 보면 지극히 개인적인 선호의 표현 현상이기도 하다. "꾸미기" 행위가 자신의 기호와 선택을 반영한다는 점에서 개인적인 행위라는 점은 분명한 일이다. 그렇지만 사람이 특정한 기호를 바탕으로 선택을 하는 행위 자체가 자신이 속해 있는 사회의 영향을 고스란히 반영한다는 점도 부인할 수 없는 사실이다. 일상적 소비품을 제공하는 시장은 물론이고 개인의 행위에 다양한 방식으로 영향을 미치는 관념과 유행에 이르기까지 사람이 자신이 속해 있는 사회로부터 완전히 자유로운 상태로 존재하는 경우는 없다. 결국 개인의 "꾸미기" 활동은 그 여파가 한 사람의 일상적 범주에 머무르지 않고 사회 전체로 이어지는 행위라는 의미를 지니는 만큼 관련 현상을 치밀하게 파악해 볼 필요가 있다고 하겠다.

북한주민도 다른 사람과 똑같은 성정을 지닌 만큼 이들도 당연히 "꾸미기" 욕구를 지니고 있다. 2018년 9월, 평양공동선언 발표 당시 텔레비전 화면에 자주 등장하는 평양 주민의 옷차림은 1990년대 중반 고난의 행군기 당시 차림새와 확연하게 다르다. 구체적으로 언제부터, 무엇이 얼마나 달라졌는지 간결하게 정리하기 어렵지만 해당 기간 동안 북한 사회 내부에서 일종의 패러다임 변화가 일어났다는 점은 부인할 수 없는 일이다. 이번 연구를 진행하면서 만났던 북한이탈주민 면담 대상자의 답변에서도 비슷한 변화 양상을 찾아볼 수 있었다. 1990년대 중반 고난의 행군기 무렵과 다르게 최근에는 평양 뿐 아니라 지방 대도시와 북중국경 지역 곳곳에서도 화려한 색깔의 옷차림과 장신구를 착용하는 여성이 늘어나고 색조화장을 선호하는 풍조가 뚜렷해졌다는 것이 면담 대상자의 발언이었다.

면담 대상자인 북한이탈주민 여성은 대부분 북한에도 예전부터 "추세 현상이 있기는 있었다" 하는 점을 지적해 주었다. 비록 "꿰진 옷을 입고 다녀도 다 그렇게 입고 다니니까 그다지 창피하지는 않았던" 시절에도 여자들은 누군가 남다른 차림새를 하고 나타나면 그 옷을 "얼추 비슷하게 만들어 입으려는" 움직임이 곳곳에서 나타났다고 이들은 주장했다. 그렇지만 북한사회에서 이른바 "추세라고 볼 수 있는" 현상이 뚜렷하게 나타났던 시기는 역설적으로 1990년대 중반 고난의 행군기 기간 동안 가장 강력했다는 것이 이들의 주장하는 핵심 내용이었다. 최악의 경제난 속에 시장 활동이 많아지면서 북한 여성이 사회적 비난을 받지 않으면서도 "꾸미기" 욕구를 충족할 수 있는 통로가 열렸다는 것이었다. 바로 이 지점에서 연구진은 북한주민의 꾸미기 현상에 관심을 갖기 시작했다.

이 문제를 밝히고자 하는 연구진의 의도는 욕구와 호기심 측면에서 충분히 강력했지만 그런 상황에서도 북한 내 "꾸미기" 관련 분석을 시도하는 것이 결코 쉬운 일은 아니었다. 무엇보다 분석 대상 자료를 제대로 확보할 수 없다는 점이 가장 큰 난관이었다. 북한당국이 발행하는 자료는 김일성 가계로 이어지는 지도자의 활동을 칭송하는 내용만 많을 뿐, 그 사회에서 살아가는 평범한 주민이 일상생활을 하면서 무엇을 입고 무엇을 먹으며 생존에 필요한 활동을 어떻게 하는지 있는 그대로 전달해 주지 않았다. 이런 현실에서 관련 자료를 찾는 것은 사실상 불가능한 일이었다. 한 걸음 더 나아가 북한지역에 들어가 주민들 행위를 직접 관찰하거나 그들을 대상으로 설문이나 면접을 시행하는 것은 생각조차 할 수 없었다. 이런 상황에서 관련 분야의 선행연구도 사실상 찾을 수 없다는 것이 더 큰 난관이었다. 북한 관련 연구라고 하면 기본적으로 핵문제와 권력구조를 비롯한 정치, 군사 부문 주제를 다루는 활동을 의미하는 오늘의 현실에서 "지극히 사소하고 개인적이며 그다지 중요하지도 않은" 꾸미기 현상을 분석할 일 자체가 쉽지 않았다.

그러나 이런 주제를 다루는 것이 북한사회 내부의 작동원리를 제대로 이해하는데 꼭 필요한 연구라는 생각에 변함이 없었다. 북한지역에서 살아가는 평범한 주민이 어떻게 하루를 보내는지, 어떤 화장품을 선택하고 선호하는 옷차림은 무엇인지, 집은 어떻게 꾸미는지, 이런 꾸미기 활동에 필요한 물품은 어디서 구하는지, 어느 정도 가격을 주고 그런 물품을 구입하는지 등등 사소하고 중요하지 않은 개인의 일상을 분석해야 그 사회의 실체를 파악할 수 있다고 연구진은 확신한다. 개인의 일상은 소소하지만 그 개인이 속한 집단이 전체적으로 움직이는 과정에서 절대 간과할 수 없는 사회적 의미를 지니기 때문이다. 언뜻 보면 정말 견고해서 절대 무너지지 않을 것 같은 사회의 제도나 권력의 움직임도 개인의 일상적 행위성을 통해 그 단단함을 끊임없이 유지해 주지 않으면 누구도 인식하지 못하는 사이에 자연스럽게 무너져 내릴 가능성도 있다는 것이 연구진의 생각이다.

북한당국은 나름의 명분을 내세워 TV뉴스, 신문, 잡지는 물론 단속반까지 동원하여 주민의 일상적 차림새를 규제해왔다. "옷차림을 단정히 하는 것은 사회주의 사회에서 사는 사람이라면 누구나 자각적으로 지켜야 할 생활규범이며 의무"라거나[1] "옷차림과 머리단장을 잘하는 것은 문화생활 분야에서

---

1 「생산문화, 생활문화를 확립하는 것은 숭고한 애국사업」, 『로동신문』 2019년 3월 30일. 해당 기사에서 북한당국은 "3월과 4월은 봄철 위생월간"으로 "옷차림과 언어례절, 공중도덕, 식생활을 비롯한 일상생활을 사회주의적생활양식에 맞게 문명하게 해나가는 사업"인 생활문화 확립에 힘쓸 것을 강조했다. "생활이 좀 어렵다고 하여 되는대로 살고 비문화적으로 행동하는 것은 애국심이 없는 표현"이라고 덧붙였다. 2019년 3월 북미 하노이 회담이 끝나고 그간 회담소식으로 가득 찼던 지면에 "제국주의자들의 반공화국책동을 짓부시고 사회주의를 굳건히 수호해나가기 위한 사업은 도덕적 기풍확립(「아름답고 고상한 도덕기풍이 국풍으로 되도록 하는 것은 현실발전의 요구」, 『로동신문』 2019년 3월 19일), "우리민족제일주의, 우리 국가제일주의 (중략) 옷 하나를 해입혀도 우리 식, 우리의 향기가 넘치는 고상한 우리 민족 옷을 해입히며(「민족성이 꽃펴나는 우리 생활」, 『로동신문』 2019년 3월 21

주체성과 민족성을 고수하기 위한 중요한 문제"라는[2] 북한당국의 주장은 2019년 4월 오늘날까지 현재진행형이다. 물론 이러한 주장이 신문 지면에 나타났다는 것은 북한주민의 일상이 북한당국이 원하는 방식대로 작동하지만은 않음을 시사해준다.

반드시 필요한 연구라는 확신 속에서도 이런저런 현실적 한계로 소규모 사전연구(pilot study) 수준을 넘어 선뜻 본격적 자료 수집과 분석 활동에 나서지 못하고 있던 어느 날, 재단법인 아모레퍼시픽에서 "여성과 문화" 주제로 학술논문이나 단행본 출판을 지원한다는 소식을 접했다. 이번 기회에 북한 내 여성의 꾸미기 활동을 제대로 분석한 단행본을 출간하고 싶다는 꿈을 품고 재단법인 아모레퍼시픽 규정에 맞추어 계획서와 한 장(chapter) 분량의 원고를 작성하여 공모에 지원했다. 재단법인 아모레퍼시픽 공모를 통해서 지원대상연구로 선정이 된 것은 연구진에게 진정 기쁘고 다행스러운 일이었다.

북한주민의 꾸미기 행위는 어떠한 과정을 거쳐 변천해 왔으며 북한사회의 전체적인 변화와 어떠한 관계를 가질까? 차림새를 둘러싼 관행과 질서, 의례와 관련 의식은 북한에서 어떤 양상으로 나타날까? 지구상에서 가장 폐쇄적인 사회로 알려진 북한에서 주민들은 "꾸미기" 행위와 관련하여 일상 속에서 어떤 선택을 할까? 북한주민과 당국은 일상적인 꾸미기 행위를 둘러싸고 어떤 유형의 긴장과 협상, 동반 관계를 형성하고 유지하고 깨뜨리는

일)" 하는 주장이 연이어 등장하기 시작했다.

2 2019년 4월 21일, 북한당국은 노동신문 홈페이지를 통해 "지금 썩어빠진 부르주아 생활양식을 유포시켜 우리 인민들의 건전한 사상 의식, 혁명 의식을 마비시키고 우리의 제도를 내부로부터 와해시키기 위한 적대세력들의 책동은 더욱 악랄해지고 있다"고 강조했다. "건전하고 고상한 옷차림과 머리단장은 단순한 형식상의 문제가 아니라 우리 사상·제도·문화를 지키고 빛내기 위한 심각하고도 첨예한 투쟁"이므로 "'불건전'하고 '이색적' 현상을 철저히 배격해야 한다"는 것이 북한당국의 의견이었다. 「여대생 단발, 중년 곱실머리"…北이 주민에 권장한 헤어스타일」, 『중앙일보』 2019년 4월 22일.

관계를 가지고 있을까? 이런 질문에 답할 수 있는 작업을 시작해 보는 것이 연구진의 일차적 목표였다.

이런 질문에 적합한 답을 찾아가는 과정에서 연구진은 현실적 제약을 최대한 극복하는 방안으로 자료를 수집할 때 한 가지 방법에 의존하지 않는 전략을 활용했다. 우선 연구진은 북한이탈주민의 증언을 듣고 녹취한 뒤 "그 자료가 말해주는" 내용을 찾아내는 질적 연구를 시도하였다. 물론 북한이탈주민의 증언을 듣고 녹취한 자료를 분석하는 작업 자체가 결코 쉬운 일이 아니었다. 그렇지만 연구진은 가능한 범위 내에서 면담 대상자를 인구학적으로 고르게 섭외하고 개인에 맞게 질문과 답을 주고받은 뒤 녹취록을 만들고 한 사람의 이야기를 다른 사례와 교차분석하는 과정을 일일이 거쳐 구술 자료를 만들어 냈다. 다음으로 북한당국이 생산해 낸 공간문헌의 관련 내용을 찾아 수집하고 분류하여 분석대상 자료로 만들어 내는 작업을 시행하였다. 북한의 공간문헌을 분석하는 시간적 범위는 1990년부터 2015년까지 기간을 선정하였다. 당연히 이 일 자체가 시간과 비용 이외에도 연구진의 인내와 끈기를 요구하는 과정이었다. 공간문헌을 분석한 결과는 면담 대상자가 들려준 이야기와 대조하면서 연구진이 의도했던 "실록화" 작업을 진행해 보았다.

우연인지 필연인지 모르겠으나, 이 연구의 계약기간을 마무리하고 원고를 정리하여 책자로 만드는 준비를 하고 있는 2018년 가을 이후 2019년 봄에 이르는 기간 동안 남북관계는 처음 연구를 시작하던 2016년 겨울과 상당히 다른 양상을 드러내고 있다. 정부와 공공기관 이외에도 다수의 기업이 확실히 예전보다 북한사회에 더 강한 관심을 표명하기도 하고 그동안 막혀 있던 남북교류의 물꼬를 다시 열어가려는 움직임도 증가하는 추세를 보인다. 이런 시점일수록 기본으로 돌아가 북한사회와 그 지역에서 살아가는 주민의 일상생활을 세밀하게 기록하고 촘촘하게 분석하는 과정이 필요하다고 생각한다. 이번 연구가 오늘날 북한사회의 작동방식을 이해하고 남북관계의 앞날을 이끌어가는 우리의 관점을 정교하게 가다듬는데 필요한 자료가 될 것을 기대한다.

2. 연구방법 소개

앞서 소개한 바와 같이 이번 연구는 "꾸미기" 활동과 관련한 북한 여성의 문화를 살펴보는 것을 목표로 심층면담과 문헌분석을 함께 시행하였다. 이번 연구에서 심층면담과 문헌분석을 어떤 방법으로 시행하였는지 아래에 상세하게 설명해 놓았다.

1) 심층면담

(1) 면담 대상자 표기 방법 소개

연구 초기부터 연구진은 29명 면담 대상자를 표기할 방법을 놓고 다양한 대안을 검토해 왔다. 대다수 질적 연구는 면담 대상자 보호를 위해 관례상 영어 알파벳이나 숫자로 각 사람의 이름을 대신하여 표기하는 방식을 사용한다. 그렇지만 이런 표기 방식은 면담 대상자를 마치 숫자나 부호로 치환하는 것 같은 느낌이 들어서 연구진은 되도록 피해 보고자 했다. 다행히 단행본의 경우에 학술지 논문보다 다소 자율적 표기가 가능하다는 이유를 들어 연구진은 영어 알파벳이나 숫자로 표기하는 방식 대신 북한 사회에서 흔히 사용하는 이름을 가명으로 선택하여 각각의 면담 대상자를 호칭하는 방식을 선택하였다. 소중한 자기 경험을 들려준 면담 대상자 29명을 영어 알파벳이나 숫자로 표기하는 대신 "북한식 이름을" 부여함으로써 이들의 경험을 최대한 "살아 숨쉬는 경험담으로" 만들어 예우하려는 것이 연구진의 의도였다는 점을 밝히고 싶다. 연구진이 29명의 이름으로 선택한 "북한식 가명" 모두 『로동신문』 지면에 등장한 기자와 통신원의 이름을 차용한 것이다. 따라서 면담 대상자를 나타내는 "북한식 이름" 그 자체는 일종의 표기 부호와 같은 역할을 할 뿐이며 각 사람의 개인별 신상자료를 드러내는 부분이 전혀 없다는 사실을 밝혀 두고자 한다.[3]

(2) 면담 대상자 소개

1990~2015년 사이에 북한에서 일상생활을 영위했던 북한이탈주민과 심층면담을 시행하였다. 일부 북한이탈주민의 증언의 진실성 여부를 문제로 삼아 이들의 발언 내용을 믿을 수 없다고 주장하는 의견도 있지만 연구진은 북한사회에서 생활하면서 생생한 경험을 했던 이들의 경험담이야말로 제대로 기록하고 잘 활용한다면 가장 훌륭한 분석대상 자료가 될 것이라고 믿는다. 연구진은 총 29명의 면담 대상자를 대상으로 반구조화 면담을 시행하였다. 재단법인 아모레퍼시픽재단의 연구에 공모하고 결과가 나오기 전 단계에 사전연구 형태로 9명의 북한이탈주민을 대상으로 꾸미기 관련 문화를 주요 내용으로 심층면담을 실시하였다. 한편 재단의 공모사업으로 선정이 된 이후 연구계약기간 동안 총 20명을 대상으로 심층면담을 실시함으로써 연구진은 이번 연구를 위해서 총 29명의 이야기를 듣고 정리하는 기록을 남겼다. 면담 대상자 한 사람에 따라 최소 1회, 3시간에서 최고 2회, 7시간 이야기를 나누었다. 그리고 면담이 끝난 이후에도 필요에 따라 전화로 추가 사항을 문의한 사례도 많았다. 면담 대상자의 동의를 얻어 이들의 이야기를 듣는 동안 1차 녹취작업을 한 후 연구진이 내용을 다시 정리하면서 녹취록을 최종적으로 완성하였다. 이렇게 완성한 자료를 대상으로 분석작업을 진행하였다.

---

3 이렇게 북한식 가명을 차용하여 심층면담 대상자를 호명하는 방법은 김석향(2013)이 한 차례 시도한 바 있다. 김석향은 자신의 저서에서 북한 공간문헌 『조선녀성』 기자의 이름을 빌려 면담 대상자의 가명으로 사용한 바 있다. 김석향(2013), 『회령 사람들, 기억 속 이야기를 들려주다!』, 서울: 국민대학교 출판부.

면담 대상자의 인구학적 특성을 정리해 보면 다음과 같다. 우선 총 29명의 면담 대상자는 여성 27명, 남성 2명으로 여성이 훨씬 많다. 처음부터 연구의 주제가 여성의 "꾸미기" 활동에 초점을 맞추고 있었기 때문에 면담 대상자를 섭외할 때 여성 위주로 한 결과였다. 남성 면담 대상자 2인을 섭외한 이유는 이들이 여성의 "꾸미기" 활동을 어떻게 평가하는지 듣고자 했기 때문이다.4

심층면담 자료를 활용하는 북한 연구가 대부분 그렇듯이 이번 연구의 면담 대상자도 북한과 중국 사이 국경 근처 지역에 거주하다가 탈북을 선택했던 사람이 다수를 차지한다. 이들이 거주했던 지역이 지리적 특성상 다른 곳보다 탈북이 비교적 용이하기 때문이다. 전체 면담 대상자 29명 중 58.6%를 차지하는 17명이 북중 국경과 접한 함경북도와 양강도 출신이었다. 시도별 출신지를 기준으로 면담 대상자를 분류해 보면 함경도 18명, 양강도 7명, 평양 4명이다. 연구진은 많은 생각 끝에 개별 면담 대상자가 누구인지 추정할 수 있을 정도로 자세한 정보는 밝히지 않는 방향을 선택하였다.

면담 대상자 29명의 탈북 시점을 살펴보면 1990년대 3명, 2000년대 7명, 2010년대 19명이다. 북한당국의 통제강화로 2012년 김정은 집권 이후 탈북이 어려워졌음에도 불구하고 이 연구의 면담 대상자 중 11명이 2012년 이후 탈북한 사례로 나타난다. 이들을 통해서 2019년 오늘의 북한 상황을 가장 근접하게 들을 수 있다는 점에서 이번 연구는 장점을 지닌다고 생각한다. 2000년 이전에 탈북했던 면담 대상자의 경우에는 최근 북한 내부의 상황을 직접 경험하지는 못하였으나 그 이전 시기에 살면서 당시 북한사회가 어떻게 변화의 조짐을 보이고 있었는지 전반적 상황을 알려주는 역할을 감당해 주었다.

---

4 2018년 9월 시점을 기준으로 국내에 거주하는 북한이탈주민 중에서 여성이 차지하는 비율이 72% 수준이라는 점도 감안해야 할 일이다. http://www.unikorea.go.kr/ unikorea/business/ NKDefectorsPolicy/status/lately (2018년 10월 24일 검색)

면담 대상자의 연령 분포 현황을 살펴보면 심층면담 시행 시점을 기준으로 20대 13명, 30대 5명, 40대 6명, 50대 3명, 5대 2명으로 20대가 가장 많다. 20대 면담 대상자 13명중 2명은 2000년대 후반, 11명은 2010년 이후 탈북한 것으로 나타난다. 이와 같은 면담 대상자 특성은 2019년 오늘날과 비교적 가까운 2010년부터 2015년까지 북한 청년층의 꾸미기 현상에 대해 상세히 보여줄 수 있다는 점에서 의미가 크다. 특히 북한당국이 김정은 집권 이후 청년을 중요한 사회동력으로 부각시키기 시작했다는 점에서 2010년 이후 탈북한 20대 면담 대상자의 증언을 담고자 했다.

면담 대상자의 탈북 이전 북한 내 학력 분포 현황을 살펴보면 다음과 같다. 탈북 이전 북한에서 6년제 중학교를 졸업했다고 대답한 면담 대상자는 12명이었고[5] 대학을 졸업한 사람은 10명이었다. 대학을 중퇴하고 탈북했다고하는 면담 대상자는 4명이었고 전문대를 졸업한 사람이 1명 있었다. 그 이외에도 전문대를 중퇴했다고 대답했던 면담 대상자는 1명 있었다. 6년제 중학교를 중퇴했다고 대답한 사람도 1명 있었던 것으로 나타난다. 면담 대

---

5 북한당국은 1970년대 중반 당시 유치원 높은 반 1년, 인민학교 4년, 고등중학교 6년으로 구성한 11년제 무료의무교육제도를 도입하여 시행하였다. 그러다가 2002년 하반기를 기점으로 인민학교를 소학교로, 고등중학교를 중학교로 그 명칭을 변경하였다. 북한당국이 이렇게 명칭을 변경한 이유는 어떤 문서에서도 찾을 수 없다. 11년제 무료의무교육제도에 큰 변화가 발생한 것은 2012년 9월의 일이다. 당시 새로 등장한 젊은 지도자 김정은의 주도로 의무교육기간을 1년 연장하는 12년제 무료의무교육제도를 도입하였다. 구체적으로는 소학교 4년 기간을 1년 연장하여 5년으로 만들고 6년제 중학교 기간을 초급중학교 3년과 고급중학교 3년으로 구분하는 제도를 도입하겠다고 공포한 것이다. 북한당국이 실제로 이 제도를 시행하기 시작한 시점은 2014년 이후의 일이다. 따라서 이번 연구에서 심층면담 대상자를 섭외했을 때 이들은 대부분 6년제 고등중학교나 중학교를 졸업한 경험을 지니고 있었던 것은 당연한 일이라 하겠다. 이들은 북한에 거주하던 시절, 공식적으로 6년제 고등중학교 제도를 시행하던 시절에도 편의상 일상생활에서 중학교를 졸업했다고 말하는 경우가 많았기 때문에 막상 명칭 변경에 따른 혼란은 그리 크지 않았다고 말한다. 문제는 이들이 국내 입국 이후 주변 사람과 대화를 나누는 과정에서 발생한다. 북한에서 말하던 습관 그대로 자신이 중학교를 졸업했다고 하면 학력이 아주 낮은 것처럼 대응하는 사람이 많다는 점을 깨닫고 일부러 한국사회 기준에 맞추어 고등학교 졸업이라는 용어를 쓰게 된다는 것이었다.

상자 중에서 북한에 살던 기간에 대학에 입학했던 경험을 지닌 면담 대상자가 16명으로 전체의 과반수를 넘는다. 면담 대상자 중에서는 북한 내 학력기준으로 고학력자 비율이 높은 특징을 보인다. 북한에서 대학에 입학한다는 것은 그 사람의 출신성분이 사회적으로 평균을 훨씬 상회하는 수준의 계급에 속했다는 것을 의미한다. 대학 진학을 개인의 선택에 따라 하는 것이 아니라 북한당국의 허락과 배치에 따라야 하기 때문에 성분이 나쁜 사람은 아무리 성적과 능력이 뛰어나도 감히 꿈을 꿀 수 없는 경우가 많다고 한다. 그러므로 북한 전역에서 대학 입학 경험이 있는 인구가 경험이 없는 인구보다 훨씬 적은 것은 당연한 결과라 하겠다. 학제 표기방식은 우리나라 학제를 기준으로 삼았다. 다음 표에 면담 대상자의 탈북연도, 연령, 성별, 거주지, 최종학력을 정리해두었다.

[표 1-1] 면담 대상자의 탈북연도, 연령, 성별, 북한최종학력[6]

연번	면담 대상자	탈북연도	연령	성별	북한최종학력
1	위진향	2010	30대	여	대졸
2	최순녀	2009	40대	여	대졸
3	지은영	2010	30대	여	전문대졸
4	오은별	2010	50대	여	6년제 중학교졸
5	허명숙	2010	40대	여	대졸
6	윤지혜	2007	40대	여	대졸
7	리연심	2007	20대	여	대졸
8	김향화	2000	40대	여	대졸
9	조향미	2003	40대	여	대졸
10	최원화	1997	60대	여	대졸
11	려명희	2016	50대	여	6년제 중학교졸
12	리철옥	2004	60대	여	대학 중퇴
13	박순옥	1997	30대	여	6년제 중학교졸
14	김옥별	2014	40대	여	6년제 중학교졸
15	백영미	2011	30대	여	6년제 중학교졸

6 앞서 (1) 면담 대상자 표기 방법에서 상세하게 소개한 것처럼 [표 1-1]에 나오는 29명의 이름은 모두 『로동신문』 기자 이름을 차용하였다. 이 글에서는 심층면담 대상자의 이름을 그대로 공개한 사례는 전혀 없다는 점을 명백하게 제시하고자 한다.

16	고영숙	2016	20대	여	6년제 중학교졸
17	김향란	2016	20대	여	6년제 중학교졸
18	손소연	2013	20대	여	대졸
19	전성삼	1996	50대	남	대졸
20	리경화	2008	20대	여	6년제 중학교 중퇴
21	원관옥	2014	20대	여	6년제 중학교졸
22	리지영	2011	20대	여	6년제 중학교졸
23	배금희	2015	20대	여	대학 중퇴
24	방성화	2012	20대	여	전문대 중퇴
25	박옥경	2011	20대	여	6년제 중학교졸
26	김진옥	2011	20대	여	대학 중퇴
27	김혜명	2016	20대	여	6년제 중학교졸
28	김철우	2014	30대	남	대학 중퇴
29	한은경	2017	20대	여	6년제 중학교졸

　　면담 대상자의 인구학적 분포를 정리하다 보니 재미있는 사실을 한 가지 발견할 수 있었다. 이들이 탈북을 실행에 옮기는 시기가 늦어질수록, 또 연령이 낮아질수록 북한에서 최종학력은 낮아지는 현상이 나타났던 것이다. 왜 이런 현상이 나타나는 것일까? 아직 최종적인 결론을 내릴 수 있을 만큼 많은 사례를 확인한 것은 아니다. 그렇지만 면담 대상자들 이야기 속에서 답을 추정하는 것이 불가능하지는 않았다. 2010년대 이후에 6년제 중학교를 졸업한 면담 대상자 일부가 북한에서 대학에 합격해도 탈북할 계획을 가지고 있었거나 대학공부보다는 돈이 중요하다는 판단 아래 스스로 대학진학을 포기하고 장사하는 일에 몰두했었다는 경험담을 들려주었다. 대학에 입학했지만 1~2년 지났을 때 학업을 중단했던 사례도 만나볼 수 있었다. 이들의 경험담을 토대로 한다면 최근 북한주민이 탈북을 결정하는 요인으로 삶의 기회를 고려하는 비중이 높아졌으며 북한 체제 자체에서 별다른 희망을 발견하지 못했기 때문에 대학진학을 크게 고려하지 않는 분위기가 존재하는 것으로 추정해 볼 수 있었다. 앞으로 이 문제는 본격적인 연구를 통해 더 확인해 볼 가치가 있는 일이라고 생각한다.

(3) 면담 대상자 보호

사람을 대상으로 하는 연구 활동은 어떤 경우에나 참여자를 보호하는 것이야말로 연구진에게 가장 중요한 과제라고 하겠다. 최근에는 설문이나 면담, 실험, 관찰 활동에 참여하는 사람을 보호하는 방향으로 연구윤리를 더욱 강화해 가는 추세를 보이는 만큼 시간이 갈수록 이 문제는 더욱 중요해지고 있다고 생각한다. 한 걸음 더 나아가 이번 연구처럼 북한이탈주민을 면담 대상자로 선정하여 참여하도록 요청하는 경우에는 이 문제야말로 가장 중요한 사안이라 하겠다. 북한이탈주민은 대한민국 국민이면서도 여전히 가족과 친지를 북한지역에 남겨두고 있는 사례가 드물지 않기 때문에 자신의 신분을 노출하는 것을 극도로 경계하는 경향이 강하다. 혹시라도 북한지역에 살고 있는 가족과 친지에게 불이익이 돌아가는 상황이 발생할까봐 우려하는 마음이 크기 때문일 것이다.

바로 이런 이유에서 연구진은 면담 대상자 관련 정보는 앞서 제시한 [표 1]에 기재한 정도로 공개하는 수준에서 멈추고자 한다. 연구진에게 참여자를 보호해야 할 의무가 중요하다는 점을 감안한 선택이었다. 물론 면담 대상자 정보를 상세하게 제공할수록 분석 대상 자료의 신뢰성을 높일 수 있을 것이라고 생각한다. 그렇지만 연구진은 국내에 거주하는 북한이탈주민의 규모가 32,000명 정도라는 점을 감안하면 이들이 탈북했던 시점이나 거주했던 지역 관련 정보를 자세히 밝히면 면담 대상자의 신원이 금방 드러나는 경우도 충분히 발생가능하다는 측면에 주목하였다. 동일한 측면에서 연구진은 면담 대상자가 발언한 내용이 아무리 매력적이라도 자칫 누가 말했는지 쉽게 추정할 수 있는 수준이라면 이 글에서 구체적으로 제시하지 않는 것을 원칙으로 삼았다. 가령 "1990년대 ○○군 ○○리에서 색텔레비죤 두 대나 있던 집"이라고 기록해 놓으면 그 지역 출신 북한이탈주민은 물론 이 분야에 오래 천착해 온 전문가 집단에서도 해당 내용의 면담 대상자가 누구인지 어느 정도 추정해 낼 가능성이 높은 실정이다. 특히 탈북하는 사람이 그

다지 많지 않았던 시기에 "국경지역에서 멀리 떨어진 안쪽 어딘가 살았던" 면담 대상자라면 몇 가지 인구학적 정보를 아는 것만으로도 가까운 사람들은 누구의 이야기인지 추정해 낼 가능성은 더욱 높아지는 상황이다. 상황이 이러한데 자칫 개인정보를 너무 많이 제공하거나 이들의 면담내용을 거르지 않는다면 연구진의 의도와 상관없이 발언한 사람이 누구인지 드러나는 상황에 봉착할 가능성이 있는 것이 현실이다. 그런 만큼 연구진은 면담 대상자의 개인정보를 제한적 수준으로 공개하고 이들의 발언 내용도 필요한 경우에는 서술 과정에서 제외하는 방식으로 대처하였다. 비록 분석대상 자료의 신뢰성을 높일 수 있고 서술 내용을 더 매력적으로 보이게 하는 내용이라고 해도 연구윤리에 어긋나는 방식을 추종하는 것은 전체적으로 연구의 가치를 훼손하는 측면이 강하다고 연구진은 판단하였다.

또 한 가지, 연구에 참여하는 것을 동의한 면담 대상자를 대상으로 이번 연구의 목적이 무엇인지, 면담 대상자는 어떤 권리를 누릴 수 있는지 충분히 설명함으로써 이들을 보호하는 정책을 고수하였다. 본격적인 면담을 시작하기 전에 먼저 연구 대상자에게 연구윤리 설명서와 동의서를 충분히 읽고 스스로 서명할 것인지 판단하는 기회를 제공하였다. 간혹 면담 대상자 중에서 연구윤리 설명서와 동의서에 나오는 특정 문구가 어떤 의미인지 질문하는 경우가 있는데 이런 상황이 발생하면 연구진은 그 사람이 이해할 때까지 다양한 방식으로 설명하고자 노력했다. 연구진이 기본적으로 전달하고자 했던 내용은 비록 면담에 참여하겠다고 동의했다고 하더라도 자신이 원하지 않는 이야기는 하지 않을 권리가 있으며 구술을 완료한 이후에도 특정 부분을 공개하기 원하지 않는다면 해당 내용을 발표하지 않을 것이니 그런 의사를 전달해 달라고 하는 것이었다. 또한 면담 대상자가 제공한 개인정보는 연구진 내부에서 이 글을 쓰는 목적으로 공유하되 최종 결과물인 원고 내용에 특정 개인의 신분을 노출하지 않도록 최선의 노력을 기울이겠다고 약속하는 내용을 전달하고자 했다.

사실 심층면담을 시행하면서 면담 대상자가 발언한 내용의 신뢰성을 높이고 싶다는 생각은 연구진에게 늘 상존하는 욕구였다. 그런데 이번 연구처럼 북한이탈주민을 면담 대상자로 참여하도록 요청해야 하는 경우에는 지금까지 설명한 것처럼 연구윤리와 객관성이라는 두 마리 토끼를 동시에 잡으려고 시도하는 일 자체가 현실적으로 달성하기 어려운 목표라고 생각한다. 연구진은 다만 주어진 여건 아래에서 최선을 다해 현실적인 대안을 찾고 주어진 환경의 한계를 극복하려고 노력하는 것이 이번 작업의 의미를 높이는 길이라고 믿으며 그 길을 찾아서 실천하려고 노력했을 따름이었다.

2) 문헌분석과 분석대상 자료 소개

북한당국은 여성의 "꾸미기" 활동이 이른바 "사회주의 생활양식" 풍조에서 벗어나지 않아야 한다는 점을 끊임없이 강조했다. 연구진은 북한당국이 여성의 "꾸미기" 활동을 어떻게 감독하고 지시해 왔는지 그 구체적인 양상을 살펴보기 위해 공간문헌에서 관련 자료를 수집하여 그 내용을 분석하였다. 우선 통일부 북한자료센터가 보유하고 있는 『조선녀성』[7] 및 『로동신문』[8] 중에서 1990년부터 2015년까지 나타난 지면을 대상으로 꾸미기와 관련한 기사를 수집하였다. 북한당국이 공간문헌을 통해 여성의 "꾸미기" 활동 중에서

---

7 『조선녀성』은 북한의 조선민주녀성동맹(이하 여맹) 중앙위원회에서 발행하는 기관지의 성격을 지닌다. 독자를 여성으로 한정하지는 않지만 북한당국이 여성에게 요구하는 많은 언설을 포함하고 있다는 것이 『조선녀성』 기사 내용의 가장 큰 특징이다. 1946년 9월부터 월간 발행하고 있으며 한 때 격월간으로 발행하기도 하였다.
8 『로동신문』은 조선노동당 기관지로 『조선녀성』과 달리 365일 매일 발간하는 일간지 형태로 등장한다. 북한당국은 1945년 11월부터 『정로』를 발간하다가 1946년 8월 30일 지금과 같은 『로동신문』으로 개칭하였다. 북한당국이 정책의 기본 내용을 『로동신문』 지면에 그대로 나타내기 때문에 모든 북한주민은 『로동신문』 지면에 나타나는 각종 사설과 구호, 신문기사를 꼼꼼하게 학습해야 한다. 북한 내 모든 학교와 직장 조직은 아침마다 『로동신문』 내용을 돌려 읽거나 해설을 듣는 독보 시간을 갖는다.

어떤 내용을 장려하고 또 어떤 부분을 규제하려 했는지 다양한 글의 행간에 배여 있는 당시 상황을 재구성해 보려고 연구진은 최대한 "사회학적 상상력"을 발휘해 보았다. 재미있는 사실은 북한당국이 발행한 공간문헌 내용을 분석하더라도 지구상에서 가장 강력하다고 알려진 통제망 속에서도 주민들이 주도하는 변화의 흐름이 나타나는 조짐을 종종 발견할 수 있었다는 점이다. 공간문헌을 분석하다 보면 북한당국도 변화의 흐름을 막으려고 주민들과 옥신각신하다가 결국 이런 변화의 흐름을 인정하고 어느 정도 받아들이는 사례가 나타나는 현상을 볼 수 있었다.[9]

연구진은 분석대상 자료를 수집하기 위해 우선 키워드를 선정하였다. 기사 제목에 옷, 신발, 집 꾸미기, 화장, 얼굴, 피부, 머리, 반지, 귀걸이, 추세, 류행, 결혼(관혼상제) 같은 단어가 등장하는 경우에는 분석대상 자료 수집 기준에 부합한 것으로 판단하였다. 이 기준을 가지고 1990~2015년 기간 동안 조선민주녀성동맹 중앙위원회에서 발간하였던 『조선녀성』 각 호의 목차와 북한자료센터에서 제공하는 『로동신문』 데이터베이스에서 검색을 시행하였다.

다만 이런 단어가 제목에 등장하는 기사라고 하더라도 그 본문의 내용이 "궐기모임, 현지지도, 료해" 같이 조직의 활동을 알려주거나 지도자의 활동을 보도하는 경우에는 최종적으로 분석대상 자료에서 제외하였다. 문제는 북한자료센터가 보유하고 있는 『로동신문』 데이터베이스가 2글자 이상의 단어만 검색 가능하기도 하고 전체적으로 그 안정도가 완전한 상태는 아니라는 점이었다. 그 결과로 해당 단어를 포함한 제목의 기사를 클릭했을 때 완전히 다른 내용이 나타나거나 일부 중복 사례가 나오는 등 명백한 오류도 발견할 수 있었다. 연구진은 최대한 오류를 줄이기 위해 분석대상 자료로 선정한 기사는 일일이 클릭하여 그 내용을 확인하는 과정을 거쳤다. 확인

---

9 이 연구의 내용은 사실상 북한당국과 주민들이, 꾸미기 활동을 규제하는 방식을 놓고 옥신각신하다가 시간이 지나감에 따라 점차 규제의 강도를 줄여나가는 과정의 기록이라 하겠다.

과정을 거쳐서 중복 기사는 한 건만 계수하였고 제목과 본문의 내용이 다른 경우에는 아예 분석대상 자료에서 제외하였다. 이런 방법으로 완벽한 분석 대상 자료를 확보하는 것은 사실 불가능한 일이라는 점은 연구진도 충분히 인지하고 있었지만 기간과 비용의 제한이 있는 상황에서 총 6,205일에 해당 하는 기간 동안 발행한『로동신문』을 전부 수작업으로 찾을 수 없었기 때문에 차선의 대안을 선택했던 것이다.

이런 방법으로 분석대상 자료를 수집해 본 결과, 재미있는 사실을 한 가지 발견할 수 있었다. 무엇보다『로동신문』기사는『조선녀성』내용에 비해 여성의 "꾸미기" 활동 자체를 다룬 사례가 매우 적게 나타난다는 점이 연구진의 흥미를 끌었다. 물론 최종적인 결론을 내리려면 이보다는 훨씬 더 정교한 비교 작업이 필요하겠지만 일단『로동신문』기사에서는 옷이나 신발, 화장품 등 "꾸미기" 관련 제품을 소개하거나 최신 유행을 다루는 이야기는 사실상 나타나지 않았다. 그보다는 정치적 충실성을 갖춘 공장을 소개하거나 특정 공장 노동자의 충성심을 널리 알리고 지도자의 시혜가 얼마나 대단한지 언급하는 기사가 많았다. 구체적으로 반지라는 단어가 제목에 나타나 있는 기사를 검색해 보면 김일성과 김정일한테 받은 시혜를 칭송하는 내용이 등장한다. 김정일이 영예군인 아내에게 금반지를 선물했다거나(1998년 4월 20일 4면, "사랑의 금반지"), 갓 태어난 세쌍둥이에게 금반지와 은장도를 선물했다는(2015년 3월 5일 2면, "은장도와 금반지에 깃든 사연") 이야기가 등장하는 것이『로동신문』기사의 특징이다. 반면 귀걸이라는 단어가 제목에 등장하는 기사를 검색해보면 "코에 걸면 코걸이, 귀에 걸면 귀걸이" 정도의 표현만 등장할 뿐이며 여성의 일상생활에서 장신구로 쓰이는 귀걸이 관련 내용은『로동신문』기사에서 찾아볼 수 없다. 한편 유행이라는 단어가 들어간 제목의 기사를 찾아보면 "류행성 질병" 관련 내용이 나오고 "추세"를 찾으면 "의학·과학 발전추세" 같은 형태가 등장할 뿐, 연구진이 생각하는 "꾸미기" 활동과 관련한 기사는 찾아보기 어려운 상황이었다.

3) 클리포드 기어츠의 "치밀한 묘사 (Thick description)" 시도

연구진은 심층면담과 문헌분석을 통해 자료를 확보한 뒤 클리포드 기어츠가 제시하는 방법을 따라 최대한 "그 자료가 말해주는" 내용을 치밀하게 묘사해 보고자 했다.10 클리포드 기어츠가 제시한 "치밀한 묘사(Thick description)" 기법을 따른다는 것은 비록 명시적으로 드러나지 않는다고 해도 자료 속 어느 부분에서 발화자가 암시하려 했거나 의식적으로나 무의식적으로 숨겨 놓으려 했던 의도를 찾아 재구성함으로써 사회적 의미를 부여하는 활동을 한다는 뜻이다. 연구진은 다음 세 단계를 거쳐 북한사회 속 여성의 "꾸미기" 활동을 치밀하게 묘사해 보려고 시도하였다.

첫째, 심층면담 자료를 모아 놓고 29명의 면담 대상자 중에서 비슷한 유형의 경험을 한 사람이 서술한 내용을 분류하여 공통점과 차이점을 구분해 보았다. 공통점이 강하게 드러나는 구술 내용에 대해서는 신뢰도가 높다고 판단하였고 차이점이 많은 부분은 그 현상의 원인을 분석하려 하였다. 연구진이 판단할 때 면담 대상자의 구술내용에 과장이 심하거나 기억이 명확하지 않은 경우를 제외하고는 되도록 다양한 경험을 놓치지 않고 기록하고자 했다.

둘째, 『조선녀성』과 『로동신문』 기사에서 찾은 분석대상 자료를 꼼꼼하게 읽으면서 내용에 나타나는 공통점과 차이점을 분류하고 왜 그런 현상이 발현하는지 그 배경에 숨은 의미를 찾으려 했다. 『조선녀성』에는 등장하지만 같은 시기 『로동신문』에는 등장하지 않는 내용, 『조선녀성』과 『로동신문』 양쪽에서 모두 다루고 있는 내용, 꾸미기 행위 관련하여 북한당국이 전달하려 했던 내용, 관련 기사의 게재 빈도 등을 비교하였다. 앞서 설명한 바와 같이 북한당국은 『조선녀성』을 통해 여성에게 다양한 언설을 제시함으로써

---

10 Clifford Geertz, *The Interpretation of Cultures*, Basic Books, 1973.

꾸미기 활동의 모범적 방식을 따르도록 요구해 왔다. 북한 내부의 "여성" 독자층을 항상 인지하고 있었을 것이 분명한『조선녀성』기사 작성자와 달리 북한주민 전체는 물론 외부세계까지 잠재적인 독자로 삼는『로동신문』기자 사이에는 그 특성이 빚어내는 차이가 분명히 존재하기 때문이다.

셋째, 문헌자료와 심층면담을 통해 모은 자료를 시기와 항목을 기준으로 교차분석하면서 북한에서 시대별 여성의 "꾸미기" 문화 성향이 어떻게 발전하고 변화하는지 그 과정을 추적해 보았다. 이러한 기법을 사용할 수밖에 없던 것은 북한 체제 특유의 폐쇄성에 기인하는 바 크다. 북한당국은 어떤 경우에도 주민의 일상을 있는 그대로 외부에 드러내려 하지 않는다. 게다가 연구진이 북한에 직접 방문하여 관찰하는 방법도 현실적으로 불가능한 실정이었다. 이런 상황에서 클리포드 기어츠가 제시한 "치밀한 묘사" 방법으로 심층면담 자료를 재구성하는 작업은 커다란 의미를 갖는다. 이 기법은 분석 대상 상황을 세밀하게 묘사하면서 어느 한 부분도 놓치지 않고 최대한 상세하게 담아내고자 서술하기 때문에 일상생활 연구에서 강점을 지닌다.

연구진은 서술과정에서 필요하다고 판단하는 경우에는 언제나 분석대상 자료에 나오는 단어나 표현을 따옴표 안에 넣어 그 생생함을 그대로 살리고자 했다. 그 이유는 앞서 언급했던 "치밀한 묘사" 방식으로 분석대상 "자료가 말해주는" 내용을 이 글을 읽는 독자 앞에 그대로 전달하고자 했기 때문이다. 예를 들어 면담 대상자가 북한에서 쓰던 화장품 가운데 파운데이션과 유사한 기능을 하지만 그 성분과 형태가 다른 것으로 보이는 색조화장품을 지칭할 때 "삐아쓰"라는 명칭을 쓰는데 연구진은 이 용어를 다른 단어로 대체하지 않고 그대로 기재하는 방식을 선택하였다. 이런 용어를 그대로 사용하는 이유는 북한사회라는 전체적인 맥락 속에서 여성의 꾸미기 현상을 입체적으로 해석하고 싶었기 때문이다.

3. 시기구분법

이 연구는 1989년 제13차 세계청년학생축전부터 2015년까지 약 26년여의 기간을 분석대상 시기로 선정하였다. 26년간의 세밀한 변화를 살펴보기 위해 1989년 세계청년학생축전부터 1999년, 2000년부터 2009년 11월 30일 화폐개혁, 2009년 12월부터 2015년까지 총 3단계로 구분하였다. 이제 북한 여성의 꾸미기 현상에 대해 고찰하면서 분석대상 시기를 이렇게 구분하고 자료를 분류한 이유를 설명해 보고자 한다.

1) 제1단계: 1990년대

1980년대 당시만 해도 북한지역에 사는 사람은 대부분 커다란 변동 없이 당국이 배치해 주는 지역에서 배치해 주는 직장에 다니면서 보름에 한 번씩 일정한 분량의 식량을 배급 받으며 일생을 살았다. 그러나 1990년대 초반부터 북한의 배급제는 사실상 무너져 내리기 시작했고 1990년대 중후반에 이르렀을 때에는 완전히 붕괴했다. 제1단계에 해당하는 1990년대 당시 북한사회의 특징 3가지를 설명하면 다음과 같다.

첫째, 1989년 제13차 세계청년학생축전이 평양에서 열렸는데 이 행사를 계기로 북한주민은 외부 세계에서 온 제13차 세계청년학생축전 참가 선수단의 차림새를 지켜보는 기회를 누리게 된다. 북한주민 중에서 제13차 세계청년학생축전 이전에 외부 세계의 사람들이 어떤 차림새로 다니는지 잘 아는 사람이 많지 않았다. 북한당국은 외부 세계가 어떻게 작동하는지, 외부 세계에 사는 보통 사람은 어떠한 삶을 사는지 평범한 주민이 알지 못하도록 관련 정보의 유통을 철저히 차단했기 때문이었다. 이른바 "째포"라는 별칭으로 부르던 북송재일동포 집단처럼[11] 일부 예외는 있었으나 북한사회 전반적으로 배급제가 효율적으로 작동하던 시절에는 주민들의 옷차림에서도 특별히 커다란 빈부격차가 나타나지 않았다. 그런데 평양에서 제13차 세계청년학생축전이 열리면서 북한당국이 의도하지 않았으나 외부 세계에 사는 사람들은 제각기 자신이 원하는 차림새로 살아간다는 사실을 주민들이 폭넓게 알게 되는 결과를 초래한 것이었다. 이런 상황에서 청바지에 흰색 티셔츠 차림으로 축전 현장에 등장한 임수경의 존재는 북한주민 누구에게나 신선한 충격을 준 존재였다. 평양을 비롯한 주요 도시에서는 임수경이 입었던 것과 비슷한 모양으로 팔이 넓게 만든 흰색 티셔츠를 제작하여 "박쥐옷"이라는 이름으로 장마당에서 팔았는데 그야말로 불티나게 팔려나갔다고 했다. 또한 골목 입구에서 아무리 단속해도 그 눈길을 피해 다니면서 청바지를 입으려는 젊은 여성들 숫자가 급격하게 늘어나기 시작했다는 것이었다. 그런 의미에서 제1단계에 해당하는 1990년대야말로 북한사회에서 "제대로 된 추세 현상이 자리를 잡는" 시기였다는 것이 면담 대상자들 의견이었다.

둘째, 1990년대 초반부터 북한경제는 급격한 하락세에 접어들어 1990년대 중후반 "고난의 행군" 기간에 이르기까지 바닥을 면치 못했다는 특징을 지닌다. 1990년을 전후하여 사회주의 동구권 국가가 줄지어 체제전환을 경험하면서 그동안 북한을 지원해 주던 "형제나라들" 손길이 대폭 감소하거나 아예 사라져버리는 상황에 이르렀다. 북한경제는 사실상 1980년대부터 침체기에 들어갔으나 그간 사회주의 형제국가가 북한에게 제공해주던 원료, 자재 공급 덕분에 그나마 유지할 수 있었다. 그러나 "사회주의 형제나라들" 도움에 크게 의존해 왔던 북한경제는 1990년대 초반에 들어선 이후 외부의 지원이 급감하고 중국까지 경화결제를 요구하는 상태에 이르자 자생할 힘을

---

11 이 책을 발행하려고 준비하는 2019년은 북송재일동포가 만경봉호를 타고 일본 니가타항에서 처음 출항한지 60주년이 되는 해가 된다. 1959년 12월 14일, 제1차 북송사업이 이루어졌던 것이다. "조국에 돌아가면 먹고 입을 걱정이 없고 대학교육도 다 무료로 시켜준다" 하는 선전선동사업에 동조하여 북송의 길을 선택했던 북송재일동포는 막상 북한에서 사는 동안 간첩 취급을 당하면서 "째포" 같은 용어로 비하하는 경험을 했다고 호소하는 경우가 많았다.

완전히 잃어버리게 된다. 게다가 북한당국은 제13차 세계청년학생축전을 개최하며 막대한 재정을 사용했는데 그 부족한 재정을 회복할 기회가 아예 없어진 것이었다. 자연히 북한경제가 무너지는 속도가 빨라질 수밖에 없는 상황이었다. 실제로 1989~1990년 당시 연간 200만 달러 정도였던 북한당국의 재정지출 규모가 그 뒤 해마다 줄어들어 1998~1999년 무렵이 되면 절반 수준으로 축소되는 현상을 볼 수 있다.

셋째, 북한당국 스스로 이른바 "고난의 행군"이라 호명했던 1990년대 중반과 후반에 걸쳐서 주민들의 일상에 커다란 변화가 나타나기 시작했다. 이미 1990년대 들어 북한에 큰 수해와 가뭄이 들었고 식량난이 나날이 심해지는 상황이었다. 마침내 1996년에는 북한당국이 UN에 공식적으로 식량원조를 요청하기도 했다. 배급제가 사실상 작동을 멈추면서 북한 사회 전역에서 대량 아사자가 속출했고 주민들은 누구나 장마당에 나가서 아무 것이나 팔아서 하루하루 연명해야 하는 상황이 이어졌다. 이런 상황이 이어지면서 북한당국이 국제사회에 식량지원을 긴급하게 요청할 수밖에 없었던 것이다. 게다가 북한당국이 주민의 식량공급을 책임져주지 못하자 각 가정의 생존은 어머니, 아내, 딸 등 여성의 어깨 위로 고스란히 옮겨지는 현상이 나타났다. 그 결과, 북한 내 시장화의 속도는 무섭게 빨라졌다. 1990년대 후반에 이르면 북한 사회 전역에 시장 네트워크가 형성되었다.[12]

2) 제2단계: 2000년대

2000년 이후로 북한경제는 어느 정도 회복세를 보이면서 최악의 상태를 벗어나기 시작했다는 의견이 나오기도 한다.[13] 세계 곳곳의 식량원조는 물

---

12 통일부 통일교육원, 『2018 북한이해』, 2017, 134쪽.
13 양문수, 「2000년대 북한경제 평가와 향후 전망①: 거시경제 전반」, 『KERI 북한농업동향』 제15권 1호, 2013, 23-49쪽; 이석, 「2000년대 북한경제와 강성대국의 경제적

론이고 적당한 일조량과 강수량 덕분에 농업생산량도 증가했지만 그동안 시장화의 진전으로 북한주민의 자립능력도 향상한 것으로 보인다. 2000년부터 북한당국은 대외적으로 남북정상회담에 호응하는가 하면 경제특구 등을 추진하는 등 1990년대 이전과 달리 적극적 행보를 보이기 시작했다. 2002년 북한당국은 7.1경제관리개선조치를 통해 시장을 공식적으로 허용하였고 그 흐름을 따라 시간이 지나면서 어느 정도 규모를 갖춘 자본을 움직이는 "돈주" 집단도 등장했다. 상당수 북한주민은 1990년대 중후반을 지나면서 시장과 빈부격차, 외국제품 사용에 익숙해졌다. 배급제는 붕괴했고 북한 내부에서는 생필품을 생산하는 체제도 사실상 무너진 상태에서 주민들은 일상생활을 유지하는 데 꼭 필요한 물건을 구하려면 시장 활동을 통해 주로 중국에서 들어오는 밀수품을 구입하는 수밖에 없는 상황이 되어 버리고 말았다.

막상 시장이 활발해지자 북한당국은 주민들 활동을 통제하거나 축소시키고자 했다. 자연히 북한당국과 주민 사이에 팽팽한 긴장관계가 나타나기도 했다. 시장을 통해 "머리가 깨인" 주민들은 점차 북한당국의 행태에 대해 의구심을 갖기 시작했다.[14] 그렇지만 이 당시에는 아직도 대다수 주민은 북한당국에 대한 신뢰를 잃어버린 상태는 아니었던 것으로 보인다. 이 당시만 해도 당국이 정해놓은 제도 안에서 열심히 충성심을 표현하면 자신의 삶이 더 나아지는 기회를 만들 수 있다고 생각하는 사람이 많았고 이들을 중심으로 그런 기회를 포착해 보려고 시도하는 경우가 드물지 않았다. 결국 제2단계 기간을 총체적으로 평가한다면 북한당국과 주민들 사이에 힘겨루기가 잔잔하게 존재하는 가운데 시장 활동이 더욱 활발해지던 시기라 하겠다.

의미」, 『KDI 북한경제리뷰』 제11권 11호, 2009, 3~34쪽.

14 김석향, 박민주, 「북한 내 재생산 영역의 사회구조와 여성의 실천」, 『여성학논집』 제33권 1호, 2016.

3) 제3단계: 2010년대

2009년 11월 30일, 북한당국은 재정 운영에 필요한 자금 확보를 위해 시장의 돈을 중앙으로 "빨아들이고" 아울러 주민 통제력도 높이려는 목적으로 전격적인 화폐개혁을 실시하였다. 대다수 주민은 화폐개혁의 조짐을 전혀 짐작하지도 못하는 상황에서 11월 30일 관련 조치를 발표하면서 12월 1일~6일 기간에 각 세대 당 구화폐 100,000원을 신화폐 1,000원으로 바꾸라는 지시가 떨어졌다. 미리 정보를 듣지 못했고 아무런 준비도 하지 못했던 대다수 주민이 겪어야 하는 충격은 말할 수 없이 컸다. "국돈"이나 "내화"로 부르던 북한 화폐 "원"의 가치는 하루아침에 "물로 변했고" 그 돈으로 아무 것도 살 수 없는 종이 조각이 되고 말았다. 사람들은 구 화폐를 불에 태우거나 땅에 버렸고 강물에 떠내려 보내기도 했다. 그 전까지만 해도 "설마설마 하면서" 북한당국을 신뢰하려 했던 노인층 주민까지 불신을 표출하기 시작했다. 북한당국이 반역과 같은 의미로 받아들여 엄격하게 금지했던 자살 사건도 많이 발생했다. 아예 가족 단위로 집단자살을 하는 사례도 드물지 않았다는 것이 면담 대상자들 의견이었다. 이렇게 요란한 폭동을 겪었지만 사실상 화폐개혁의 효과는 2달도 지속하지 못했다.[15] 상인들이 물건을 내놓으려 하지 않았던 탓에 쌀이나 옥수수 등 식량을 비롯하여 각종 생필품 가격이 천정부지로 치솟았고 생활이 더욱 어려워진 주민들이 당국을 비난하는 소리가 갈수록 높아졌다.

주민들의 반발이 예상 외로 거세지자 북한당국은 조선노동당 경제정책비서 박남기에게 모든 책임을 돌리고 서둘러 그를 처형해버렸다. 북한체제의 속성상 최고지도자가 지시하지도 않은 상태에서 박남기라는 개인이 화폐개혁을 결정할 권한을 갖는다는 것은 어불성설이다. 결국 박남기 처형은 북한

---

15 통일부 통일교육원, 2017.

당국이 화폐개혁 실패를 인정하면서도 그 책임을 회피하려 했다는 것을 의미할 따름이다. 만약 화폐개혁의 성과가 좋았더라면 북한당국은 김정은을 후계자로서 대내외에 내세울 때 적극적으로 활용하고자 했던 것 같다. 그렇지만 화폐개혁은 젊은 지도자의 등장에 별다른 도움을 주지 못했다. 그러다가 2011년 12월, 김정일이 사망했고 셋째 아들 김정은은 북한의 최고지도자 자리를 이어 받았다.

2009년 11월 말, 화폐개혁의 충격은 북한주민의 급격한 인식변화로 이어졌다. 대다수 주민이 "머리가 완전히 깨여" 북한당국에 등을 돌려버린 것이다. 2000년대 초반만 해도 북한당국이 정해놓은 제도에 맞게 살아가면서 충성심을 표시하기만 하면 그 사회에서 희망을 찾을 수 있을 것이라고 생각하던 사람도 화폐개혁 이후에는 완전히 달라졌다. 사람들 스스로 가용 가능한 자원을 최대한 활용하여 불법적 수단까지 포함하여 "할 수 있는 일은 무엇이든 하면서" 예전에는 생각도 하지 못했던 방식으로 없던 기회를 만들어내는 일이 늘어났다.

4) 1990년 이후 10년 단위 3단계 시기 구분

이 연구에서 적용하고 있는 10년 단위 3단계 구분 관련 설명을 마무리 지으면서 사람이 살아가는 시간은 연속적인 만큼 생활양식 변화도 분절적으로 끊어지는 것이 아니라 지속성을 가지고 이어져 나타난다는 점을 지적해 두고 싶다. 예를 들어 1990년대 말엽 한국사회를 설명하면서 "IMF시기" 같은 용어로 표현할 때 두 가지 해석이 가능하다. 첫째, 대한민국이 세계은행의 IMF라는 기관에서 돈을 빌린 시점부터 상환을 완료한 날까지 정확한 일자를 시기로 선정하는 방법이다. 둘째, 다소 개략적으로 국제금융의 여파로 대다수 국민이 경제적 어려움을 크게 겪었던 시기를 지칭하는 방법도 있다. 두 가지 방법의 해석 중에 관용적으로 우리 사회에서 통용이 되는 방식은 후자인 경우가 더 많다. 결국 주민들 일상생활에서 시기를 구분한다는 것은 개략적인 기준을 선택할 수밖에 없다는 뜻이다.

이번 작업을 진행하면서 연구진이 10년 단위의 시기 구분을 일부러 의도한 것은 아니다. 1990년 들어서면서 북한사회 변화에 커다란 영향을 미친 사건이나 변곡점이 주로 10년 단위의 시작이나 끝 무렵에 나타났다. 그러므로 위에서 설명한 각각의 시기구분을 1990년대, 2000년대, 2010년대로 표기해도 크게 문제가 될 것 같지 않다고 연구진은 판단하였다. 1989년에 평양에서 열린 제13차 세계청년학생축전이 끝나자마자 그 다음날 모든 북한 여성이 시장으로 달려가 임수경이 입었던 모양과 비슷한 옷을 사 입었던 것은 아니다. 2009년 11월 말, 1주일 간 화폐개혁이 끝나자마자 북한주민의 생각이 로봇처럼 한순간에 확 변할 수도 없는 일이다. 이런 상황을 감안하여 1990년대, 2000년대, 2010년대 등 3단계로 시기 구분을 하는 것이 이 글의 가독성이나 내용 이해를 높이는 데 도움이 될 것으로 연구진은 판단하였다.

II. 1990년대:
북한 여성의 일상생활에
꾸미기 "추세" 등장하다

II. 1990년대:
북한 여성의 일상생활에 꾸미기 "추세" 등장하다

1. 전반적 꾸미기 관행의 흐름과 변화

1) 꾸미기 욕구와 통제의 충돌

1990년대 초반 북한사회에서 배급제는 이미 운영이 원활한 상태가 아니었던 것 같다. 그렇지만 1995년 전후 "고난의 행군" 시기가 본격화하기 전까지 북한사회에 거주하던 평범한 주민의 삶은 전반적으로 예측 가능성이 높았다. 중등학교를 마칠 무렵, 대학에 가거나 군대에 나가는 사람을 제외하면 모두 당국이 배치해 준 직장에 다녀야 했다. 기본적으로 직주근접 원칙에 따라 직장 근처에서 거주하면서[16] 식량과 생필품 조달은 배급체제에 의존하는 일상 속에서 살아가는 사람이 많았다. 북한당국은 모든 것이 "어버이 수령님" 은혜라고 주장하는 한편 그 대가로 충성심을 바쳐야 할 것을 강조하면서 주민들의 일상생활을 통제했다. 보다 효율적으로 통제하기 위해

---

16 직주근접이란 직장과 주거지가 물리적, 시간적으로 가깝다는 것을 의미한다. 주민의 출퇴근 시간을 줄이고 보다 효율적으로 일상을 통제할 수 있기 때문에 북한당국은 직주근접의 원칙을 따라 개별 주민의 직장과 주거지를 배치해왔다.

주민의 계층을 나누고 배급량과 거주 지역, 대학진학 여부를 결정했으며 각종 조직생활로 서로 감시하는 체제를 만들었다. 여행의 자유를 제한했고 당국이 허락하지 않은 정보는 북한 내부에서 유통할 수 없도록 엄격하게 감시하고 통제했다. 전반적으로 북한주민의 일상생활은 크게 차이가 없었고 대동소이했다. 자연히 여성의 외모와 차림새에 나타나는 꾸미기 활동도 그다지 활발하게 드러나는 상태는 아니었던 것으로 보인다. 그러나 이렇게 겉으로 드러나지는 않아도 욕구는 분명하게 존재했다는 점이 면담 대상자 증언에서 드러난다.

남은 요만하다면 자기는 이만한 거 달고. 북한은 몽땅 리본을 달아야 하니까… 어린이들은 나라의 꽃봉오리라고. 아동백화점에 가면 1층에 리본매장이 쫙 있었어요. 거길 쫙 걸어놓고 각양각색 리본… 학교 가려면 리본도 단체에요. 한 학급에 분홍색, 빨간색 이게 단체에요. 우리 학급은 몽땅 분홍색을 다 달아야 해. 어딜 가도 저 학급은 몇 학년 몇 반이라는 걸 딱 알게 만들어놨어요. 원래 학교에서 다 내줘요. 교복 내주듯이 주는데 그것보다 더 좋은 거 예쁜 거를 하고 싶어서… 더 크고 더 빳빳한 새거… 공동용하고 개인용은 다르니까 개인용 달고 다닌다든가… 양말도 남들 다 맨발벗고 다니는데 혼자 짧은 양말, 긴 새 양말을 신었다든가 (중략) 맵시는 부리고 싶은데 환경이 안 따라주는 애들도 나름 최선을 다해요. 몰래 눈썹도 그리고… 안 되는데 그거 해요. 모두들 밤에 젖은 머리 꼭 매가지고 다음날 나오면 구불구불 약간이라도 하게끔 해 나오든지 하는 거예요. 그렇지 않으면 머리를 물에 적신 다음에 젖은 수건으로 해서 잡아매더라고요. 치마 주름 쫙 다려 입고… 남자 애들도 멋 부리는 거 많죠. 그때 남자애들 벌써 바지를 쫄겨 입기 시작했어요. 줄여요. 쫑대바지로. 모자도 삐뚤게 쓰고. 그렇게 하면 또 멋있어 보이더라고요. 내가 보기에도. (최원화)

대학생들은 아무 옷이나 못 입게 하거든요. 어쨌든 대학생이라고 하면… 북한은 대학생이라면 벌써 값이 있어 보이죠. 대학생 교복만 입고 나타나도 사람이 값이 있거든요. 교복을 입어야 하니까 속옷 티를 자꾸 예쁜 것을 입지요. (리철옥)

초등학교 때까지는 애들이 그런 것을 잘 몰라요. 친구가 예쁜 것을 입었구나 그 정도지… 그런데 이게 언제부터 의식하기 시작하는가 하면 중학교 들어가서부터… 한 학교 애들이 거의 다 같이 올라가요. 또 같은 학교로 가는 것이죠.17 그럼 머리가 점점 깨기 시작하면서 아 쟤는 입는 교복도 틀리네… 그 교복도 겨울에는 안에다가 뭘 받쳐 입어야 하는데 그게 다르거든요. 어떻게 입어야 맵시가 날까 그런 고민을 하죠. 카라 있는 셔츠, 스웨터… 중학교 때부터. (박순옥)

짧은 치마, 그러니까 여기처럼 미니 말고 무릎 위로 좀 올라오는 걸 좋아하는 사람도 많죠. 못 입게 해서 그렇지. (원관옥)

면담 대상자 의견을 종합해보면 배급제가 작동해서 북한주민의 삶이 대체로 비슷한 수준일 때에도 어떠한 방식으로든 꾸미기 현상은 분명히 있었던 것으로 나타난다. 사람들이 모두 비슷한 옷을 입고 다니던 시절에도 일부 "머리가 깨기 시작한" 집단에서는 남과 다르게 꾸미려고 하는 마음에 날마다 고민을 하는 사례가 있었다는 것이었다. 일상생활에서 실제로 동원할 수 있는 자원은 별로 없어도 최대한 남다른 맵시를 내고자 여러 가지 시도를 하는 사람들이 많았다고 했다. 그만큼 꾸미는 것은 "멋있어 보이는" 일로 인식하는 풍조는 있었다고 이들은 말했다.

---

17 북한에서는 학년마다 담임 선생님과 학생들이 바뀌지 않고 졸업할 때까지 그대로 같이 간다. 소학교 1학년 입학할 때 같은 반에서 만난 학급 친구와 담임교사는 졸업할 때까지 그대로 올라간다는 뜻이다. 그리고 대체로 자신이 졸업한 소학교 주변의 중학교로 진학하는데 다시 입학할 때 만난 친구와 담임교사는 졸업할 때까지 바뀌지 않은 채 그대로 이어지는 경우가 많다.

그러나 부러움이 질투로 번지지는 않았다는 것이 최원화의 의견이다. 남들과 다른 "맵시쟁이" 옷차림을 하고 다녀도 유난하다는 이유로 친구를 괴롭히는 일은 별로 일어나지 않았다는 것이었다. "그땐 사람들이 다 솔직하고 소박할 때였다" 하는 것이 그의 주장이었다. 학생이라면 누구나 교복을 입고 똑같이 낡은 가방을 들고 다니던 시절이라고 했다. 학교에 오래 머물러 있어야 했기 때문에 별다른 옷차림을 갖추고 향유할 만한 시간적 여유도 없었고 새로운 스타일을 시도해 볼 여건이나 시장이 제대로 갖춰진 상태도 아니었다는 것이었다.

다르다고 해서 너 그거 어디서 났어? 물어보는 애가 없거든요. 단체복을 입기 때문에 다 고만고만하니까. 차이가 나도 모양은 비슷하게 내면서 다른 천으로 해 입거든요. 걔는 우리랑 다른 애라고 그냥 그렇게 생각하지. 벌써 이게 피부부터 때깔이 틀려요. 불만은 없어요. 쟤는 좀 잘 사는가 보다. 그냥 부럽다… 하고는 싶은데 없잖아요. 파는 곳도 없고 엄마한테 조른다고 해서 나오는 것도 아니고. 그리고 아침부터 밤까지 학교에 계속 있으니까 예쁜 원피스를 입고 돌아다닐 시간이 없어요…. (중략) 쫄바지 입은 남자애들은 선생이 그 자리에서 가위로 잘라 버리고… 여자도 교복을 반을 접는다거나 살짝 무릎위로 올라가 있는지, 주름이 잘 잡혀있는지 다 단속하고… 손톱 자른 거랑 머리도… 남자는 밤송이 머리 여자는 단발… 학교 자체에 이발소가 있어요. 다 거기 가서 깎거든요. 이발소가 거기 밖에 없어요. 그리고 당에서 하라는 거에 대한 불만이 없어요. 머리를 짧게 하라고 하면 다 해요. (박순옥)

그 당시에는 학교에서 자녀가 잘못할 경우에는 부모의 직장으로 통보하고 아버지의 배급분량에 재제를 가하는 제도가 있었다고 증언해 주는 면담대상자가 많았다. 특수한 경우를 제외하고 북한에서 미성년 자녀의 배급은 "그 집의 주인인 세대주" 아버지 명의로 받는 것이 원칙이었다. 이런 상황에서 자녀의 행실이나 옷차림이 조금만 이상해도 "아버지 직장으로 통보가 들어가고 바로 배급 재제가 들어와" 배급표에서 일정 분량을 "짤라버린다" 하고 이들은 말했다. 배급표 일부를 잘라버리면 그만큼 쌀을 배급받지 못하는 상황으로 이어진다.

어릴 때부터 그게 습관이 되었기 때문에요. 이게 하라는 대로 하고. 그게 어릴 때부터 다 소속이 있거든요. 유치원이면 유치원, 초등학교는 소년단, 중학교 4학년부터는 사로청18 일 안 나가는 사람은 인민반, 일 나가는 사람은 또 직맹. 다 단체가 있기 때문에 조직에서 뭐 하나라도 잘못을 하면 부모님 직장으로 통보가 들어가거든요. 뭐 하나라도 행실거지가 이상하다든가, 옷차림이 이상하다든가 하면 바로 엄마 아빠 직장으로 통보가 가고 바로 배급 제재가 들어오거든요. 학생들이 그런 것을 알기 때문에 최대한 문제를 안 일으키려고 해요. (박순옥)

목단추를 안 채운다든지 모자를 안 쓴다든지 그러면 쫓아오니까 도망을 가지. 잡히면 집에 통보하고 나는 명예에 먹칠하는 것이니까…. 가끔 소년단이나 사로청 배지를 안 달고 나와요. 그러다가 잡히면 그거 다 소년단이나 사로청 위원회에다가 알려요. 그러면 그거를 다 비판해야 하고 너는 이게 뭐냐 해 가지고 집에 통보하고 부친이 알고. (전성삼)

---

18 북한주민은 누구나 초등학교에 해당하는 소학교 2학년을 마치는 무렵부터 조선소년단이라는 조직에 가입해야 한다. 그 뒤 일생 동안 조직생활을 해야 한다. 조선소년단을 마치면 이른바 사로청이라고 하거나 청년동맹이라고 하는 조직에 가입해야 하는 것이다. 조선소년단은 창단 이후 그 명칭이 바뀌지 않았지만 사로청/ 청년동맹은 몇 차례 이름을 변경하여 오늘에 이른다. 처음에는 사회주의로동청년동맹이었던 그 명칭이 김일성사회주의청년동맹으로 바뀌었고 그 뒤 2016년 8월에는 김일성-김정일사회주의청년동맹으로 변경하였다. 조직의 명칭이 사회주의로동청년동맹이던 시절에는 약칭으로 사로청이라고 했지만 그 이후에는 청년동맹이라는 약칭을 일반적으로 사용하였다. 면담 대상자 중에서 나이가 좀 드신 분은 자신의 젊은 시절 조직생활을 했던 경험을 바탕으로 사로청이라는 명칭을 자주 사용했지만 상대적으로 어린 사람은 청년동맹이라고 언급하는 경우가 많았다. 연구진은 면담 대상자가 발언하는 내용을 가능하면 수정하지 않은 채 그대로 제시하는 방식을 선택하였기 때문에 이 글에는 사로청이나 청년동맹이라는 조직의 명칭이 뒤섞여 등장하는 현상을 볼 수 있다.

면담 대상자의 의견을 종합해보면, 촘촘한 통제망이 얽혀있는 북한 사회에서 당국이 시키는 대로 살면 문제가 없다는 생각이 개인의 내면에 체화되었던 것으로 보인다. 자칫 "위험한" 욕망이 자기 자신 뿐 아니라 가족 구성원 전체의 생명을 위협하는 상황에 빠뜨릴 수 있다는 점을 오랜 집단생활 속에서 체득해왔기 때문이다. 특히 말실수를 할 경우 배급이 줄어드는 정도가 아니라 생명을 위협하는 상황이 발생할 수 있다는 점을 명심해야 하는 상황이었다고 이들은 말한다. "걸리면 같이 죽어야 하는 사람이거나 가족 정도로 신뢰할 수 있는 사람이 아닌 다음에는" 늘 자기 속마음을 드러내지 않고 욕망을 감추는 것이 어릴 때부터 체득한 북한주민의 생존 방법이었던 것이다.

어릴 때부터 뭐 사탕하나를 받아도 초상 앞에 가서 감사합니다. 잘 먹겠습니다. 장군님한테 인사를 하고, 항상 그게 먼저거든요. 필요 이상의 생각을 안 하는 것 같아요. 그냥 하라는 대로만 하면 아무 문제가 없기 때문에… 학교를 졸업해도 너는 여기로 가라고 하면, 거기 가면 문제가 없거든요. 근데 집에서는 뭐 별 얘기 다 하거든요. 그런데 대중 앞에 나가서는 그 말을 안 해요 저절로… 그냥 이 말을 하면 위험해 질 수 있겠다는 것을 그냥 육감적으로 알아요. 어디 가서 쓸데없는 이야기하지 마 그러면서… 그게 나 때문에 다른 사람이 다친다고 생각하면 본능적으로 알게 되지요. 아침에 나갈 때 엄마가 항상 하는 말이 나가서 입조심해라. 그리고 아이들이 주변에서 한 동네에 살면서 하룻밤 새에 없어지는 집들이 있거든요. 그냥 가족 통째로 조용히 사라지는 거지요. 그러니까 입조심 안하면 저렇게 된다. 그냥 토를 안 다는 거예요. 북한에서 살게 되면 그냥 직감적으로 알게 되요. 자동으로 긴장이 되요. 내가 입조심 안 하면, 그게 이제 가족이 3대 멸족이다. 정치범 수용소 간다. 그게 요만한 애들도 다 알아요. 눈치 없는 애들 빼고… 거의 다. (박순옥)

잠자고 있는 그 로망이 있잖아요. 잘 살고 싶고 좋아지고 싶은 로망은…그 말 못하는 로망은 다 가지고 있다니까요. 아는 사람끼리 정말 친한 사람끼리. 정말 이거는 죽으면 같이 죽어야 되는 사람끼리는 그런 이야기를 하지요. 그거는 안전하지요. 그것도 우리끼리 이야기하는 것으로는 여기 '보위부 밀대가 없지' 하고… 이게 보위부 끄나풀이 없냐 하는 것이지요. 밀대 그 청소할 때 미는 걸레 있잖아요. (전성삼)

배급제가 그럭저럭 작동하던 시기에는 북한 사회 전역에서 소위 "비사회주의" 차림새를 철저하게 단속하기도 하고 또 새로운 유행을 따르려고 해도 그런 물건을 구할 여건도 좋지 않았다는 것이 면담 대상자 대다수의 의견이다. 당시 극소수의 상류층을 제외하고 북한주민의 옷차림이나 집 꾸미기 같은 생활양식 측면에서 별다른 차이가 나타나지 않았다고 이들은 주장했다.

2) 외부 물품의 유입: "째포가 들여오는 본산 고가품과 중국에서 들어오는 생필품"

1990년 이후 북한주민이 어떤 차림새를 하고 살았는지 전반적인 양상을 깊이 이해하기 위해 연구진은 북한당국이 1990년을 기준으로 그 이전과 그 이후에 꾸미기 행위를 평가하는 내용이 어떻게 달라지는지 분석하기 위해 가용 가능한 자료를 확보하였다. 그 결과, 1956년 이후 1999년까지『조선녀성』에서 옷차림과 꾸미기 관련 기사의 제목을 찾아 다음 표와 같이 정리할 수 있었다.

[표 2-1] 1950~1990년대 『조선녀성』 꾸미기 관련 기사 목록

권호	기사제목	쪽수	기자
1956-1	조선옷	38	김인선
1956-8	여름철 조선옷	38	
1960-6	옷을 단정히 입자	40	
1960-8	조선옷의 아름다운 전통을 살리자(1)	39	김무삼
1960-9	조선옷의 아름다운 전통을 살리자(2)	39	김무삼
1960-10	조선옷의 아름다운 전통을 살리자(3)	35	김무삼
1960-11	조선옷의 아름다운 전통을 살리자(4)	39	김무삼
1960-12	조선옷의 아름다운 전통을 살리자(5)	39	김무삼
1963-2	아름답고 맵시있는 조선옷-주름치마	38	
1963-3	아름답고 맵시있는 조선옷- 저고리	35	
1963-7	아름다운 옷차림-더 아름답고 단정하게	38	
1964-9	부인들의 머리모양 몇가지	58	강희
1964-9	남편의 옷차림과 안해의 관심	60	본사기자
1964-9	처녀들의 머리 모양	62	홍은숙
1966-4	옷차림-조선옷을 맵시있게 입으려면	93	
1980-8	사회주의생활양식과 옷차림	43	
1981-11	〈공산주의도덕과 사회주의생활양식〉 옷차림과 인품	48	김인덕
1982-2	〈연단·공산주의도덕과 사회주의생활양식〉 겨울옷차림을 두고	49	오정순
1987-2	〈사회주의적생활양식을 철저히 세우자〉 옷차림과 생활	42	리영윤
1989-3	고상한 옷차림과 몸단장	31	김신옥
1989-5	우리 어린이들이 즐겨 입는 색동옷	36	
1990-3	〈대담〉 조선옷의 민족성을 잘 살리자	38	
1991-4	조선녀성들이 즐겨 입는 민족옷	37	
1995-5	조선녀자옷의 유래	40	본사기자
1997-1	조선옷의 민족성을 잘 살려	37	본사기자
1997-5	조선치마저고리 (단상)	39	본사기자 안봉근
1997-5	머리단장을 잘하려면	39	본사기자
1999-5	공산주의도덕과 우리생활-검박한 사생활과 녀성	38	본사기자

[표 2-2] 1950~1990년대 『조선녀성』 옷차림과 꾸미기 관련 기사 현황

게재 연도	1950년대	1960년대	1970년대	1980년대	1990년대
총 기사 건수	2	13	0	6	7

전체적으로 관련 기사의 숫자가 많은 것은 아니지만 이 자료를 보면『조선녀성』관련 기사에서 "조선옷"을 강조하는 사례는 1960년대 기간에 가장 빈번하게 등장했다는 사실이 뚜렷하게 드러난다. 북한에서 말하는 "조선옷" 개념은 한복을 말하는데 이런 옷차림은 어떤 기준으로 평가하더라도 활동하기 편한 차림새는 아니다. 여성에게 온갖 혁명과 노동을 요구하는 북한의 일상적인 상황에 한복을 입으라고 장려하는『조선녀성』기사의 내용은 어떻게 해석해야 하는 것일까? 다른 시기보다 유독 1960년대 당시 북한당국이『조선녀성』기사를 통해 "조선옷" 차림새를 고수하라고 여성을 독려하는 언설을 내보낼 수밖에 없었던 이유는 무엇일까?

연구진은 이른바 "째포"라는 용어로 지칭하던 북송재일동포 집단이 북한 사회에 등장하는 것이 그 주요한 원인의 하나가 아닐까 추정하였다. 면담 대상자 중에서는 1990년대 이전에 북한주민의 생활수준이 "다 거기서 거기였고 사는 게 대충 비슷한" 수준이라고 생각했기 때문에 "째포들" 사는 모습을 지켜보지 못했다면 세상에는 자신과 다르게 사는 사람도 있다는 사실도 깨닫지 못했을 것이라고 주장하는 사례가 많았다. 1959년 12월 14일 일본 니가타에서 출발하는 귀국선을 타고 북한으로 들어온 북송재일동포가 일상생활에서 사용하는 물건과 이들의 "색다른" 차림새가 1960년대 전반에 걸쳐 평범한 북한주민에게 상당한 충격을 주었던 것으로 보인다. 그 이후에는 점차 "사사여행"을 통해 중국을 드나드는 사람도 많아지고 또 중국에서 친척이 들어오는 일도 늘어나면서 사람과 함께 다양한 물건도 북한 내부로 흘러 들어오면서 주민들 모두 새로운 경험을 하는 기회가 늘어나기도 했다고 한다.

(1) 새로운 유행을 들여오는 사람들 "째포" 등장

북한 사회에서 김일성 우상화의 일환으로 "초상화"로 부르는 배지와 교복, 가방, 학용품 공급을 제도화하기 이전에는 학생들 사이에서 소련제 배지와 소련제 학용품을 사용하는 유행이 한때 강력했다고 면담 대상자 몇 사람이 말해주었다. 1960년대 당시 학교를 다녔다고 하는 면담 대상자 한 사람은 다음과 같이 자신의 경험담을 들려주었다.

> 그 때만 해도 가방이나 필통은 제각기 가져갈 때이니까 가방도 그저
> 그때는 소련제 가방이 유명했죠. 소련제…. 소련제 필통, 소련제 연필. 소
> 련제 앞치마. 배지는 유리 가가린19 배지나 레닌 배지… (최원화)

이런 상황에서 1960년대 초반에 특별히 활발했던 재일동포의 "귀국" 물결은 북한사회 곳곳에서 수많은 사람이 일본에서 들어 온 "본산제" 물품을 접하는 기회를 제공했다. 북한당국은 이러한 변화를 인식하고 끊임없이 주민들 옷차림을 단속하고 규제했다. 특히 여성들 옷차림은 북한당국의 주요 관심 사안이었다. 『조선녀성』 기사는 수시로 여성은 조선옷차림을 해야 한다고 강조하는 내용을 내보냈다. "조선옷의 아름다운 전통을 살리자" 하는 제목 아래 연재기사를 내보내는가 하면 부인이나 처녀들 차림새가 "단정하게 조선식 아름다움을" 추구해야 한다는 언설을 강조하는 기사가 많았다. 또한 북한에서 "안해"로 부르는 기혼여성은 남편의 옷차림이 사회주의 생활양식에 어긋나지 않게 관심을 돌려야 한다고 주장하는 기사도 자주 등장한다. 면담 대상자 리철옥은 일본시계에 얽힌 경험을 들려주었다.

> 제가 대학을 갈 시기에는 세이코 시계가 제일 좋다 했습니다. 뽀배다
> 는 (러시아제인데) 그렇게 싸지는 않고 일반적인 것으로 세이코가 제일
> 최고로 잘 나갔지요. 세이코 시계 저게 좋다는 것은 알지만. 실제로는 많
> 이 쓰지는 않아요. 그 때 일본에서 귀국해오는 사람들이 많았습니다. 귀

---

19 유리 가가린(Yuri Gagarin)은 인류 최초, 1961년 우주비행에 성공하였다. 러시아인
으로 국가적 영웅으로 칭송받았고 1968년 전투기 추락사고로 사망하였다. pmg 지
식엔진연구소, "유리가가린", 시사상식사전, 박문각, 2018. (https://terms.naver.com/
entry.nhn?docId=5662119&cid=43667&categoryId=43667, 2019년 4월 9일 검색)

국해 오는 조총련 그 사람들은 세이코랑 다 차고 왔습니다. 그 사람들이 일본에서 가지고 와서 도로 팔아먹는 것이 있기도 하고 그랬거든요. 파는 거는 이런 달러 상점보다는 싸게 팔지요. 또 무역일군들이 가져와서 파는 것을 사서 차는 것이 있고… 대학에 갔을 때 친구들 가정에서 자기 부모가 무역하거나 그런 연관이 있는 애들은 세이코를 많이 찼습니다. 스물 몇 명 중에서 한 댓 명 정도 차는데 부러워하지요. (리철옥)

그 당시에 드러내놓고 자랑하지는 않았지만 북송재일교포와 친분이 있어서 일본 물품을 구할 수 있는 사람은 타인의 부러움을 받기도 했다는 것이었다. 해외에서 들어 온 물품은 북한에서 생산할 수 없거나 생산하지 않는 물품이었기 때문에 평범한 주민이 구하기 어려웠던 만큼 해당 물품을 가진 사람은 자연히 주변에서 부러움의 대상이 되었다. 북송재일동포 주변에서는 이들이 가져온 것을 얻어 쓰거나 팔려고 물건을 내놓기만 하면 다 사들이려 하는 사람도 많았다. 그런가 하면 외화상점에 가서 "본산" 제품을 구입하는 사람도 드물지 않았다고 한다. 일부 간부층에서는 생필품뿐 아니라 고급 시계와 같은 사치품도 전부 "본산" 제품으로 갖추었다는 이야기도 나왔다. 당시에는 모두 똑같은 가방을 들고 학용품도 "다 거기서 거기이던 시절에도" 학교에서 간부집 자녀나 북송재일동포 아이들 소지품은 "같은 반 친구들 눈에 확 들어올 정도로" 색다른 것이었다고 했다.

단체 가방은 다 비닐인데 귀국민인 얘는 그걸 가죽으로 특별히 제작해서 또 들고 다니더라고요. 일본에서 해가지고 오는지… 일본에도 그런 가방이 있는지… 다 비슷한 가방인데 얘는 따로 만들어서… 매는 것도 있고 벌써 중학교 올라가면 드는 가방이에요. 인민학교는 매는 가방을 가죽으로 해서 들고 다녀. 교복도 걔네는 모직으로 제작해서 입는 거예요. (중략) 머리카락을 넘기냐 안 넘기냐 하는 것도 맵시의 한 기준이 되고요. 내가 중학교쯤 되니까 일본 쪽에서 영향이 들어왔는지 이런 실핀도 이렇게 보석 박힌 거 그런 거 들어오기 시작했어요. 그거 하나 여기 떡 끼면 그냥 뭐 학급에서 왕이죠. 전부 다 그 핀 쳐다보고. (최원화)

모두 똑같은 교복을 입고 똑같은 교육을 받는다고 북한당국이 선전하던 그 시절에도 실제로 북한주민의 삶 속에서 북송재일동포 자녀나 살림이 넉넉한 간부집 자녀는 평범한 주민이 가질 수 없던 물품을 갖고 남다른 삶을 향유하며 살았던 것으로 나타난다. 결국 "귀국자·째포" 등으로 부르던 북송재일동포는 그 당시 평범한 북한주민에게 외부세계인 일본의 문화와 문물을 전파하는 역할을 뚜렷하게 수행하였다. "좀 못산다고 해도 째포는 째포라서" 평범한 북한주민과 사는 수준이 완연히 달랐다는 것이 면담 대상자들 의견이었다.

이층집인데 이층 침대에 방마다 티비가 있고 비디오가 있고… 일제 단무지…물에는 금가루를 띄워 먹고. 걔네 집에 가면 백설공주 만화영화, 헐리우드 영화 그런 게 있었어요. 그때는 그게 미국 것인지는 몰랐거든요. 악세사리 함에 어린이용 귀걸이, 목걸이, 반지 그게 다 있는 거예요. 나 이거 너무 부럽다고 하면, 그래 "너 하나 해" 하고 주고. 일본제 캬라멜 나 한입만 먹어 보자 하고 얻어 먹고 얻어 쓰고… 부럽지요. 진짜 가지고 싶으면 하나만 줘 요구해보고 "안 돼" 하면 포기하는 거고 주면 고맙게 쓰는 거고… 당시만 해도 건재상점에 가면 플라스틱으로 아주 못생긴 핀을 팔았어요. 그것을 사서 비슷하게라도 대충 흉내만 내고 다녔지요. 그런데 상황이 어려워지니 1990년대 초반 가니까 그것도 다 없어요. 물건이 없어요. 상점은 있는데 파는 게 아예 없었어요. (중략) 있는 집 애들은 학교에서 내 주는 교복을 입는 것이 아니고 그 교복 디자인 그대로 양복집에 맡겨서 고급 양복지로 만들어 입고 다니거든요. 교복도 딱 보면 달라요. 빤짝지로 하지요. 저는 그냥 나라에서 주는 거 입고 그랬는데. 한 반에 한 40명이고 째포 2명이 있는데 하나는 좀 못사는 째포였는데도 달라요. 걔네는 벌써 체육복도 일본 체육복 그런 거를 입고 신발도 일본 슈즈화[20] 신고… 저희는 이제 그냥 일반 편리화[21] 그런 거 신고. 체육시간에 꼭 운동화를 신어야 하거든요. 그런데 이 편리화도 나중에는 나라에서 공급을 안 해 줘요. (박순옥)

(2) 중국친척, 무역항을 통해 해외물품이 들어오기 시작하다

면담 대상자 이야기를 들어보면 1970년 이후에는 "째포" 이외에도 북한사회에 외부 문물을 들여오는 존재가 새롭게 등장한다. 이들은 북한당국의 허락을 받아 중국에 다녀오는 "사사여행자" 이외에도 해외근무자가 있었다. 그 이외에 중국에 사는 친척이 방문하는 경우에도 자연스럽게 외부 문물이 북한 내부로 퍼져 나갔다. 이런저런 연고로 중국이나 일본에서 들여오는 해외물품을 사용하는 사람은 주변의 부러움을 한 몸에 받았다고 했다. 1970년대 당시에는 북한당국이 민심을 얻기 위해 "사랑의 선물" 명목으로 몇 가지 물품을 주었고 교복 공급도 비교적 원활했지만 단체 생활 속에서 학생들 옷차림에 차이가 그렇게 심하지도 않았는데 해외에서 들여온 물품을 사용하면 상당히 주변의 눈길을 끌었다는 것이다.

---

20 북한이탈주민과 면담을 하는 과정에서 간혹 슈즈화나 휴즈화라는 용어가 등장하는 경우가 있다. 이 용어가 발생한 과정은 정확하게 파악할 수 없지만 아마도 북한에서 볼 수 없는 모양의 운동화를 외부에서 들여가는 과정에서 슈즈라는 낯선 단어로 어디에나 흔하게 돌아다니는 일반적 신발과 다르다는 의미에서 구별짓기 하려고 하다가 의도하지 않은 변형이 생긴 결과물이라고 연구진은 추정하고 있다. 면담 대상자 몇 사람에게 도대체 슈즈화나 휴즈화가 어떻게 생겼는지 묘사해 보라고 하거나 그려 보라고 했을 때 이들이 묘사하는 모양은 발목까지 감싸는 일반적인 모양의 운동화였다. 다만 이들은 슈즈화나 휴즈화가 다른 운동화와 다르다고 강조하면서 특별히 폭신하고 좋았다 하는 기억 속 이야기를 들려주었다. 편리화는 납작한 모양의 운동화로 전체적으로 실내화와 비슷하다고 생각하면 될 것 같다.
21 슈즈화나 휴즈화라고 부르는 운동화와 비교해 볼 때 편리화는 딱딱하고 모양새도 볼품이 없고 "값이 눅은" 물건이라 가난한 집 아이들이 신는 신발이라는 인식이 강한 것 같다.

그런 자식들은 좀 말하자면 첫째, 중국에 친척이 있는 애들. 그때 중국 상품이 뭐 조금 그런 거고 두 번째 좀 간부집 자식들… 그런 애들이 중국에서 들어 온 물건을 쓰죠. 일반 노동자 자식은 뭐… 그 때 그런 장사라는 게 없었으니까. 간부란 건 펜대 놀리니 우리보다 낫다 말입니다. 보면 실력으로 대학 간 사람이 별로 없고 아버지가 무슨 간부 한다 하면 그 딸도 간부나 같은… 그렇게 됩니다. (중략) 그때도 중국에 친척 있는 애들이 잘 살았습니다. 중국에서 소포가 오는데 우리 학부 반장 보면 색채스런 신발 신고 옵니다. 그 때 북조선에는 시커먼 비닐신 신고 다녔습니다. 그런데 중국에서 오는 건 우혁구두라고 쥐어보면 땅땅한데 걸으면 딱딱 소리가 났다 말입니다. 그게 멋있어 보였습니다. (려명희)

70년대에 ○○쯤 해도 ○○보다 시골이에요. 광업기지는 지대 자체가 그렇게 탁 트인 지대가 못되거든요. 바다가 있기는 하지만 관광지가 되지 못하고 공기도 좀 그렇고. 그런데 ○○ 같은 건 국제적 수준이거든요. ○○에 가니까… 뭐… 내 자체가 외국에 온 것 같이 외국물건을 많이 걸쳤지요. ○○ 같은 데는 북한에서 생산된 것인데, 옷이라든가 화장품 같은 것도 다 거기 북한 것만 쓰지 다른 외부 것은 없어요. 그런데 ○○ 같은 데를 가면, 일본 무역도 하고 다른 나라하고 거래하는 무역항이 있고, 그 다음에 외화로 달라가 돌고 하니까 (중략) (부츠는)거기서는 왈랭끼라고 했어요. 그런 부츠를 신고 오고, 그런 신발은 ○○서 구경도 못할 때거든요. 러시아 거를 신고 왔었지요. 외국에 가서 가져왔다고 하면서, 손목시계, 신발도 예쁜 거, 카프라 수건….[22] 그거 아주 귀한 때이지요. 이렇게 목에다가 두르는 거… 제일 가까운 애들을 가끔 주기도 하고. (리철옥)

면담 대상자 일부는 1980년대에 이미 "썩고 병든 자본주의 남조선" 사회의 생활수준이 북한당국의 선전과 달리 실제로는 "사회주의 조선"보다 좋다는

---

22 면담에 참여했던 북한이탈주민 중에서도 여성들은 카프라 수건 이야기를 많이 했다. 추위가 심한 지역에서는 "카프라 수건을 척 두르고" 나서는 여성이 다른 사람의 부러움을 사던 시절이 있었다는 것이었다.

것을 이미 알고 있었다고 말해주었다. 집에서 이불을 뒤집어쓰고 한국 라디오를 듣거나, 한국을 비난하는 북한 TV 프로그램 속에 등장하는 한국 사람들 옷차림과 거리 모습을 눈여겨보았다는 것이다. 북한당국의 의도와 달리 영상매체를 통해 "남조선 실상"을 접한 면담 대상자는 대부분 "말은 못하고 몰래 숨어 듣지만" 한국이 잘 산다는 사실은 알고 있었던 것으로 나타난다.

남한 치, 한국치를 이렇게 보여 주면 야 저게 어떻게 저렇게 되지? 예를 들면 이게 80년도 5.18 광주항쟁 영상을 보는데 그 때 사진이 많이 배포되었어요. 계엄군이 막 패고 끌려가고 이런 사진도 보지만. 북한의 이제 그 도로들을 보시면, 1호 도로 있잖아요. 그 대도시 도로들도 보면 제일 가운데 그 노란 줄을 이렇게 노란 선을 쳐 놨거든요. 그 노란 선을 칠한 도로가 질이 그렇게 깨끗하고 좋아요. 아스팔트 공법이라든지 차가 흔들림이 얼마 없어. 이 노란 선에 대한 기대감이 사람들이 있어. 그 광주의 길이 전부 노란 줄로 되어 있어. 아니 이게 뭐야? 그 다음에 사람들이 옷을 입은 게 (북한당국의 선전에서는) 누덕누덕 기운 것을 입었다고 했는데 기운 게 아니라 장발에 남자들이 꽃무늬 셔츠를 입고 나팔바지를. 무늬 있는 옷을 입었다고. 무늬… 쳐져 보이는 게 아니라 사람들이 대부분 이렇게 옷도 잘 입고 건강해 보이는 거예요. 그런 이야기를 말은 못하는데 보여요. 그 화면에서 계엄군이 때려서 가는데 계엄군이 때리는 것을 보기는 보지. 그런데 아 쟤네는 정말 군사 깡패구나 이렇게 보면서도 야 대단하네 지방 도시인데(광주) 노란 도로가 있어. (전성삼)

면담 대상자 의견을 종합해보면 1980년대까지 비록 소수이나 북송재일동포와 해외물품 유입을 통해 좋은 물건이 들어오면서 그런 물건을 가진 사람을 부러워하고 어떻게 하든 흉내를 내면서 비슷하게 따라 하려고 하는 사례가 분명하게 존재했던 것 같다. 그러나 상점은 있어도 물건이 없는 날이 더 많아져 "째포를 흉내 내려고 해도 엄두도 낼 수 없는" 시기가 곧 찾아왔다고 이들은 말한다. 간혹 물건을 구할 방법이 없는 상황에서 해외에 다녀오는 가족이나 지인이 사다주는 스타킹이나 "양말바지"를 어쩌다 하나 얻으면, 너무나 귀한 품목이라서 도저히 더 이상 입을 수 없을 때까지 깁고 또 기워 신기도 했다.

> 이 양말바지 같은 것도… 다 아기 때 입는 것 같은 것을 입고 다니거든요. 그래서 보면 여기 깁고 저기 깁고 그 기운 자리들이 다 보이는데, 그래도 입고 다녀요 귀하니까… 스타킹 같은 것도 거기는 다 코가 나갔는데, 그것을 다 기워가지고, 깁고 또 깁고 그래서 그것이 다 닳아 없어질 때까지 신고 다니고… 저희 아빠가 러시아 여자 애들이 신는 하얀 양말바지를 예쁜 거 보내줬는데. 제가 그것을 중학교를 졸업할 때까지 그거를 신었어요. 그러니까 발뒤축이 이렇게 앞으로 밀려나고, 이 팬티는 거의 이 밑에 엉덩이에 걸쳐지는데. 그래도 맵시를 위해서는, 제가 그렇게 중학교 내내 제가 그 두 개를 꿰매서. 그게 꿰지면 그렇게 기워서… 파는 건 없고. (박순옥)

그러니까 결국 1990년 이전에도 배급받는 물품과 달리 더 좋고 예쁜 물건이 있다는 사실을 알고 그런 물품을 구해서 남다르게, 예쁘게 꾸미고 싶다는 욕망이 북한주민 사이에 분명히 존재했다는 것이 면담 대상자들 의견이었다. 다만 그런 물건을 마땅히 구할 곳이 없어서 욕망이 있어도 막상 그 꿈을 실천할 길이 없었다는 것이 1990년대 이전 꾸미기 행위를 둘러싼 북한사회의 한 단면으로 나타난다.

3) 제13차 세계청년학생축전과 꾸미기 "추세" 등장

1989년 제13차 세계청년학생축전이 평양에서 열렸다. 이 행사를 계기로 북한주민은 외부세계와 비교해 보면 북한의 문화수준이 한참 뒤쳐져있다는 사실을 자각하게 되었다고 한다. 면담 대상자 중에서는 제13차 세계청년학생축전에 참가한 외부 학생의 옷차림과 외양을 접하면서 크게 충격을 받은 사람이 많은 것으로 나타난다.

90년도 이전에는 귀국자 자녀들 이상한 거 입는다고 손가락질 했는데 90년대 이후부터는 부러워하고. 제13차 세계청년학생축전 1989년도에 했잖아요. 그 때 그 티셔츠 임수경이 그 옷 입었잖아요. 그 때 당시 그게 유행했어요. 여기로 말하면 티셔츠도 없었는데 임수경이 와서 그 티셔츠를 입고 와서 다음부터 그걸 많이 입었어요. 89년도 13차하면서부터 티셔츠하고 모자. 그전에는 여자들 모자 안 썼었거든요. 기껏 썼다 하면 천으로 된 챙모를 써요. 그걸 쓰는데 그니깐 임수경 와서 임수경 파마머리도 따라했고. 13차 때 눈도 좀 트고 그 때 좀 그런 것 같아요. (위진향)

임수경이 사슴슈즈23 신고 와서 친구들 사이에 유행이 되고 그랬거든요. 대학생들도 머리 스타일하기로 하면 임수경 머리 스타일로 해달라고. 약간 파마하고 그저 어깨 정도 와요. 그 다음에 박쥐 옷 유행하고. 쫑때바지… (지은영)

한국은 아무 나라 사람이나 다 들어오잖아요. 북한은 외국에서 오는 손님이 없잖아요. 그니깐 어쩌다 손님이 오면 누구나 없이 다 기억하는 사람인거죠. (최순녀)

1989년 제13차 세계청년학생축전의 문화적 충격을 경험한 면담 대상자는 사실상 예외 없이 당시 임수경의 옷차림이 북한 내부에서 크게 유행하였다고 말해주었다. 임수경이 착용한 티셔츠는 물론이고 모자와 헤어스타일, 신발은 북한에서 커다란 유행이 되었다는 것이 이들의 주장이었다. 면담 대상자 의견을 종합해보면 "추세 같은 것이 크게 없었던 시절과 비교해 보면" 임수경의 존재가 등장한 이후 "추세" 현상이 뚜렷하게 나타났던 것 같다. 이전까지는 모두 비슷한 옷차림을 하고 다니는 상황에서 남다른 차림을 한 재일

---

23 면담 대상자 몇 사람은 사슴 모양이 새겨져 있는 슈즈화로 기억하고 있었다. 한때 북한사회에서는 사슴슈즈를 신지 않으면 학교에 가지 않겠다고 떼를 쓰는 아이들이 있을 만큼 이 제품이 인기가 높았다고 이들은 말한다.

동포를 내심 부러워하면서도 겉으로 욕하는 일이 많았지만 제13차 세계청년학생축전 이후에는 새로운 유행이 나타나면 앞다투어 따르려는 사람이 많았고 또 유행을 긍정적으로 받아들이는 풍조가 짙어졌다고 이들은 말했다.

제13차 세계청년학생축전을 기점으로 변한 것은 옷차림만이 아니었다. 북한당국이 제2외국어를 강조하고 대학에 외국어 학습시간을 증가시켰다고 면담 대상자 조향미는 주장했다. 자신도 그렇게 느꼈지만 당국에서도 북한 교육이 뒤떨어져 있다는 사실을 인정할 수밖에 없었을 것이라고 그는 말했다. 면담 대상자 조향미는 "활달하고 자유로운" 임수경의 모습을 지켜보면서 그동안 북한당국이 "남조선" 관련하여 끝없이 쏟아내던 부정적 이야기가 다 거짓이었다는 점을 분명하게 깨달았다고 말했다.

> 그 사람을 통해서 한국이 자유롭다. 그 다음에 한국에 잘 사는 사람은 가정교사도 둔다…. 임수경 자체가 일어도 알고 영어도 알고 중국어도 알더라고요. 그 때 당시 우리 학생들은 영어도 잘 모르는데…. 임수경이 말하는 걸 받아치는 게 하나도 없었어요. (최순녀)

북한당국도 주민들 속에서 이런 변화의 조짐이 나타나고 있다는 사실을 감지했던 것 같다. 그 이후 북한당국은 기회가 주어질 때마다 제13차 세계청년학생축전의 기억을 소환하며 새삼스럽게 "조선옷" 차림새의 우수성과 그 민족적 의미의 중요성을 강조하기 시작했다.

> 지난 제13차 세계청년학생축전때에도 많은 외국사람들이 마치 선녀와도 같은 조선옷차림을 보고 유구한 력사를 가지고 있다는 조선옷은 정말 우아하면서도 아름답고 조선민족의 특색이 잘 살아난다, 조선녀성의 곧고 강인한 기품이 그대로 풍겨오는 옷이라고 부러움과 감탄을 금치 못했다지요? ("조선옷의 민족성을 잘 살리자", 『조선녀성』 1990년 3호, 38쪽)

제13차 세계청년학생축전때에도 많은 외국사람들이 조선옷의 아름다움을 두고 부러워하며 찬사를 아끼지 않았다. 조선옷에 매혹된 외국사람들 중에는 조선옷을 전문적으로 연구하는 사람도 있고 조선옷을 가져다 자기 나라에서 입고 다니는 사람들도 있다. ("조선녀성들이 즐겨입는 민족옷", 『조선녀성』 1991년 4호, 37쪽)

인용문을 살펴보면 "조선옷에 정신이 담겨있다" 하는 표현이 등장한다. 단순히 아름답다는 뜻이 아니라 옷차림에 의미를 담고 있다는 뜻이다. 물론 1990년대 이전에 "조선옷" 차림의 의미를 강조하는 언설이 없었던 것은 아니다(54쪽 [표 2-1] 참조). 그러나 바로 위에서 인용한 문구에서 볼 수 있듯이 1990년대 초반 『조선녀성』에 나오는 "조선옷" 담론은 제13차 세계청년학생축전을 직접 언급하며 민족, 정신을 강조했다는 점에서 다소 다르다. 제13차 세계청년학생축전의 여파가 북한당국이 원하는 방향으로 퍼져 나가지는 않고 오히려 외부 문물을 따르려는 풍조가 강해지는 상황에서 이런 흐름을 잠재우려는 의지를 표명하고 있기 때문이다.

이렇게 애써 외부 문물의 유입을 막으려는 북한당국의 노력은 나름 효과를 거두었다. 1989년을 기점으로 추세현상이 등장하고 한국을 비롯한 바깥 세상에 관심을 갖는 젊은이가 많아졌지만 이들이 유행을 따른다고 해도 북한당국이 요구하는 "사회주의 생활양식" 기준에서 크게 어긋나지 않는 수준에 머물렀던 것으로 드러난다.

여자들이 바지가 한 때 유행을 했었어요. 민족과 운명24 홍영자가 입었던 바지 같은…. (김옥별)

---

24 1992년부터 북한당국은 "민족과 운명"이라는 제목을 내걸고 주민들이 꼭 기억해야 할 인물을 선정하고 이들의 이야기를 영화로 만들어 내놓는다. 처음에는 월북 공직자 최덕신(최현덕 편), 작곡가 윤이상(윤상민 편), 이인모(리정모 편), 허정숙(허정순 편) 등 개인을 중심으로 영화를 제작하다가 "로동계급 편, 카프작가 편, 귀화

민족의 운명에서 홍영자가 멋지게 나왔어요. 박정희 애인 역할로 나왔는데 머리를 숏컷하고. 허리 쫄린 바지에 밑에도 쫄리고… 그거 많이 예쁘다고 홍영자 바지라고 했거든요. (김진옥)

유행이 있지요. 지금처럼 남한 문화를 접하기 전이잖아요. 그 때 유행이 어떻게 도는가 하면, 김정일이가 김복실[25] 부총리나 노동당 경공업 담당자들 데려다가… 지시를 줘요. 그 때 김복실이 한참 잘 나가고 또 경공업 담당했으니까… 여성들 옷차림이나 표현법 관련해서 이렇게 저렇게 하라고 지시를 줘요. 그럼 얘네가 견본품 만들어 보여주고 김정일이 이거 좋다 하면 그것을 영화화했죠. 그때는 광고가 없었으니까 영화 영향이 컸죠. 여자들이 그 차림의 옷을 입고 예술영화나 기록영화 같은 데 나와요. 특히 예술영화에 나오는 거는 100% 따라 하게끔 되어 있어요. 모범으로 내놓은 것이니까… 그걸 따라 하는 것은 뭐라고 하지 않는다는 거지요. 사회주의 생활양식에 맞게끔 기준에 통과한 영화니까…그 영화를 만든 기준이 김정일의 방침을 받아서 만든 것이기 때문에… (전성삼)

면담 대상자 이야기를 들어보면 당시 북한에서 젊은이가 유행을 따른다고 해도 결국 지도자의 "방침"이나 당국에서 인정하는 "사회주의 생활양식" 범주를 벗어날 수 없다고 했다. 북한 내 언론매체는 당국의 지시를 따르지 않을 수 없기 때문에 영화에 나오는 여주인공 차림새는 철저하게 승인을 받

한 일본녀성 편, 위안부 편" 등으로 그 소재를 확대하였다. 2006년까지 총 70편을 제작하였고 제8부부터 제10부까지 "홍영자 편"으로 만들었으며 홍영자 편에는 박정희 대통령과 "남조선" 이야기가 나타나기도 한다. 홍영자 역할을 맡았던 북한 여성 배우 오미란의 옷차림이 북한 전역에서 여성차림새로 유행했다고 이 시기를 경험했던 면담 대상자 모두가 증언해주었다.

25 면담 대상자 전성삼은 "김복실"로 기억하고 있었으나 "김복신"을 잘못 지칭한 것으로 보인다. 김복신은 1925년생으로 1950년대부터 당 중앙위원회 경공업부문에서 일했고 1981년 12월부터 정무원 부총리 겸 경공업위원회 위원장을 맡았다. 국가지식포털 북한지역정보넷(http://www.cybernk.net/infoText/InfoHumanDetail.aspx?mc= EJ1002&hid=EJ 100200227438&rightType=3&direct=1&direct=1) 2019년 4월 25일 검색.

은 모습이라는 것이었다. 상황이 이렇다보니 너도나도 유사한 차림새를 하고 다니는 배급제 사회에서 누군가 새로운 스타일로 나타나면 자연히 인기가 많을 수밖에 없다고 했다. 면담 대상자 김옥별과 김진옥처럼 '홍영자 바지' 차림새로 다니는 일은 북한당국의 승인을 받은 영화배우의 옷차림을 따라하는 것이므로 안전하다고 했다. 말하자면 영화배우의 차림새를 따라하는 것은 북한당국이 '공인한' 유행인 만큼 단속 위험이 없다는 뜻이었다.

어쨌거나 1990년대 당시에는 그 나름대로 북한당국의 묵인 아래 어느 정도 유행이 존재했던 것은 사실이지만 2000년 이후처럼 "확 퍼지지는 않았다" 하는 점이 면담 대상자의 공통 의견이었다. 1990년대 당시에는 북한 전역에 어디에서도 장마당이 그렇게 활발하지 않았던 반면에 당국의 규제는 비교적 위력이 컸다고 이들은 주장한다. 그 당시 북한당국이 주민의 행동을 통제할 때 적용하는 규제는 그 종류가 많았고 내용도 치밀하고 까다로웠다. 전반적인 상황이 이랬으니 그 당시 북한에서 파격적이거나 새로운 추세가 나타나는 것은 아주 힘든 일이었다고 면담 대상자 최원화와 전성삼이 말해주었다.

치마길이 짧은 것도 안 되지만 긴 것도 단속해요. 발목 쪽에 조금 올라가면 단속하죠. ○○에서는 그런 거 다 단속했어요. 치마 길이는 무릎에서 몇 cm 내려와야 한다…이런 거 딱 정해져 있어요. (최원화)

예를 들면 이렇게 가슴 부분을 뭐 많이 판다든지 짧은 것 입어도 안 되는 일이고… 사회주의 생활양식에 맞게 하라고 다그치죠. 그런 게 가장 큰 줄기이고… 한때 또 여자는 바지를 입지 말라고 그래 가지고…. 그때그때 구체적으로 방침이 떨어져요. 그리고 여자 머리 삔도 어떤 모양은 하지 마세요 이렇게. 사람들이 조금이라도 이렇게 탈선되는 걸 용납 안 한다는 것을 보여주는 거예요. 북한은 일이 나기 전에 미리 방지하는 것을 미덕으로 생각해요. 처음부터 너는 이렇게 하지 마…. 자를 딱 대놓고 이렇게 하는 것이 미덕이에요 (중략) 규찰대가 2~5시부터 나오는 경우도 있고…. 그런데 그게 피해서 도망 다니는 경우가 많지 않다는 거지요. 그 당시에는 전반적으로 당에서 시키는 대로 다 했다니까… (전성삼)

재미있는 사실은 북한당국이 규제 방침을 내놓을 때 주로 여성의 행동을 단속하려 하는 사례가 많다는 점이었다. 물론 남자의 차림새도 단속하면서 "쫑대 바지"를 입지 말라거나 잠바를 어떻게 입으라고 강요하는 규정이 있기는 했었다고 이들은 주장한다. 그래도 "남자들 옷차림은 예전이나 지금이나 다 거기서 거기라서" 최고지도자가 무슨 방침을 내놓았다 하면 그 단속 대상이 되는 집단은 십중팔구 여성이라는 것이었다.

지금도 그렇지만 1990년대 당시에는 북한당국이 공급하는 의류의 종류나 사이즈가 다양하지 않았고 또 평범한 주민이 옷을 구매할 수 있는 방법은 따로 없었다. 그러니까 자연히 여성이 집에서 스스로 옷을 만들어 입거나 남편과 아이들 옷을 만드는 경우가 적지 않았다. 집안에 재봉틀이 있으면 와이셔츠와 바지를 만들어 입는 것은 물론 코바늘로 뜨개질을 해서 스웨터나 치마를 직접 떠서 입었다는 면담 대상자도 많았다. 특히 또래보다 키가 큰 학생은 학교에서 배정해 주는 교복을 입을 수 없어서 자체적으로 유사하게 만들어 입는 경우가 많았다고 한다.

내가 디자인해서 내가 옷 해 입고 치마 해 입었어요. 내가 직접 했어요. 여기는 딱 맞되 여긴 풍부하게… 치마도 그 북한 기준에서 보면 길지만 그렇다고 단속하기에는 또 짧고… 그런 식으로 입고 다녔어요. 그것보다 한 10cm 더 길게 하는데, 그래도 긴 것도 아니고 짧은 것도 아니고 이렇게 되어버리는 거예요. 그래서 그것도 단색으로 해서… (최원화)

학교든 단체든 거기서 이렇게 정해준 패턴이 있잖아요. 형태만 갖추고 색깔만 비슷하면 그거 가지고 통제를 안 하더라고요. 왜? 크니까… 배급품 가지고는 안 되니까. 주는 거 가지고는 안 된다고 선생들이 아니까…

그리고 생판 다른 색깔은 아니니까… (전성삼)

면담 대상자 이야기를 종합해 보면 배급제가 그럭저럭 작동하던 1990년대 이전에도 이미 배급제는 크고 작은 결함을 지닌 것으로 나타났는데 그 빈 칸을 채우면서 일상생활이 무너지지 않게 떠받쳐 온 존재는 각 가정의 여성이었다는 점이 드러난다. 결국 1990년대 중후반 고난의 행군 시기에 각 가정의 생존을 책임졌던 북한 여성의 능력은 어느 날 갑자기 등장한 것이 아니라 그 이전부터 오랜 기간에 걸쳐 성장해 온 측면이 있다고 하겠다.

4) 1990년대 중후반 "고난의 행군": 배는 고파도 꾸미는 것은 본능

1990년대 중후반 북한에 큰 수해와 가뭄이 들면서 식량 사정은 한층 더 나빠졌다. 마침내 북한당국은 UN에 공식적으로 식량 원조를 해 줄 것을 요청하기도 했다. 전반적으로 경제사정이 나쁜데 배급제까지 중단하면서 북한 전역에 대량 아사자가 속출했다. 간신히 죽음을 면했던 주민은 장마당에 의지해서 하루하루 목숨을 연명해야 했다. 북한당국은 이 시기를 "고난의 행군"으로 명명하면서 무능력의 책임을 회피하고자 했다. 더 이상 당국이 주민들의 식량 공급을 책임져주지 못하면서 집집마다 생존의 무게는 어머니와 아내, 딸 등 여성의 어깨 위로 옮겨갔다. 한편으로는 시장화 흐름이 한층 강해져서 1990년대 후반에는 북한 전역에 시장 네트워크가 자리를 잡는 현상이 나타났다.[26]

역설적으로 북한에서는 "고난의 행군" 때문에 가장 어려웠던 시기에 여성의 꾸미기 행위가 하나의 사회적 현상으로 분명하게 그 모습을 드러내기 시작했다. 기본적인 식량 배급도 제대로 하지 못하는 상황에서 많은 사람이

---

26 통일부 통일교육원, 2017.

죽어 나가고 있었지만 북한당국이 할 수 있는 일은 사실상 아무 것도 없었다. 그러다 보니 자연히 북한당국의 규제와 단속은 슬그머니 그 힘을 잃어버렸다. 아예 단속을 하지도 않는 경우가 많았지만 간혹 단속을 한다고 해도 그 위력이 예전과 비교할 수 없을 만큼 약해졌던 것이다. 특히 지방은 대도시보다 시기적으로 훨씬 더 일찍 배급제가 무너지면서 통제도 그만큼 느슨해졌던 것으로 나타난다.

> 지방은 머리도 다 제 마음대로 하고 다니고. ○○에서는 학교에 이발소가 있어서 선생님이 너 내려가서 머리 깎고 와 그러면 바로 가서 깎고 와야 하거든요. 지방 사람들이 오히려 사고가 개방적이고. 연애하는 데서도. (중략) ○○에서 왔다 하면 부러워하는 사람도 있고. 무시하는 것도 있고. 너 추방되었다. 죄지은 거다 이런 것도 있고. 부러워하는 사람은 장사꾼들이나 꾸미기 좋아하는 아줌마들이죠. 우리 집에 와서 커텐 너무 멋있다고 달라고 하는 그런 사람들도 있고. ○○사람은 차림새를 보면 이게 뭔가 틀려요… (박순옥)

> 지방에 나가니까 더 좋더라구요. 자유스럽고, 생활총화도 없고… 안 해요. 지방에서는 그렇게 ○○처럼 빡세게 안 해요. 하기는 했던 것 같은데 별로 한 기억은 안 나거든요. 아… 하기는 했었던 것 같아요. 그냥 흉내 내는 식으로… ○○처럼 매주 하지도 않고… 뜨문뜨문. 매주 하지도 않아요. 통제하는 사람도 없고… (최원화)

북한당국은 단속의 손길을 놓고 싶지 않았으면서도 결국 주민의 생존 터전인 장마당을 규제하지 못했다. 장마당의 원래 명칭은 "농민시장"으로 협동농장 농민이 집 앞 텃밭에서 생산하는 고추나 파, 양파 같은 농산물이나 달걀 등 소소한 먹거리를 사고파는 행위를 할 수 있는 곳이었다.[27] 그러나 배

---

27 1958년 북한당국은 이른바 사회주의를 완성했다고 선언하였다. 1946년 토지개혁으

급제가 무너지면서 장마당은 식량뿐만 아니라 다양한 종류의 물건을 유통하는 곳으로 크게 성장했다. 생각해 보면 경제적으로 정말 어려운 "고난의 행군" 기간이 오히려 여성에게는 그 나름의 꾸미기 행위를 실천할 수 있는 기회를 제공했던 것으로 나타난다는 점이 나름 의미를 지닌다고 하겠다. 고난의 행군을 경험한 면담 대상자 최원화와 박순옥이 당시 장마당과 꾸미기 현상에 대해 다음과 같이 말해주었다.

꾸미는 게 없던 시절은 없지요. 아무리 어려워도 꾸민다는 건 인간에게만 있는 본능이에요. 남자고 여자고 똑같은 것 같아요. (중략) 고급 핀침. 살림 다 팔아먹으면서도 그건 안 팔아먹고 차고 다녔어요. 그것만 차고 나가면 아, 저건 ○○여자로구나 딱 알리는 핀침이었어요. 나로서는 최대한 맵시를 내는 것이죠. 지방 가보면 배곯고 남편 밥 해 먹이는 것도 잘 안 돼서 여자가 남편한테 두드려 맞으면서도 또 시장에 나가는데 얼굴이 새까맣게 타고 옷이 누더기 같아도 그래도 나름대로 화장을 하고 나가더라고요. 난 참 그거 보면서 아 여자란 게 위대하구나. 여자들이 쌀을 하루 벌어 하루 먹는 형편에서도 어떻게 조금씩 돈을 남겨가지고 미용실에 가고 파마하고…. 그거 다 그래요… (최원화)

그래도 신경을 쓰지요. 그렇게 못 먹어도요. 그때그때 유행이라는 게 있거든요. 바지나 잠바, 목도리, 양말. 장마당에 한 번 나와서 누가 한번

로 개인에게 분배했던 땅을 회수하여 협동농장으로 만들었고 철도와 항만, 도로 등 기반시설과 주요 자산을 완전히 "국유화" 하는 작업을 마무리했다는 의미였다. 개인의 상업행위는 완전히 금지하였다. 다만 사회주의 단계를 지나 완전한 공산주의를 이룰 때까지 유일하게 자본주의 잔재로 남겨 둔 것이 협동농장 농민이 개인의 텃밭에서 가꾼 부산물을 물물교환 형태로 교환할 수 있는 "농민시장" 내 상행위였다. 농민시장은 각 군 단위로 하나씩 문을 열었고 공산품이나 주요곡물은 거래 금지 품목이었다. 그나마 농민시장이 문을 여는 날은 매달 1일, 11일, 21일 등 3일뿐이었다. 협동농장 농민의 휴식일에 맞추어 농민시장 문을 열도록 허용했기 때문이다. 그런데 "자본주의 잔재로 남았지만 곧 사라질 것으로" 믿었던 농민시장은 시간이 흐르면서 그 규모가 커져서 결국 북한 전역의 장마당으로 자리를 잡았다.

하고 다니면 그게 또 그런 스타일대로 다 따라가는 거지요. 하얀 뜨개 양말, 편리화 같은 것도… 중국에서 들어 온 그런 편리화가 그게 유행이었지요. 그것도 몇 번 신으면 굽이 떨어져 가지고…. 배기바지인가 그런 바지도 유행이었어요. 지방은 학생복 바지를 내줄 수가 없는 형편이었어요. 그러니까 위에만 교복을 입고, 치마는 어차피 안 입고 다니니까. 바지는 각자 제 맘대로 입고 다니는 거예요. 배기바지도 입고… 유행에 민감한 애들이 있고, 둔한 애들이 있고 그러잖아요. 보통은 그냥 일자바지 입고 다니는데 "나는 저렇게 입고 싶어" 하는 애들은 무슨 수를 써서라도 구해서 입어요… (박순옥)

결국 배급제가 작동을 멈추면서 엄격하고 강력하던 북한당국의 통제가 저절로 사라지던 기간이 1990년대 상황이었다. 시간이 지날수록 점차 시장이 발달하는 틈새에서 여성의 꾸미기 활동도 기지개를 켜기 시작했다. 장마당 활동을 통해서 북한에서도 개인의 꾸미기 행위와 같은 문화가 펼쳐질 공간과 이런 행위를 규제하지 않을 정치적 조건이 만들어진 것이다. 이렇게 새로운 환경이 만들어지면서 북한 여성이 욕망을 실천할 기회도 증가했다. 물론 생존이 가장 중요한 문제였지만 생존의 조건을 갖추고 나면 다른 욕망이 다 사라지는 것은 아니었다. 끼니를 거를 정도로 힘겨운 식량난 기간을 지나면서도 그 속에서 꾸미기 행위로 향하는 본능적 욕망에 충실했던 북한 여성의 행위성은 인간이라는 존재를 이해하는 데 있어 아주 중요한 의미를 지니는 면모라 하겠다.

2. 장마당 뷰티의 시작

1) 중국산 '삐아스'와 크림

면담 대상자 의견을 종합해보면 1980년대 중반까지 북한 여성은 대부분 "국내산" 신의주 화장품을 많이 사용했던 것 같다. 일반적으로 "살결물에 크림" 정도 바르면 기초화장을 하는 것으로 생각했다는 의견이 많았다. 간혹 혜산이나 평양, 사리원 화장품 공장에서 나오는 제품을 사용했다는 면담 대상자도 있었다. 그 당시까지는 전반적으로 화장품 생산 규모가 그다지 크지도 않았고 또 품질도 별로 좋지 않았던 것으로 평가하는 의견이 많았다. "그래도 잘살던 시절"인 1980년대 당시에도 북한에서 생산한 화장품이 향은 좋지만 품질이나 물량이 부족했다고 말하는 면담 대상자가 많았다. 무엇보다 화장품 종류가 별로 없고 또 가격도 저렴하지 않았다는 것이 이들의 의견이었다.

> 신의주 화장품… 여기는 경대 위에 여러 개 올려놓고 쓰지만 거기는 집집마다 화장품이 몇 개 없어요. (전성삼)

> 공업품 상점에 가게 되면 대체로 해당화 화장품이 많이 나와요. 혹간 신의주 화장품이 이렇게 몇 개씩 끼워있거든요. 저는 화장을 그렇게 크게 안했어요. 화장품이 쌀 1키로 값만큼 비쌌어요. 그 몇 만 원이 우리한테는 조금 더 보태면 식량을 살 수 있겠는데… 직장 동료들 자체가 크게 화장품을 안 쓰고 지냈어요. 화장을 한다 하면 회의가 있을 때나… 주로 사로청 회의 있을 때… 일주일에 한 번 생활총화하고 매주 화요일마다 회의를 하고 거기 프로그램이 있거든요. 그럴 때 화장을 하고 그냥 평상시에는 그냥 크림만 바르고 다녀요. 그러다가 어떤 때는 화장품이 생기면 날마다 바를 때도 있기는 하지만… 그게 주구장창 이렇게 계속 지속적으로 사용할 정도까지는 못 나갔어요. 그 화장품을 다 쓰게 되면 떨어

지지 않아요? 그게 아까워가지고. 어찌어찌 하다 화장하고 싶어도… 살이… 얼굴이 탈까봐 걱정이 되니까 크림이라도 바르고 다니죠. 그래도 우리 느낌에 크림을 바르면 좀 괜찮겠지… 이런 느낌을 가지고 크림만 바르고 다니는 거지요. 여기는 뭐 자외선 차단제 이런 게 있잖아요. 거기는 그런 거 없었어요. (김옥별)

면담 대상자 이야기를 들어보면 화장품이 귀하고 가격도 비싸다보니 여성들이 화장을 하고 싶어도 특별한 날에나 하는 것이 1980년대 중반까지 북한 전역의 일반적인 상황이었던 것 같다. 특별한 날이라고 하면 북한당국이 모든 주민에게 정기적으로 참석하도록 요구하는 기념일 행사나 사로청 회의 하는 날, 생활총화 있는 날 등을 뜻한다. 그런데 이런 행사에 참석해야 하는 일 자체가 사실 수많은 북한 여성에게 부담으로 작용하기도 했다는 것이 면담 대상자들 의견이었다. 화장품은 배급품목이 아닌데 이런 공식행사에 참석할 때에는 화장을 해야 한다는 규칙이 암묵적으로 존재하기 때문에 아무리 없는 살림이라도 그 관행을 따르려고 노력하는 모습을 보여야 했다는 것이다. 당시만 해도 대다수 북한주민 사이에서 빈부격차가 크게 존재하지 않았다는 점을 감안하면 바로 위 인용문에 나타나는 면담 대상자 김옥별 이야기에서 "화장품을 아껴 쓰는" 여성들 상황을 짐작할 수 있다고 하겠다.

면담 대상자와 이야기를 나누다 보면 이들이 전반적으로 하얀 피부를 선호하는 한편 햇볕에 그을리고 싶어 하지 않는다는 욕구를 뚜렷하게 드러내는 것을 알 수 있었다. 그러나 1980년대 당시 북한에서는 화장품 수요를 공급이 감당하지 못하고 가격도 비쌌기 때문에 평범한 여성들 사이에서는 별다른 화장 문화가 존재했던 것 같지 않다. 다만 몇몇 사람은 1980년대 중반 이후 중국 화장품을 사용했다는 경험담을 들려주었다. 개인적 일로 해외에 다녀온 "사사여행자"가 중국을 오가면서 중국 화장품과 일본 화장품을 들여오면 그 제품을 알음알음 구입해서 사용했다고 한다. 북중국경지역을 중심으로 중국 색조 화장품이라도 사려고 하는 여성이 많았다는 것이 이들의 의견이었다. 문제는 일본 화장품은 가격이 너무 비싸고 중국에서 들여오는 색조화장품은 품질이 좋지 않다는 점이었다. 물론 중국 화장품도 북한산 화장품보다 비싸서 사실상 구매하기 어려운 경우도 많았다고 했다. 그러다 보니 주변에서 흔히 구할 수 있는 물품으로 화장품을 직접 만들어 쓰는 사람도 있었다는 것이 이들의 의견이었다.

> 70년대에 중국 거 들어왔는데 질이 안 좋았죠. 80년대 말부터 장사꾼이 서로 유통하면서 중국에서 파운데이션이 전보다 많이 들어왔는데… 중국 것이 질이 얼마나 나쁜지… 이렇게 바르면 찍 묻어나서 얼룩이 지고 그랬는데 그래도 그걸 모두 사 쓰게 됐죠. ○○쪽에 살 때에는 그래도 일본 게 들어오면서 화장품은 더 좋은 거 썼어요. 외국 옷차림 같은 것도… (중략) 보통은 만들어 써요. 어떻게 만드는가? 치약에다가 분하고 파운데이션을 만들어요. 치약에다가 분가루 섞고 병원에서 실험실에서 쓰던 거 시약을 갖다가 넣으면 굳지 않고 말랑하게 나가더라고요. 치약이 들어가니까 살이 찡해요 박하처럼. 그래도 바르면 뭐 그냥 크림 바르고 거저 분 바른 것보다는 보기에 좋지요. 파운데이션도 자체 생산하는 것이 없으니까 그렇게 만들어 쓰고. (리철옥)

1990년대 초반부터 살결물이라고 부르는 북한산 스킨이 점차 사라지고 여성들이 기초화장품으로 크림만 사용하는 경우가 많아졌다는 이야기도 나왔다. 북한 내 화장품 공장에서 스킨 생산을 멈췄다는 뜻이다. 1990년대 북한에서 사회생활을 경험했던 면담 대상자 대다수는 스킨을 제외하고 "크림에 피아스" 정도가 가장 기초적인 화장 방법이라고 대답해 주었다. "피아스나 삐아스"[28] 등으로 부르는 화장품은 중국산으로 "파운데이션 비슷한 건데 파운

---

28 "피아스, 삐아스" 등 유사한 발음 내에서는 면담대상자가 부르는 그대로 기록해두었다.

데이션은 아니고 짜는 것도 있고 통에 들은 것도" 있다고 이들은 설명한다.

　사사여행자가 가져온 중국화장품은 1990년대에 이르러 조금씩 장마당에 등장하기 시작했다. 배급제가 중단된 1990년대 중후반부터 북한 장마당의 규모가 커지면서 상인들이 취급하는 물건의 품목도 다양해지고 수량도 증가했다. 이 과정에서 북한 장마당 특유의 뷰티 시장이 자리를 잡게 되었던 것 같다. 그러나 고난의 행군 기간에 해당하는 1990년대 당시에는 화장품 가격이 비쌌기 때문에 여자들이 주로 크림과 뻬아스를 바르는 경우가 많았다는 것이었다. 그보다 조금 더 화장을 할 경우에는 립스틱이나 아이라이너 정도 했다는 것이 면담 대상자들 의견이었다.

　면담 대상자 김향화는 중국 화장품 정도 볼 수 있었던 장마당에서 고난의 행군을 기점으로 중국산 비누도 등장했었다고 말해주었다. 당시 북한 내 공장이 대부분 작동을 멈추었기 때문에 생활필수품 품목이 중국에서 들어오다 보니 화장품과 함께 비누도 파는 사람이 나타났다는 것이었다.

> 신의주 화장품 공장에서 샴푸 좀 만들긴 하는데, 그게 뭐 일반 사람들 손에까지 가기가 어렵고. 대개 다 중국비누를 사용해요. 못 쓰는 사람도 많겠지만… (김향화)

　북한에 없던 새로운 제품이 들어오면 욕망을 추구하는 주민들 이목을 끌기에 충분했다. 면담 대상자 윤지혜는 향이 나는 샴푸를 사려면 적지 않은 가격을 지불해야 했지만 어떻게 하더라도 그 돈을 쓰면서 "샴푸를 떨구지 않고" 사서 썼다고 했다. 일단 샴푸를 사오면 집안에서 "다른 사람이 쓸까봐 서랍에 넣어두고 몰래 혼자만 썼다" 하고 회상해주었다. 면담 대상자 중에서 2000년 이후에나 2010년 이후에 샴푸를 쓰기 시작했다고 이야기해 주는 상황으로 미루어 볼 때 1990년대 당시 북한에서 샴푸를 사용하는 사람은 그리 많지는 않았던 것 같다.

(샴푸는) 무조건 들어왔죠. 중국에서… 시장에서 샀는데 그걸 샴푸를 써보니까 오 머리 쫙 흔들 때마다 좋은 냄새가 나고 머리가 막 윤기가 반짝반짝하고 그래서 이렇게 그냥 여느 비누로 감는 사람보다 이렇게 딱 샴푸 쓴 사람 보면 벌써 머릿결이 다르거든요. 그렇게 하면서 처음에는 돈 많은 그 공업품 장사꾼들[29] 먼저 썼어요. 옷을 파는 사람들이… 가격이 쌀로 치면 94년도 샴푸 살 때는 옥수수를 치면 아마도 한 4-5킬로 정도 가격? (처음에는 샴푸를) 모든 식구가 다 썼는데 그냥 뚝딱뚝딱 없어져가지고 하나 다 쓰면 또 사고 이렇게는 못 썼어요. 그냥 막 처음에는 제가 돈 가지고… 제가 막 목이 마르잖아요. 제 돈으로 이렇게 샀는데 이게 뚝딱 다 나가고 없거든요. 그래서 그 다음에는 아 이게 안 되겠다. 나 혼자 써야겠다. 작은 통을 이렇게 사서 혼자서 가지고 그냥 제 서랍 같은 데다 숨겨놓고 그랬어요. (윤지혜)

면담 대상자 의견을 종합해보면 식량난이 악화를 거듭한 1990년대 후반에도 장마당 뷰티 산업은 그 맥을 이어나갔던 것 같다. 상황이 어렵다보니 색조화장을 화려하게 하지는 못해도 파우더 정도는 바르는 사람도 있었지만 그래도 눈썹화장을 하는 여성도 드물지 않았다고 했다. 그러니까 결국 가장 어려운 시절에도 북한 여성은 다 나름대로 자신의 방식으로 최소한 수준의 화장은 하면서 살아갔다는 뜻이다.

분 바르고 싸구려 분 바르고… 여기 다 바르고 눈썹까지 다 바르고. 그렇게 하고 배낭매고 가자 하고 가요. 그거 보면요. 장마당에 나와 있는 여자들 보면 화장 안 한 여자가 없어요. 70, 80대는 구리무는 바르겠죠?

29 북한 내 장마당에서 공업품 장사꾼이라고 하면 기계가 부품과 같은 공산제품을 파는 사람이 아니라 외부에서 들여 온 중고옷 장사를 의미한다는 것을 면담 대상자 이야기를 통해서 파악할 수 있었다. 굳이 옷 장사를 공업품 장사라고 하는 이유는 알 수 없지만 장마당이 왕성하게 퍼져 나가던 고난의 행군 시절 당시에는 공장에서 나온 물건으로 옷이 유일한 품목이었다는 의미가 아닐까 추정해 볼 따름이다.

80대, 70대는 내가 모르겠는데 그래도 50대, 60대까지는 다 화장해요. 여자들이. 그 시장에 가 앉아 있어 봐도 화장 안 한 여자가 없어요. 그거 보면 참 위대해요. (최원화)

96년부터 2000년까지는 굉장히 어려웠지요. 사람이 먹지 못하면 아무 기분도 안 나고 뭐 귀찮더라고요. 그 때는 세수만 하고 크림만 바르고 그렇게 나갔댔습니다. 그 때는 아가씨들도 크게 멋을 안 부리더라고요. 크림에다가 분을 이렇게 바르고 그 정도로 했는데… (리철옥)

면담 대상자 의견을 종합해보면, 1980년대 후반부터 소량으로 들어와 북한 내 장마당에서 팔리던 중국 물건이 1990년대 중반부터 빠르게 퍼져 나가는 양상을 볼 수 있었다고 한다. 그 이전에는 화장하고 싶은 욕구도 있었고 피부미백을 추구하는 관념은 존재했지만 화장품 자체가 비싸고 구하기도 어려웠던 상황이었는데 고난의 행군 기간이었던 1990년대 중반 이후 중국 화장품이 장마당에서 널리 퍼지면서 북한 여성도 자신의 기초적 욕구를 충족시킬 수 있게 되었다는 것이었다. 다만 물건 자체가 귀한 지역이기 때문에 제품의 브랜드나 기능 등 보다 높은 차원의 욕구는 이 당시까지 아직 강력하게 나타나지 않았던 것으로 보인다.

결국 북한 여성은 엄혹한 "고난의 행군" 속에서도 생계를 꾸려나가며 화장하는 일을 멈추지 않았던 것이다. 당국의 통제가 약해진 틈을 타고 장마당이 커지며 북한 여성에게는 화장품 선택의 기회가 늘어난 셈이었다. 자연스레 여성이 적극적으로 화장하는 현상이 북한 전역에서 나타났다. 한편 북한당국은 이런 상황에 제대로 대처하지 못할 만큼 무력하고 능력 없다는 사실을 인정하지 않은 채 적당히 얼버무리는 한편 조용하고 단호하게 규제의 언설을 내뱉고 싶었던 것 같다. 1998년 3월 3일, 북한에서 매년 기념하는 3월 8일 부녀절(세계 여성의 날)을 며칠 앞두고 『로동신문』 2면에 다음과 같은 내용의 기사가 등장했다.

위대한 수령님께서는 회고록에서 혁명에 충실한 우리 녀성들을 아름다움의 최고봉에 높이 세워주시였다. (중략) 항일무장투쟁시기 유격구의 녀성들은 화장을 하지 않았다. 분내나 향수내를 피우며 돌아다니는 것을 죄라고 보는 것이 그들의 공통된 견해였다. 간혹 명절 같은 때 어쩌다가 화장을 하는 여자들도 정작 대중집합장소에 나타나면 뒤구석에 서서 줄곧 남의 눈치만 살피였다. 위대한 수령님께서는 이것이 분하시였다. 그들이 일년내내 분도 바르지 못하고 검댕이나 재가루가 묻은 얼굴로 포연내를 맡으며 고생스럽게 살아가는 것이 가슴아프시였다. (중략) 어느날 위대한 수령님께서는 부녀회원들에게 줄 화장품을 로획해가지고 대왕청 부녀회장 최금숙동지를 찾아가시였다. (중략) 사실 그는 처음 화장을 해보았던 것이다. 그에게는 거울조차 없었다. 그래서 시내물에 얼굴을 비쳐보며 조심조심 크림도 바르고 연지도 찍었다. 모든 유격구 녀성들이 그러했다. 《부녀회장 아지미 얼굴이 만국지도가 됐어요》 (중략) 도회지의 아가씨나 숙녀들보다도 최금숙과 같은 유격구의 여자들이 훨씬 더 고상하고 아름다워보였다고 감회깊이 쓰시였다. (「회고록의 갈피에서 - 화장보다 월등한 미」, 『로동신문』 1998년 3월 3일)

이 글을 읽어보면 북한당국이 여성들을 상대로 표현하고자 했던 내용이 무엇인지 미루어 짐작할 수 있다. 겉으로 일제 강점기 김일성과 함께 "유격구 전투"에 나섰던 여성들 이야기를 하는 것 같지만 그 내면에는 사실상 이 글을 쓰는 1998년 당시 북한 여성의 생활상을 다루고 있었다. 이렇게 간접적인 화법을 통해 1998년 당시 북한당국이 주장하고 싶었던 내용은 크게 두 가지로 연구진은 판단하였다. 첫째, 1998년 당시 고난의 행군기를 겪고 있는 "이 상황은 수령님 탓이 아니므로 원망하지 말라" 하는 의미를 내포하는 것으로 보인다. "어쩔 수 없는 유격구 전시상황에서도 수령님은 외모를 꾸미려 하는 여성들 욕구를 해소하려고 최선을 다했다" 하는 변명을 늘어놓는 것 같기도 하다. 이 글을 통해서 북한당국은 "오늘날의 고난은 유격구 전투처럼 외부의 침략 때문에 벌어진 상황이라는" 점을 주장하는 한편 김일성이

"여성들 화장품 상황이 좋지 않다는 것을 알고 마음 아파하며 노획까지 해서 가져다주는 세심한" 지도자라는 점을 간접적으로 드러내고 싶었던 것 같다.[30]

둘째, 대왕청 부녀가 화장하는 법도 모르고 거울조차 없이 1년 내내 분도 한 번 바르지 못한 채 살았던 것에 비하면 "지금 상황이 어렵다고 해도 그 시절보다 낫다" 하는 주장을 하려는 의도를 엿볼 수 있었다. 유격구 여성은 화장을 죄로 여기면서 살았지만 김일성한테 "도회지의 아가씨나 숙녀보다 더 고상하고 아름답다" 하는 칭찬을 받기까지 했으니 이들의 "정치사상적 아름다움을 본받으라" 하는 말을 전하려고 했던 것 같다. 결국 이 글에서 간접적으로 전달하고자 했던 북한당국의 언설은 여성들 모두 현실의 어려움과 자기욕망을 극복하고 고난의 행군을 이겨 나가야 한다는 점을 강조하려는 목적을 담고 있다고 하겠다.

한편 북한에서 남성은 일반적으로 기초적인 스킨이나 로션조차 바르지 않는 것이 일반적인 모습이라고 대다수 면담 대상자가 말해주었다. 드물지만 겨울에 피부가 트지 않도록 크림을 약간 바르는 남자가 있는 정도라고 면담 대상자 전성삼이 말해주었다.

> 그냥 여자용 같이 써요. 아니면 스킨을 면도한 이후에나 살짝 바르지. 북한은 문화 자체가 그렇게 안 되어 있기 때문에 남자가 그런 거 바르려고 하면 뭐 쥐샐래비 같은 놈이라고 욕을 먹지. 잘못하면…. 그래서 어느 때에 바르는가 하면 행사 때, 집단체조 하거나 어디 행사에 동원이 되어 나갈 때… 이렇게 앞에 서는 사람들은 진하게 화장을 하고 나오라고 하

---

30 북한당국은 내부 문제나 체제의 결함의 원인을 외부에 전가하는 언설을 구사하곤 한다. "고난의 행군"은 그 대표적 사례로 볼 수 있다. 북한당국이 1990년대 중후반 시기에 붙인 "고난의 행군"은 원래 일제 강점기 시절을 의미하던 용어였다. 1990년 초반까지만 해도 "고난의 행군"이란 북한사회에서 김일성이 "항일무장투쟁" 시기에 힘들고 어렵게 행군을 했던 상황을 의미하는 용어로 사용하고 있었다. 그런데 1990년대 중후반에 걸쳐 배급이 완전히 끊기고 대량 아사가 발생하자 북한당국은 이것이 "외세" 때문에 벌어진 일이라며 "제2의 고난의 행군"이라고 명명했다.

거든요. 그래서 배우 직업을 남자 직업으로는 아주 하찮은 직업으로 생각하죠. 북한에서는 그 바르는 거 자체를 남자답지 못하다고 생각해요. (전성삼)

원래 북한에서 남자는 화장을 아예 안 해요. 크림도 안 발라요. 남자들은 그냥 세수만 하면 땡이에요. (김옥별)

2) 성형수술/시술, 문신을 통한 반영구 화장

1990년대 초반부터 북한 장마당에는 중국산 화장품을 판매하는 상인도 많아졌지만 성형 수술이나 시술, 미용 문신을 하고 돈을 받는 직업인이 등장했다. 직장에 나가도 배급을 제대로 받지 못해서 굶주렸던 의사들이 개인적으로 수술을 제공하고 대가를 받기 시작했던 것이다. 그러다가 점차 의사가 아닌데 그저 손재주가 좋은 사람이 "재간을 배워" 각종 시술과 문신을 하는 경우도 나타나기 시작했다. 이 기간에 북한의 장마당 뷰티 산업은 단순히 화장품을 판매하는 차원을 넘어 반영구적인 화장이나 성형 시장까지 포함하는 규모로 성장해 나갔던 것이다. 장마당에 나오는 여성들이 얼굴을 더 아름답게 가꾸고 싶어 하는 욕망을 드러내면서 돈과 식량을 벌어들이려 하는 직업인의 욕구가 맞아 떨어지면서 수요와 공급이 만나는 지점이 생겨났다. 자연히 장마당 뷰티 시장 규모도 조금씩 커지기 시작했다.

이전에도 성형 수술이나 시술, 문신을 통한 반영구 화장의 존재는 알려져 있던 것으로 보인다. 1990년 이전에는 이런 시도를 "하는 사람은 하지만 많이는 안 했다" 하는 것이 면담 대상자들 의견이었다. 일부 면담 대상자는 1960년대에도 안과에서 쌍꺼풀 수술의 전신인 "상안검" 했다고 증언해주었다. 다만 이 수술이 사회 전반에 드러난 시점은 의사가 개인적으로 자신의 집에서 수술을 시작한 1990년대 후반이라는 것이 이들의 의견이었다.

상안검이 지금 발전해가지고 지금 쌍꺼풀이 된 건데 치료방법으로 했거든요. 어쩌는가 하면 농촌에 시골 같은 데는 일을 많이 하고 해산후유가 많았거든요. 그러니까 대체로 해산하면 눈에 기운을 주고 그러면 눈이가 착 처지면서 그런 게 있었어요. 병적인 게 있거든요. 그렇게 해서 상안검 수술을 하다가… 90년대 후반부터는 의학을 안 배운 사람들, 병원에서 자기 상안검 받아봤던 사람들이 아, 이렇게 하는구나, 한번 해본 사람들이죠. (최순녀)

1990년대 들어선 이후에도 북한에서 쌍꺼풀 수술을 하기는 했어도 비교적 의학기술도 발달하지 않아 의사가 해도 어색한 모양으로 자리를 잡는 경우가 다반사였다고 한다. 쌍꺼풀 수술을 하고 난 뒤에는 누가 봐도 부자연스러워 "손을 댔다는 것을 알아챌 수밖에 없는" 정도였다고 이들은 말한다.

북한 자체가 또 의술이 안 좋아 가지고. 개별적으로 해 주는 사람들이 있었거든요. 그러니까 이게 가지런하게 얇게 되는 것이 아니라 두껍게 있잖아요. 두껍게 이렇게… 살짝 이렇게 뭐 찌그러진다든지. 아니면 완전 두꺼워져 가지고 살이 접힌다든지… 해서 보면 알지요. 그래서 너 쌍꺼풀 했지? 그러면 했다고 그러지요. 집사람에게는 절대로 하지 말라고 했어요. (전성삼)

사람들이 막 검정 볼펜 같은 것으로 막 찍는 거거든요 그거 찍어가지고 퍼렇게 되고. (손소연)

위생관념, 시설, 기술이 부족한 상황에서 부작용이 빈번하게 나타났다. 아름다움을 추구하는 욕구가 밖으로 드러나기도 했고 나름대로 그 욕망을 채울 수 있는 선택지가 증가했지만 전반적인 의료 환경과 실태는 시간이 지나도 크게 나아지는 것 같지는 않다. 수술 환경의 비위생적인 상황도 그렇거니와 부작용이 나지 않을 수 없는 상황에서 막상 부작용이 발생한다고 해도 모두 시술을 개인의 탓으로 돌리면서 의사나 유사 의료인은 전혀 책임지지 않은 풍조가 존재하는 것이 북한 어디서나 볼 수 있는 실정이었다. 면담 대상자 전성삼은 그 나름의 해석을 들려주었다.

> 위험하지요. 그런데 아름다워지고 싶은 욕구가 있으니까. 한마디로 무식한 거지요. 그런데 알아두셔야 해요. 그 상황에서는, 그 사회에서는 최선의 선택이라는 사실을…. 부작용이 생기면 부작용이 생기는 대로 그냥 참고 가요 그냥. 그게 틀려요 한국 사람하고는. 부작용이 생기면 참고 가요. 학습된 무기력이 정확한 표현이지요. 그러니까 항의할 생각을 안 하지 아예. 한 것 자체가 하지 말라는 것을 했고 하지 말라는 것을 했지만 이것을 구제하려고 하는 생각이 전혀 없어요. 전혀 사회적인 보장 자체가 없어서. 오히려 그런 이야기 꺼냈다가 이런 네가 잘못 했구나 이렇게 되는 경우가 더 많지요. (전성삼)

면담 대상자 의견을 종합해보면 부작용을 감안하고서라도 성형수술과 시술에 도전하는 모습은 북한 여성에게도 꾸미기 욕구가 본능적 행위라는 점을 보여준다. 이들도 화장품을 바르는 행위 정도로 만족하지 못할 만큼 자신의 외모를 가꾸려는 욕구 수준이 높아졌다는 것을 의미한다. 그러나 꾸미기를 실천하고자 하는 여성의 능동성과 욕구가 아무리 크다고 해도 그 욕구를 충족시키는 방편으로 성장한 북한의 성형 시장은 여성의 건강을 고려하지 않는 방식으로 만들어졌다는 사실을 지적해야 할 것이다. 그 이면에는 개인의 건강과 행복에 큰 관심이 없는 북한당국의 정책이 만들어 낸 그늘 아래에서 잘못된 인식과 관행, 허술한 제도, 미비한 의료 수준이 공존하고 있는 상황이라 하겠다. 1990년대 당시 북한 전역의 장마당에서 우후죽순 등장하는 성형 관행은 그만큼 열악한 환경 속에서 외모를 가꾸려고 "아글타글" 노력하는 여성들의 적극적인 꾸미기 행위의 단면을 보여준다.

3. "못 먹어도 챙겨 입기": 옷차림 관행과 유행

1) "기성을 떨쳐입고"

면담 대상자 이야기를 종합해보면, 1990년대 당시 북한주민의 옷차림은 크게 다르지 않았다는 의견이 많았다. 그렇지만 경제적으로 부유한 몇몇 사람은 "기성" 옷을 갖춰 입는다고 이들은 말했다. "일본 기성옷을 입은 게 제일"이라거나 "본산제 중고는 탁 보면 입은 것이 벌써 티가 난다" 하고 강조하는 사람도 있었다. 그런가 하면 외부 물건이 자주 들어오는 북중국경 근처 도시에 가면 "완전 잘 입은 사람, 진짜 옷을 잘 입는" 사람을 만날 수 있다고도 했다.

일본 기성복이 들어 온 것은 오래 된 일이죠. 그거 또 다 일본에 사는 친척들이 보내온 옷이기 때문에 일본 기성복 자체가 제일 비쌌지. 그런데 돈 있는 사람들이 다 일본에서 들여 온 기성복을 좋아했으니까. 국가 자체가 새 상품을 내놓은 게 없으니까. 여기로 말하면 그 기성 옷이 명품이죠. (조향미)

딱 나 혼자 입을 수 있거든요. 중국에서 나오는 한국 기성복… 이런 거는 딴 사람한테 없는 게 많아요. 그래서 그런 기성 옷 입는 걸 좋아했어요. 자기 혼자 그런 걸 입는 기분… (최원화)

그게 일본에서 들어 온 것 같더라구요. 조금 특이한 옷… 그런 거 입고 나서니까 나를 아주 부잣집 앤가 그러더라구요. (리철옥)

멋있고 세련된 것. 거기서는 기성복이라고 하면 되게 좋은 옷… 아주 세련되고 멋있는 것. 저는 벌써 기성이라고 하면 일본 옷이 떠오르거든요. 기성복하면 일본 스타일의 옷. 대개 일본 옷이 북한에서도 세련되고 색깔이라든가 이런 게 참 너무 멋있거든요. 중국은 막 이렇게 발광하는 색인데, 그런데 일본 옷은 뭔가 이렇게 차분하고 뭔가 이렇게 좀 정돈된 느낌이 들거든요. (박순옥)

저는 90년대까지는 그냥 일본에서 온 기성복을 입는 걸 위주로 하면서 살았어요. 90년대까지는 저희 친구 애들도 일본 기성복을 입는 게 그래도 좀 잘 입는다 하는 소리를 들었고. (지은영)

정리해보면 북한에서 1990년대 "기성"이란 우리나라에서 쓰는 기성복과 그 의미가 완전히 다른 개념이었던 것으로 나타난다. 북한에서 기성 옷이라고 하면 고급화, 차별화 이미지를 지니고 있는 것이 분명했다. 면담 대상자 중에서는 기성이라는 단어를 들었을 때 일단 명품이나 해외에서 수입한 옷, 북한에서는 찾을 수 없는 옷, 그 중에서도 일본에서 수입한 옷이라는 생각이 저절로 떠오른다고 말하는 사람이 많았다. 이렇게 이미지는 좋지만 일반적으로 북한에서 기성 옷이라고 하면 가격이 너무 비싸서 쉽게 사 입을 수 있는 옷은 아니었기 때문에 크게 유행하는 단계까지 발전하지는 못했던 것 같다.

여성용 속옷의 경우에는 북한에서 파는 것이 없었기 때문에 직접 만들어 입었다고 대답하는 경우가 많았다. 상점에서 파는 브래지어가 있기는 해도 후크나 와이어가 없이 면으로 모양만 만들어 둔 형태 정도였다고 면담 대상자 리철옥이 말해주었다.

브라자도 다 만들어서 입고 밑에다가 고무줄 넣고 그런 면 팬티를 만들어 입었지요. 여기처럼 상점에서 쇠 넣은 거 이렇게 천으로 곱게 싸서 만들어 놓은 것은 없었어요. 런닝 같은 거 있고. 그런데 혼자 쇠에 딱 붙인 것을 저는 그런 것을 입고 다녔는데 같은 기숙사에 사는 동급생들 다 부러워했지요. 팽그래푸(실크류) 비단, 명주실에서 나온 그런 천을 사다가 저한테 속옷을 빌려달라고 해요. 가지고 가서 재봉 수예 놓는 곳에 가서 똑같이 만들어 달라고 해서 입겠다는 것이지요. 그 재봉소에 가서 같은 기숙사 친구들이 다 똑같이 만들어서 입기도 했었어요. 조금 오래 입어서 제가 버리려고 하면, 그것을 자기 달라고 하기도 해요. 낡아진 것이라도 자기가 한 번 이렇게 입어보고 싶어 해서. 형부가 외국에 나가면 싸니까 여러 개 사다줘서 친구한테 더러 나눠주기도 하고 그랬어요. 자기한테 주는데 나쁘다는 사람이 어디 있겠어요. 그래서 제가 별나게 막 친구가 많은, 아주 성격이 좋은 사람으로 되더라고요. (리철옥)

1990년대 중반부터 북한 전역을 휩쓴 식량난으로 곳곳에서 아사자가 발생하고 각 가족의 생계를 여성이 알아서 책임져야 하는 엄혹한 상황이 발생했다. 자연스럽게 "옷차림이 팍 떨어지는" 현상이 나타났다고 지적하는 면담 대상자가 있었다. 면담 대상자 리철옥의 증언과 당시 등장한 북한당국의 언설을 비교하여 살펴보자.

1996~1998년까지는 사람들 옷차림도 갑자기 팍 떨어져요. 살림살이가 어려우니까 옷을 안 사 입기도 하고, 몸을 잘 가꾸려고 하지를 않아요. 너무 모두 먹고 살기가 힘들어서 맘 편히 몸도 잘 씻지 못하고 너무 고달프니까 머리에 이만 벌벌 떨어지고… 그 정도로 힘들었습니다. 우리가 한참 굶어 죽었을 때에, 특히 97년, 98년… (리철옥)

한편 그 당시 『조선녀성』 기사 내용을 살펴보면 "외부 것"을 경계하는 한편 "살뜰하게 인민을 보살피는 장군님" 모습을 부각시키려는 북한당국의 태도가 고스란히 드러난다. 당장 먹을 것 구하기도 어려운 상황에서 "잘 챙겨 입고 잘 꾸미고 투쟁하라" 하는 것이 북한당국이 여성에게 여구하는 언설의 주요 내용이다. 기본적인 식량도 없어 아사자가 속출하는 가운데 조선옷 차림을 요구하는 『조선녀성』 기사 내용을 읽다보면 북한당국이 일반주민의 생존에 별다른 관심이 없다는 사실을 잘 보여준다. 북한당국이 언설의 방향을 이렇게 내세우는 이유는 어려운 경제상황을 초래한 최고지도자의 책임을 면피하려는 의도를 감추려는 것이라고 연구진은 판단했다.

> 위대한 장군님께서는 조선옷은 치마를 짧게 해입는 것보다 길게 해입는 것이 보기 좋다고 하시면서… (「조선옷의 민족성을 잘 살려」, 『조선녀성』 1997년 1호, 37쪽)

> 위대한 령도자 김정일 동지께서는 특히 옷차림에서 민족적 특성을 잘 살리며 혁명하는 시대 근로자들의 기호와 요구에 맞게 개선발전 시킬데 대하여 구체적인 방향과 방도를 밝혀주시였다. 경애하는 장군님께서는 전국옷전시회를 열도록 하시고 옷 견본품을 몸소 보아주시면서 (「조선치마저고리」, 『조선녀성』 1997년 5호, 39쪽)

> 최근에 경애하는 김정일 장군님께서는 근로자들과 청소년들이 혁명하는 나라, 투쟁하는 나라 사람들답게 머리단장을 잘하고 다닐 데 대하여 가르치시였다. 우리 녀성들과 녀맹원들은 당의 의도와 시대적요구에 맞게 몸차림을 전투적이면서도 고상하고 소박하면서도 아름답게 하여야 한다. 특히 머리단장을 우리 인민의 정서와 체질에 맞게 잘하는 것이 중요하다. (「머리단장을 잘하려면」, 『조선녀성』 1997년 5호, 40쪽)

북한당국의 무능력과 무관심 때문에 고난의 행군을 겪게 되었는데 그로 인해 2000년 이후에 주민들은 장마당에서 나름의 꾸미기 행위를 적극 펼쳐 나갈 수 있는 상황이 벌어진 것은 일상생활의 역설적인 측면을 보여준다. 1990년대 중후반 고난의 행군 기간 동안 북한주민은 가장 혹심한 경제난을 겪었지만 그 덕분에 장마당이 퍼져 나갔고 유통망의 확장으로 외부에서 들어 온 물품의 거래도 활발해졌다. 물론 가장 중요한 거래 물품은 식량이었다. 그러나 단순히 식량만 들어온 것이 아니었다. 북한 내부에서 생필품 생산이 사실상 멈추었고 당국도 주민의 의생활에 크게 신경 쓰지 않았기 때문에 수입의류는 좋은 옷의 대명사 위치로 급격하게 떠오르기도 했다. 사실 북한 여성들 사이에서 "기성" 옷을 사려고 하는 욕망은 오래 전부터 강하게 자리를 잡고 있었다. 배급제가 그럭저럭 굴러가던 시절에도 더 예쁘고 좋은 '바깥 물건'을 소유하려 하던 욕망을 강하게 지닌 사람이 많았다. 그런데 이제 그 욕망이 단순한 호기심 차원을 넘어 "외부 세상보다 한참 뒤떨어진" 북한의 현실을 벗어나려는 주민들의 욕구 수준을 그대로 드러내 주는 단계로 한 걸음 진일보하는 상태라고 하겠다.

2) 북한식 TPO: 행사용 복장과 규찰대 단속

북한당국은 행사가 있을 때마다 다양한 방식으로 주민들을 동원해왔다. 면담 대상자의 대중 동원 경험을 종합해보면 북한당국이 행사에 부합하는 특정 옷차림을 지정해 주는데 지시를 받은 주민은 반드시 그 차림새를 갖추고 참석해야 한다고 했다. 그렇기 때문에 행사가 많은 대도시에 사는 남성은 "양복"으로 부르는 정장 한 벌 정도는 행사복으로 갖추고 있어야 한다는 것이었다. 한편 여성은 "치마저고리" 행사복을 준비하는 경우가 많은데 대부분 "비로도" 한복으로 구비하지만 치마를 갖춘 정장 한 벌을 마련하는 사람도 있다고 했다. 만약 행사복을 갖추지 못한다면 어떻게 해야 하는지 질문했을 때 면담 대상자는 대부분 이웃 사람이나 친구한테 빌려서라도 입고 나가야 한다고 대답했다. 북한당국이 주관하는 공식 행사뿐만 아니라 결혼식 "첫 날 옷" 차림으로 신부는 "치마저고리"를 입는 것이 관례라고 이들은 말해 주었다.

행사할 때는 정장 아니면 한복 입어라… 늘 그러죠. 바지입고 참가하면 당에 대한 도전으로 보지요. 정중성이 없다 하니까 이제는 거기 사람들의 머리에 이렇게 배었기 때문에 바지 입고 참가 안 하지요. 행사는 4.15나 2.16 행사, 10.10 뭐 청년의 날 뭐 이런 행사들 행사입장 당시는 그렇게 해요. 행사할 때는 뭐 운동도 하고 해야 하기 때문에 운동복장으로 다 교체하지요. 4.15 김일성 탄생일 이렇게 할 때는 그거는 뭐 예외 불문하고 무조건 바지를 못입죠. 정장을 입어야 하고 옷을 다 제대로 다 챙겨서 입어야하지요. 정장은 집에 사철 입을 건 다 갖춰가지고 있지요. 봄, 여름, 가을 이렇게 한복으로 있고 그 다음 양복. 정장은 거기서는 다 양복이라고 그래요. 양복은 대체로 다 있는데 한복은 예쁜 한복 고루 없습니다. 진짜 돈이 좀 있는 사람들은 꽃동 비로드라든가 중국을 통해 넘어 오는 거. 얇은 비단에 꽃을 수놓은 거. 이제 동(겨울) 비로도인데 춘추 비로도, 동비로도 이렇게 나가지요. 춘추로 할 때는 얇은 것으로 하고 다음에 동비로드라고 할 때는 좀 두껍고 색이 좀 어둡고. 그 때는 그게 추세가 되었어요. 1980년 초중반 이후부터 한참 유행하다가 2000년대 중반에 가면 좀 잦아들었지요. (리철옥)

학생은 학생 옷. 행사에 동원되는 사람은 뭐 오늘은 치마저고리 입고 나와라, 오늘은 양복을 입고 나와라. 이렇게 정해 줘요. 빌려서라도 입어야 하고. 더 중요한 것은 가장 직물, 무슨 꽃이 무슨 빨간 장미로 된 것을 가지고 있어도 노란 꽃으로 들고 나오라고 하면 그거 밤새껏 만들거나 어디 가서 빌려서라도 가야해요. 학생 집단 체조할 때는 주는데 일반 사람들은 공장 자체를 구하든지 그렇게 해야 되. 동원되는 사람들은 뭐라고 하는가 하면 아 내가 우리 공화국의 위신을 내가 나가서 이렇게 보여주는 거야. 그래서 내가 최대한 잘해야 하고 거기에 열의를 가지고. 거기 김일성이나 김정일이나 김정은 동지가 거기에 한 번 나온다 이러면 정말 충성심을 가지고 내가 그 사람들을 언제 한번 가까이서 보겠나 하면서 잘하자 이렇게 되는 것이지요. (전성삼)

지금도 너무 신기한 게… 그것을 다 자력갱생해서 어떻게 하는 건데… 어떻게 구해서 했지? 집단체조 할 때도 반짝이를 다 구해서, 저희가 다 구해서 달거든요, 집단체조 할 때도. 그러니까 있는 집 애들이 이렇게 나눠주기도 하고. 그러면서 어쨌든 그 집단 체조 같은 것은 개인이 아니라. 그 단체로 하는 거잖아요. 하나는 전체를 위하여. 전체는 하나를 위하여 반이. 리허설 할 때 한 번 입고, 행사 당일 날 입는 것인데. (박순옥)

1990년대 초반까지만 하더라도 북한 전역에서 배급제는 그럭저럭 굴러갔고 극심한 사회 변동은 나타나지 않았다. 당국이 만들어 놓은 규칙은 누구나 지켜야 하는 것으로 생각했고 공급해주지도 않는 물품을 가져오라는 지시를 받으면 "어떻게 해서라도 사람들이 다 구해서 바쳤다" 하는 것이 면담 대상자들 경험담이었다.

한편 북한당국은 여성이 일상에서 바지를 입지 말아야 하며 머리카락을 길게 길러서 풀어헤친 채 다닐 수 없도록 규제하는 "방침을 떨구었다." 북한에서 지도자가 내린 "방침"이란 헌법보다 상위에 있는 규율이다. 김일성과 김정일이 내리는 교시가 특정 시기나 계기에 문헌이나 연설문 형태로 등장한다면 이들의 방침은 일상적 지시사항의 형태로 등장한다. 바지를 입지 말라는 문서는 존재하지 않지만 "방침이 내려왔기 때문에" 북한 여성은 모두 이 규정을 따라야 한다는 것이다.

"방침"에 따르면 성인여성이 어깨선보다 아래로 내려올 정도로 길게 머리카락을 풀고 다니는 것은 단속의 대상이라고 했다. 그래서 미혼 여성은 단발을 하고 기혼 여성은 대부분 "뽀글뽀글" 파마를 하거나 머리를 돌돌 감아서 묶는 것이 일반적이었다는 면담 대상자의 의견이 있었다. 여성이 특별한 허락을 받지 않은 채 바지를 입는 것도 금기사항이었다. 북한에서 여성이 바지 입는 것은 "여자답지 못하고 예의가 없다" 하는 의미를 지닌다. 특히 "혁명의 수도" 평양은 복장 규제와 단속이 더욱 심한 곳이라고 했다. 평양 거주 경험이 없는 면담 대상자 또한 평양에서는 여성이 바지를 입고 돌아다닐 수 없다고 말했다. 여자가 바지를 입고 평양 시내를 돌아다니면 바로 단속 대상이 된다고 대답해주었다. 바지를 입는 것도 금지하지만 치마 길이 역시 특정 범위 내에서만 입어야 했다. 규정보다 짧은 것은 물론 그 길이보다 길어도 단속에 걸렸다. 젊은 여성일수록 엄격한 단속의 대상이라고 면담 대상자가 말해주었다.

평양 자체가 거리에 바지나 이런 것을 못 입고 다니게 했어요. 지방은 바지들을 입기는 입는데 평상시는 그렇게 마음대로 못 입게 했어요. 출근복장을 정장이나 한복 이렇게 입게 하고. 치마는 길이를 이렇게 서양식으로 짧게 무릎을 올라가거나 그렇게 하는 것을 이렇게 복장을 단속하는 것을 검열요원들이 했습니다. 출근해서 자기 일을 할 때는 작업복이라는 것을 입는데 작업복은 바지를 입어도 돼요. 지방에서도 그것도 70년대 80년대 초까지 그랬습니다. 바지를 못 입고 그 후 부터 바지 정장만 입었는데. 남자는 가랑이 줄인 쫄바지 못 입게 했습니다. 그래서 모두 멋은 부리고 싶은데 그렇게 못 입게 하니까. 입고 싶어서 그냥 입다가 또 청년들은 생활총화에서 그것을 비판을 받고 그랬는데 90년대에 들어와서는 바지들이 유행으로 조금 번져 갔어요. 단속했지만 감당을 못했습니다. 청년은 청년동맹에서 하는데 말을 잘 안 들으니까 가위를 가지고 잘라요. 찢어 까지 놓지요. 옷이 망가지니까 못 입지 않습니까? 말로 안 되면 이제 이렇게도 한다. 때는 바지를 입지 말라고 하면 못 입어요. 진짜 나이가 드신 분들이 힘들어 죽겠다. 언제 치마 입고 다녔냐? 하고 그러면 옷 때문에 잡아가거나 이렇게 하지는 않고. 청년들이 그렇게 하는 경우에는 강하게 단속했습니다. 말을 듣지 않고 행동으로도 옮기지 않고 그렇게 하면 노동 단련대까지 보내고 그렇게 했습니다. (리철옥)

그러나 1990년대에 접어들면서 평양을 벗어나면 "지방은 뭐 여자도 다 바지입고" 다니는 현상을 목격하는 것이 어렵지 않았다고 한다. 다른 도시보다 더 엄격하게 여성의 바지 착용을 단속했던 평양 역시 1990년대 접어들어 단속이 확실히 약해졌다고 대다수 면담 대상자가 확인해주었다. 고난의 행군에 들어선 이후 배급이 아예 끊기면서 주민이 각자 자체적으로 생존을 책임져야 하는 상황이었기 때문에 북한당국이 여성의 바지착용을 더 이상 막지 못했던 것이라고 평가하는 면담 대상자도 있었다. 북한의 도로 상황이 나빠서 여자들이 치마를 입고 다닐 수 있는 상황이 아니라는 의견도 나왔다.

그것이 1990년대에 들어와서는 바지를 전혀 이렇게 못 입는다고 하는 것은 이렇게 막지는 못했습니다. 그 때는 생활이 바쁘니까 모두가 먹지는 못하고 다 굶어 죽겠는데 언제 예쁘게 차리고 뭐 어디 가서 그렇게 할 형편이 못되어서 나라가 그것을 수습할 형편이 못 되었지요. 등짐을 지고 막 이렇게 장삿길을 나선 사람, 어디 가서 막 풀뿌리를 캐는 사람이 있고 그러는데, 그 땐 누가 죽인다 해도 그렇게 할 형편이 못되었지요. 1990년대, 1996년도 그 때부터는 그것을 감당할 수가 없었어요. (리철옥)

한국은 다 아스팔트고 먼지가 없잖아요. 그런데 북한은 먼지가 너무 많은 거예요. 차가 다니는 데만 도로고. 나머지는 다 그냥 흙 땅이어서. 뭐 치마입고 맵시 부리고 그럴 상황이 아니에요. 그러니까 치마를 입으면 어차피 구두를 신어야 하는데 그렇게 하고 다닐 상황이 아니니까. (김혜명)

고난의 행군으로 식량난이 시작된 이후 여성이 바지 입는 일에 북한당국이 예전처럼 강력하게 제재를 가하지는 않았다는 증언이 많았다. 그러나 중요한 공식행사나 김일성이 사망한 7월 8일이 되면 여성의 바지착용은 여전히 강력한 단속대상이었다. 또한 "굶어서 기운이 없어도" 북한당국이 행사에 나오라고 하면 행사용 옷을 차려입고 나가야 하는 상황이었다는 것이 대다수 면담 대상자의 의견이었다.

치마를 입어야 되는 철이 있습니다. 7월 달, 7월 8일 날이면 김일성 죽은 날이 되어 가지고요. 무조건 모든 사람들, 여자들 차림새를 여맹에서나 다른 데서도 나와 가지고 단속을 하고. 7월 8일 애도기간 고 때만 세게 그렇게 단속을 하구요. (백영미)

(제일 어려운 시기에도) 옷차림에 아예 신경을 안 썼다고는 못 보지요. 아무리 어려워도 행사는 행사거든요. 행사 때 그래도 말을 잘 듣지요. 그

만하면 다 그렇게 배가 고프면서도 행사 나오라면 먹지 못해서 갤갤하면
서도 그저 아이들까지도 깨끗이 다 입혀가지고. 그 다음에 행사 참가해
서 너무 영양이 딸리니까 햇빛이 비치니까 푹푹 고꾸라지는 사람들이 죽
죽 늘어져요. 병원차 와서 대기하고 막 싣고 가고 그러면서도 다 하라는
대로 하지 그저 누구하나 못하겠습니다 하는 사람 없어요. 차라리 안에
서 못나가겠으면 말았지 못하겠습니다 하는 말은 말아야 하지요. 우리는
아예 입을 안 벌리지요 (중략) 평양이라든가 그 다음에 각 도 소재지 이
런 데는 김일성 김정일 무슨 그것을 1호 행사라고 하는데 행사는 꼭 수시
로 있기 때문에 그 행사용 옷들은 다 준비하고 있어요. 국가가 특별히 내
주는 것은 없어요. 북한에서 뭐 역사적으로 다 그렇게 굶어죽는 것은 없
으니까 오래 전부터 옷들도 외출복 고운 옷이야 하나씩은 다 가지고 있
지 않습니까… (리철옥)

배급이 끊어져 생존이 어려운 시절에도 북한주민은 대부분 당국이 제공
하지도 않는 "좋은 옷"을 스스로 마련하여 차려입고 행사에 참가하면서 살
았다고 했다. 워낙 동원이 많은 지역 주민은 이미 갖고 있던 옷을 차려입고
나가면서 견뎌 냈다는 것이었다. 그 반면에 외국에 친척이 살거나 집안에
무역 관련 일을 하는 사람이 있는 경우, 일부 "먹을 알" 있는 업무를 맡은 간
부층에서는 아예 수준이 다른 차림새로 나타나곤 했다는 증언도 나왔다.

능력이 되어서 무역이라도 하고 외국에 중국에 친척이라도 있는 사람
은 제일 화려했지. 중국에서 넘어오는 꽃동 비로드라든가 한국에서 넘어
오는 중고품들도 많이 넘어왔어요. 중고 옷이 상표만 다 뜯거든요. 지방
행사에는 중국 거나 한국 옷이 많이 나왔어요. ○○시는 좋은 한복감이라
든가 더러 공급이 되었어요. 외국에서 수입을 해다가. 잘 사는 사람들은
국제 수준이에요. 행사 나가면 층이 심화 되요. 층이 심한 그거까지 통제
장악할 가능성이 없지요. 국가 것이 없는데 국가가 그것을 벗으라고 못
하지요. 사람들이 말 못하는 경쟁이 계속 자극하고 정말 먹지 못해도. 조

선 사람이 옛날부터 그거는 내려오는 풍습이잖아요. 먹지는 못해도 잘 입는 버릇이 항상 신경을 쓰지요. (리철옥)

리철옥이 말한 "먹지는 못해도 잘 입는 우리 사람들 버릇"이 정확히 어디에서 유래한 것인지 가늠해보기는 어렵다. 다만 "아무리 못 먹어도 깔끔하게 입었다" 하는 면담 대상자 다수의 의견으로 미뤄보아 차림새를 중요시하는 인식과 관행이 북한사회에 분명하게 존재하는 것은 확실해 보인다.

3) "권위 있는 세대주, 예쁜 옷 입은 자녀" 만들기: 여성의 가족 옷차림 챙기기

북한 내 남성의 옷차림에 대해 대다수 면담 대상자가 들려준 이야기는 크게 두 가지 유형으로 정리할 수 있었다. 첫째, 남자의 차림새는 이른바 최고지도자인 김일성이나 김정일이 입고 나오는 옷 그대로 따라하는 사람이 많다고 했다. 김일성과 김정일의 차림새 그 자체가 북한 남성들 사이에서 유행을 만든다는 뜻이다. 김일성과 김정일이 입었다는 "쯔메리"와 잠바에 대해서 면담 대상자 전성삼이 기억을 들려주었다.

김일성 때부터 쯔메리를 입었는데 카키색 쯔메리를 해 입었어요. 그 양복 여기서 인민복이라고 하는 그거를… 닫긴 옷, 그 김일성 김정일이 입고 다니는 옷 있잖아요. 그게 쯔메리거든. 북한 이름으로는 닫긴 옷이지. 마이깡 달아서… 김일성, 김정일이 입은 그 옷을 남자들이 왜 그렇게 입고 싶어 하는가 하면 우선 첫째로 북한 사람들이 옷이 색깔이 다양하지가 않잖아요. 카키색이 무난하잖아요. 북한은 군사를 중시하는 것을 자꾸 하다보니까… 국방색이 그렇게 사람들한테 공통적으로 인기가 있는 색깔인데다가. (전성삼)

면담 대상자 전성삼은 "쯔메리 양복을 입고 여기다가 삼면 쟈크 가방 하나 딱 들면" 어디 가서도 "중앙당 간부처럼" 행세할 수 있다고 했다. 북한 남성에게는 양복지를 받는 것이 큰 선물 중에 하나인데, 양복지를 받으면 양복점에서 옷을 맞춰 입기도 하지만 당 고위간부의 경우에는 전용 재단사한테 맡겨서 양복을 제작해 입는다고 했다. 반면 김정일이 많이 입은 잠바는 관리에 손이 많이 가는 쯔메리와 달리 편하게 입을 수 있는 옷이라서 북한 남성들 속에서 인기를 끌었다고 했다.

김정일이 입은 그대로 유행이 되었어요. 디자인이 좋았던 것 같아요. 김정일이 딱 입고 나서니까. 그 잠바, 부장 동복도 김정일이 입다가 보니까 그게 유행이 되었어요. (김옥별)

김정일이 입은 국방색 잠바는 벗었다가 이렇게 하기가 편하기도 하고… 큰 장식이 없잖아요. 색깔도 괜찮고… 게다가 쯔메리 옷은 목달개라고 해 가지고 더러워지지 말라고 하얀 천을 이렇게 덧대어서 매일 그거를 바꿔달아야 하고… 하루라도 안하면 이게 까매지는데 목달개 검사라는 걸 해서… 그런데 잠바는 그런 게 없거든 김정일이가 잠바만 입었기 때문에 잠바가 인기였어요. (전성삼)

둘째, 남자 옷을 "깐지게" 챙기는 것은 아내의 몫이라는 생각이 북한사회에서 지배적 관념인 것으로 나타난다. 남편은 "세대주, 가장"이므로 가정주부가 아니라 직장생활을 하는 여성 또한 남편의 입성을 깨끗하게 챙겨야 하는 것이 여자의 본분이라고 대다수 면담 대상자가 주장했다.

그게… 여자의 본분은 그거라고 그러지 않았었어요? 집에서 뭐하는 거야 이러는 거지요. 이게 네가 해야 할 일인데, 이거 왜 바지에 주름이 안 서있어? 이러는 거지요. 남편은 모든 걸 다 알고 이렇게 지시하는 사람이에요. 남편은 보필을 받는 사람이에요. 와이프는 와이프 역할을 하게 하고, 애들은 공부를 잘하게 하고. (전성삼)

전성삼 외에도 면담 대상자는 대부분 북한에서 남편의 옷차림을 깔끔하고 구색에 맞게 챙기는 것이야말로 아내가 하는 일 가운데 아주 중요한 일로 생각한다고 확인해 주었다. 아내가 없는 미혼 남성은 어머니의 도움을 받기도 하지만 기혼 남성의 경우 아내가 남편의 겨울옷인 "부장동복" 값을 마련하지 못하면 시어머니가 아들의 옷값을 대서라도 마련해주었다는 사례도 나타났다. 비단 남편뿐만 아니라 자녀의 옷차림까지 여성이 책임져야 하는 것을 북한에서 누구나 당연히 여긴다고 이들은 말해 주었다. 특히 학교에 다니는 아이를 둔 여성의 경우 소년단 입단식이나 인민학교 입학식을 위해 다양한 경로로 옷을 구해야 했었다고 면담 대상자 박순옥이 증언하였다.

(소년단 입단식에서 입는) 그 하얀 블라우스… 나라에서 공급해주는 것은 그야말로 아주 촌내 나는 셔츠들이였거든요. 그거 안 입어요. 좀 이렇게 에리도 화려하고 막 이렇게 레이스도 달리고 그런 셔츠를 입거든요. 애들도 예쁜 거 입겠다고 하고…. 그러면 또 애들이 그러니까 엄마들이 또 구해서 입혀주고…. 이걸 한 번 입고 또 돌려주는 거예요. 가지는 게 아니고… 우리 전 해에 입학했던 애들도 있고 자기 직장 동료들도 있으니까… 자기 딸 입할 때 입었던 예쁜 셔츠 있었으니까 우리 딸 좀 빌려줘 이런 것도 있거든요. 그러면 또 그 날 입고 가져다주고… 그날 하루 입학식 날 예쁘게 입고 돌려주고… 있는 사람들한테 빌리는 것이니까 없는 사람들은 아예 그냥 나라에서 주는 것만 입고. 아우… 벌써 탁 티가 나요. 쟤는 좀 있는 집이구나. 거기다 또 흰 양말바지까지 치마에다가 받쳐 신으면 치마에다가… 북한에서는 그런 거를 공급을 안 해 주거든요. 있는 집 애들은 하얀 양말바지 입고 교복을 입고 그 위에 이런 하얀 블라우스 입고 거기에 흰 양말바지 입으면 너무 이쁘거든요. 정말 예뻐요. 구두 예쁜 거 신고. 그런데 진짜 평양에서도 그렇게 하고 나오는 사람들이 10%는커녕 한 몇 % 안 돼요. (박순옥)

박순옥은 "그런 건 팔지도 않고 위에서 공급해주지도 않았는데 지금 생각하면 어떻게 구했는지 신기할 정도였다" 하면서 북한에서 꾸미기 행위에 노력했던 시절을 회상하였다. 그 현상을 작동시키는 중요한 원천은 자녀에게 예쁜 옷을 입히고 싶은 어머니의 마음과 자신의 개인적 네트워크를 통해 어떻게 해서라도 그 옷을 구해내는 어머니의 능력이었다.

4. "그쯘하게 집 꾸리기"

1) 삼면 경대와 5장 6기 갖추기

집 꾸미기 현상에 대한 면담 대상자 증언을 살펴보면 1980년대 후반부터 "삼면 경대" 갖춘 집안이 등장했던 것 같다. 이른바 "5장 6기"로 대표되는 가구와 가전제품을 잘 갖춰놓는 것이 그 당시 북한 여성이라면 누구나 꿈꾸는 추세였다고 이들은 말한다.

> 그 집 꾸미는 것도 그때 한 때 유행이 있었어요. 1990년, 1980~1990년대 그 때인데, 3면 경대가 이렇게 나왔어요. 3면 경대가 나왔는데, 이게 유행이 되가지고. 이게 있으면 잘 사는 집이었어요. 그때 그 경대가 큰 거울치고는 이게 처음 나왔거든요. 집집마다 이것을 놓았댔어요. 집집마다 경대를 놓고, 록음기를 놓고, 텔레비전을 놓고… 그게 진짜 그걸 갖춘 집은 진짜 잘 산다고 그랬어요. 그리고 거기는 뭐가 있는가하면요. 전기밥 가마. 중국에서 들어 온 밥 가마까지, 밥 가마, 채 가마까지 다 사용했거든요. 따로 이렇게 반찬만 만드는 것이 따로 나오더라고요. 중국에서… 반찬만 끓이는 채 가마. 그리고 록화기가 있었어요. 녹화기 그게 씨디가 나오는 게 있거든요. 잘 사는 집들은 다 그게 갖추어져 있는 거예요. 5장 6기지요. 그 5장 6기를 다 그렇게 갖추는 것이지요. 그리고 거기에다가 3면 경대. (김옥별)

"5장 6기"란 이불장, 옷장, 찬장, 신발장, 책장과 텔레비전, 재봉기, 세탁기, 냉동기, 선풍기, 녹음기(녹화기)를 뜻한다. 이 외에 삼면 경대의 경우 북한 내에서 만든 제품을 사용했다는 면담 대상자도 있고 소련제 삼면 경대를 사용했다는 사람도 있었다. 상류층의 경우 수입제품을 사용하는 일이 어색하지 않을 정도였으며 자주 가구를 바꾸었다는 증언도 나왔다. 특히 가전제품은 중국제품의 질이 떨어지고 일본과 무역을 많이 했기 때문에 중국제품은 쓰지 않았고 대체로 일본제품을 사용했다고도 한다. 면담 대상자 최순녀는 처음에 "레자"를 바닥에 깔기 시작한 것은 "귀국자들" 집에서 추세가 생겨났다고 말해주었다. 1990년대 초반만 하더라도 무늬 있는 종이 벽지와 레자로 장식했다면 그 당시에는 아주 잘 사는 집이었다는 것이 면담 대상자들 주장이었다.

 일제가 많았지요. 째포들 덕분이기도 하고, 일본하고 무역을 많이 했으니까. 그게 만경봉호 말고도, 38호, 35호, 39호실 외화벌이 있잖아요. 일본에다가 대부분 팔았어요. 보석, 금, 송이하고 시작해서 나오는 약재들 그거는 몽땅 다 일본이야. 일제가 그렇게 많이 왔어요. 티비는 쏘니, 냉장고는 샤프, 몽땅 일제, 사진기는 니콘이고. 웬만한 측정기계도 다 일제예요. 생활용품이 기본적으로 일본제품이 많았어요. 중국 제품은 그때는 중국은 별로였으니까… 중국은 오히려 북한 것을 들여다 썼어요. 최근에야 중국제품이 전부 다… (전성삼)

 삼면 경대에 소파에 그 가구 있어요, 내가 그걸 굉장히 좋아하거든요 꾸미는 거를… 나는요, 한 달에 한 번 가구 변동 안 시키면 미쳐요. 스트레스를 그렇게 풀었어요. 그러다나니까 우리 남편이 또 그런 걸 많이 사왔어요. 전자피아노까지 있었어요. 전자풍금까지. (최원화)

같은 대도시 거주자라도 어느 아파트에서 어떻게 인테리어를 꾸미고 사는지, 그 점에 따라서 확연한 생활수준 차이가 난다는 것이 이들의 공통적 의견이었다. 바닥과 벽지, 가전과 가구뿐만 아니라 후각적으로 "냄새까지도 다르다" 하고 자신의 심경을 토로하는 면담 대상자도 있었다.

> 건물부터 차이가 나고, 집안에 들어가 보면, 그냥 땟국물이 있잖아요?
> 물건을 다른 것도 쓰니까 우선 냄새가 틀려요. 그 북한 냄새가 있어요.
> 그래서 우리 집은 냄새를 제거하는 그 락스 이런 거 있잖아요. 이거를 안
> 떨궜거든. 우리 집에 탁 들어가면 약간 그 외국 풍의 냄새가 있잖아요.
> 그런데 그 운전사 집에 들어가면 그 순수 그 토장 냄새 있잖아요 그 집안
> 냄새… 지방은 우선 도로나 환경부터 안 되는 것이고, 그 먼지 풀풀 날리
> 는데다가, 집안에 들어가면 그냥 있잖아요. 우리 달동네 들어가면, 그냥
> 살듯이 있잖아요. 어쨌든지 맨 벽에… 저거 다 떨어지고, 뭐 칠한 거에다
> 가 뭐 칠한 게 아니라, 도배한 것이 다 떨어지고, 구멍 난 것이 다 찢어지
> 고, 그리고 그 밥 강냉이 옥수수 먹던 것이 다 그냥 이렇게 널려 있고…
> 그러니까 알뜰한 집안이 그렇게 많지가 않아요. 알뜰할 수도 없고. (전성삼)

그런가 하면 "높은 그릇장에 그릇을 가득 진열해놓고 매주 그릇을 닦는 것이 여자들 사이에 흔히 나타나는 경쟁이었다"하는 증언도 존재한다. 집 꾸미는 일 또한 남성이나 자녀 옷차림을 챙기는 것처럼 여성이 마땅히 감당 해야 하는 일이라고 생각하는 면담 대상자가 많았다.

> 그릇까지도 신경 많이 썼어요. 그 때는 비닐 그릇 말고도 이렇게 손에
> 쥐는 거, 알루미늄 식기랑 알루미늄 냄비 이런 것도 그 때는 흔치 않았어
> 요. 많을수록 좋다고 해요. 북한에서는 천장에 닿는 그런 높이까지 그릇
> 장식장을 만들고 그릇을 가득 채워 만들어요. 안에다가 도자기라든가 사
> 발 예쁜 것을 쫘악 장식하고 알루미늄 그릇 장식하고, 비닐이나 늄, 플라
> 스틱 그릇들 장식하고. 이렇게 해 가지고 턱 들어가면, 그 집에서 그 그
> 릇이 한 벽을 차지하게 이렇게 하거든요. 그래서 주말에는 그 그릇들 다
> 씻어 넣느라고 죽을힘을 다해요. 여기처럼 뭐 쇠줄 수세미나 있으면 그

렇게 하겠는데, 거기는 그거는 없었거든요. 철분가루 아니면 모래를 해 가지고 새끼 수세미로 해서 그것으로 닦고. 마지막에 비닐 그릇도 다 못 쓰게 된 그런 것도 윤기 날 때까지 닦고. 그게 경쟁이예요. 아무개 집에 가니까 모두 아 누구네 집은 장식 멋있게 했더라 그러면 승벽내기를 그 렇게 하느라고 야단들이예요. (리철옥)

한편 대다수 북한주민에게 모든 배급이 "딱 끊어졌던 미공급31 시기" 동안 집 꾸미기 활동은 다른 항목보다 가장 먼저 관심이 돌리지 않았던 분야였 다. 굶어주는 사람이 속출하는 "대아사 기간" 동안 당장 먹고사는 식량을 구 해서 목숨을 연명하는 것보다 더 중요한 일은 아무 것도 없었기 때문이다. 그러다 보니 집안에 갖추어 두었던 가구나 가전제품을 장마당에 들고 나가 헐값에 쌀과 맞바꾸는 일이 많았다. 이런 상황에서 집 꾸미기 같은 일이 북한 여성의 관심을 끌 분야에서 밀려나는 것은 지극히 당연한 결과라 하겠다.

1996년부터 2000년도까지. 그 기간에는 사람들을 법도 어떻게 할 수가 없었어요. 그 이후에는 약간 누그러진 게 나중에는 시장을 열어놓았거든요. 시장을 열어 놓으니까 그렇게 하니까 배고픈 굶주림에서 쪼끔씩 굶주림 에서 벗어나더라고요. 처음에는 하룻밤을 자고 나면 아무개네 가족들이 다 자살을 했대. 또 도랑 근처에 애들이 죽은 시체가 군데군데 있고, 자 고 일어나면 굶어죽은 시체들. 가족이 다 자살하고. 내일은 누가 죽을까? 그 다음에는 관을 짤 나무가 없어서 관을 못 만들고, 그냥 막 두루마리로 해서 막 묻었어요. 너무 죽어서 그러니까 그 때는 이제 집을 꾸미고, 이 런 거에는 아무 관심이 없었지요. 그 때는 집을 꾸미지 않았어요. 그저

---

31 일반적으로 고난의 행군기라는 명칭으로 잘 알려져 있는 북한의 경제난 시기를 가 리킬 때 면담 대상자로 참여한 북한이탈주민은 대부분 미공급 기간이나 대아사 기 간이라는 용어를 사용하는 경우가 많았다. 그동안 보름에 한 번씩 배급소를 통해 식량을 공급을 받다가 그게 "딱 끊어지면서" 많은 사람이 눈앞에서 굶어죽는 장면 을 지켜보았던 이들의 경험이 이런 용어 사용에 그대로 나타나 있다고 하겠다.

아이들 굶어 죽이지 않아야 하겠다는 그런 생각으로 지냈습니다. 그 때 중국 장사꾼들이 들어왔는데 자고 가야 장사를 하지 않겠습니까? 그러니까 숙박을 시켰지요. (리철옥)

소련제 가전제품을 많이 가지고 들어왔는데 그거 다 팔아먹었죠. 그걸로 연명을 했죠. 그 청소기 같은 거 있죠, 북한 사람들 말로 흡진기 같은 거… 북한 사람들 그런 게 있는 줄도 모르죠. 그런데 우린 그게 있었거든요. 중국 화교들이 사가대요. 그게 소련제거든요. 그게 세트로 다 있어요. 그것만 달랑 하나 있는 게 아니라 회칠하는 거까지 다 있었어요, 마지막엔 삼면 경대까지 다 팔아먹었어요. 그걸 다 내다 팔았어요. 오직 안 팔아먹은 건 초상화 밖에 없어요. 우리 집에서 안 판 건… 그거 사실 제대로 팔았으면 굶지는 않았겠죠. 그런데 전자풍금 같은 거는 그때 팔아주겠다고 가지고 나가서 그 돈이 아직도 내 손에 안 들어왔어요. (최원화)

소위 "고난의 행군" 당시의 집 꾸미기 관련 이야기를 종합해보면, 꾸미기 현상 자체보다 생존의 기로에서 최선을 다해 가족의 생명을 지켜낸 북한 여성의 의지와 능력이 처절하게 드러난다. 그렇지만 생존 자체가 힘들었던 최악의 시기 이외에는 식생활이 풍족하지 않았던 상황에서도 북한 여성은 대부분 집 꾸미기 활동을 멈추지 않았던 것으로 나타난다. 위에서 인용한 면담 대상자들 이야기를 요약해 보면 5장 6기라는 북한식 집 꾸미기 관념, 삼면 경대의 유행은 1990년대 북한사회에서 온갖 어려움을 뚫고 집 꾸미기 활동을 멈추지 않았던 여성들 생활의 단면을 세밀하게 보여준다 하겠다.

2) 혼수와 예단

결혼식이나 혼수 관련 문화를 살펴보는 작업은 두 가지 측면에서 주요한 의미를 지닌다. 첫째, 결혼 후 살 집을 꾸민다는 측면에서 당시의 북한사회에서 전반적 집 꾸미기 문화가 어떤 추세를 나타내는지 알아볼 수 있다. 둘째, 결혼과 관련하여 성차별적 인식이나 관행이 어떤 방식으로 작동하는지 드러내준다.

1990년대 북한의 결혼식 관련 문화를 이야기해 주는 면담 대상자의 기억을 종합해보면 "첫 날 옷으로 여자는 치마저고리, 남자는 양복이나 군복차림에 닭, 과일, 떡 상차림" 정도로 나타난다. 당시에는 지역이나 개인에 따라 결혼식 의상이나 상차림에 큰 차이가 없었던 것 같다. 상차림은 대체로 신랑이나 신부의 어머니가 준비했다고 한다. 면담 대상자들 의견을 살펴보면 결혼을 둘러싼 관행은 1970년대 이후 그대로 이어져 1990년대 당시에도 크게 차이나지 않고 전체적인 명맥을 그대로 유지했던 것으로 나타난다. 학창 시절 평양에 거주했던 면담 대상자는 결혼식 사진 찍는 신혼부부의 옷차림을 다음과 같이 이야기해주었다.

> 사진을 만수대 예술 극장에서 많이 찍고 그랬거든요. 그 때 당시는 막 여기 머리에다가 안개꽃 같은 것을 막 요란하게 하얗게 하고 한복 이렇게 입어요. 요즘은 뭐 한복이 거의 다 중국제 한복이라서 화려한 무늬가 요란하게 있고… 북한 한복은 없거든요. 일단 뭐 생산도 안 하거니와… 북한의 한복은 그야말로 수수하잖아요. 대학생들이 입는 한복 같은 흰 저고리에 까만 치마. 대개 한복이라 하면 그런 것을 생각하거든요. 그런데 결혼식 할 때는 화려한 것으로, 아니면 이제 그냥 단정한 한복을 입어요. 결혼식 할 때는 조금 화려하게 중국산으로 화려한 것을 입기도 하고요. 북한에는 화려한 것이 없으니까. 아마 중국에서 다 만들어서 가져오지 않을까요? 중국 사람들이 북한 사람보다 돈을 많이 벌어요. 그런데 이제 보면 질이 안 좋거든요. 신발도 한 번 신으면 다 밑창이 떨어지고 옷들도 한 번 입으면 이게 다 나가고, 그래도 결혼식이니까 그게 남들보다는 화려하게, 특이한 거 그런 것을 많이 찾는 거지요. (박순옥)

북한에서 결혼했던 면담 대상자는 대부분 결혼식 당시의 상차림이나 옷차림보다 결혼을 준비하는 과정에 자신이 경험했던 일을 들려주었다. 특히

"가정 집물"이나 예단을 준비하던 이야기를 먼저 꺼냈고 그 과정을 더 자세하게 들려주었다. 이들의 의견을 종합해보면 신부가 신랑 집에 보내야 할 기본적 예단과 준비품목이 있는데 아무리 못해도 "자부동 하나, 신랑신부가 덮고 잘 이불 한 채" 정도는 신부와 신부 집안에서 신랑 집으로 보내는 것이 북한사회의 관행이라고 했다. 결혼할 당시에 이런 관행을 제대로 지키지 않았던 면담 대상자 두 사람은 각각 다음과 같이 자신의 경험을 회상해 주었다.

그 가정 집물은 우리 집이 이렇게 잘 살아서 딱히 (신부가 혼수를 해야 한다는) 개념은 없었어요. 그냥 오라고 그러고 우리 집에서는 그 삼촌이나 고모까지 양복지부터 시작해서 몽땅 다 해 주고… 예단이지 예단. 그리고 와이프 뭐 시계, 반지부터 뭐 그런 거 시작해서 (해주고). 그런데 나는 계속해서 받지를 못하고 나왔네. 그 집이 워낙 빈해서… 우리 집이 그것을 안 바랬어요. 그러니까 우리 부친이 이불 한 채만 해 오라고 해서 이불 한 채만… 너희가 덮고 잘 이불 한 채만 해 오고 그냥 오라고 해서 그냥 왔어요. (신부가 이불을 마련해가는 것) 그거는 상식적인 거지요. 그거는 첫날 밤 치르고 이렇게 쓰고 사는 개념으로… 그런데 대부분 다른 집을 보면 이렇게 옷장 이불장 그런 거까지도 다 해 가지고 가는가 보더라고요. (질문: 이불 한 채만 해 오고, 별거 안 해 오는 경우는 꽤장히 예외적인 경우예요?) 예외적인 경우지요. 원래는 다해야 되는 거지요. 그리고 남자네 집에도 양복지나 이런 거를 다 주고 같이 주어야 하는 거지요. 예물은 비슷하게… 그런데 우린 일방적으로 다 주고 안 받았으니까. (전성삼)

나는 시집갈 때 예단을 하나도 안 했어요. 다른 집은 다 한대요. 그런데 이제 그 예단이 남편 집에서 우리 집에 다 온 거예요. (중략) (우리 집에서는) 하나도 안 보냈어요. 전혀 해오지 말라고 너무 노래를 불러서 진짜 하나도 안 해가지고 갔는데 한 5년 지나니까 자부동 하나 안 해왔다고 우리 시어머니가 나한테 욕을 하대요. 쟨 시집 오면서 자부동도 하나 안

해왔다고. 너무 해오지 말라고 (해서 안해갔는데). 우린 또 고지식해요. 진짜 해오지 말란 소리로 들어요. 그래서 진짜 안 하고 왔어요. 우리 아버지 공직 생활 오래하고 북한에 뭐 이거 주고받는 문화는 아예 없다고 생각했으니까… 그랬더니 그렇게 욕합디다. 자부동 하나 안 해왔다고… 남편이 그때 해외유학 가느라고 딱 맞춰서 들어가야 한대요. 그런데 그게 왜냐하면 장가를 안 가면 보내주지를 않는 거예요. 띌까봐… 저 혼자 3년을 산거예요. 신랑이 장가를 가야 해외에 나간대요. 그래서 지네가 바빴지 난 바쁜 거 하나도 없었어요. 나 맘에 들지 않을 때마다 욕했어요. 자부동 하나 안 해왔다고. (최원화)

앞서 인용한 면담 대상자 두 사람의 증언을 비교해 보면 흥미로운 지점이 드러난다. 두 사람은 신랑이 신부 측에 예단과 예물을 많이 보내고 신부가 혼수를 준비하지 않았다는 점에서 유사한 경험을 했다. 똑같은 경험을 했지만 남성인 전성삼은 "우리 집은 다 해줬지만 여자한테 받는 것은 하나도 없었다, 원래는 다 해와야 하는 것이다" 하는 반면 여성인 최원화는 "처음에는 시집에서 하나도 해오지 말라고 하더니 나중에는 다른 말을 한다" 하고 평가했다. 결혼 당시에는 신랑 측에서 자의적으로 "하나도 해오지 말라" 하는 선택을 하더라도 시간이 흐른 뒤에는 신부 측에 "하나도 안 해오고 그냥 왔다" 하는 불평을 하는 것으로 나타난다. 북한당국이 "우리는 이미 남녀평등을 다 이루었다" 하고 주장해 온 이면에 여성들 실생활은 "시집에서 해오지 말라고 해도" 남 보기에 부족하지 않을 정도로 혼수를 갖춰 가지 않으면 낭패를 당하는 사례가 드물지 않은 것으로 보인다. 그러다 보니 북한에서는 혼인을 앞둔 여성과 그 어머니는 대부분 "시집과 남의 눈"에 맞게 구색을 갖추기 위해 동분서주했던 것으로 나타난다. 결국 북한에서 여성이 혼수를 잘 해가는 행위는 칭찬을 받을만할 뿐 아니라 그 여성의 사회경제적 지위를 한눈에 보여주며 또 스스로 자부심을 느끼게 하는 일이었던 것이다.

지방에서도 조금 힘 있는 사람은 저처럼 그 중 빽 있고 하는 그런 사람은 남보다 더 희한하게 하고 소문이 나요. 쟤는 잘 해 가지고 갔다 이렇게… 남보다 잘해 간다는 것이 뭐… 많이 해갔죠. 식장, 이불장. 양복장. 책장. 그것만 해도 대단하잖아요. 가구만 해도 자동차로 한 자동차가 되지 않았습니까? 그리고 이렇게 옷도 이렇게 가지고 가면 친척들이나 이렇게 나누어 주는 것도… 제가 예단을 잘 해가지고 갔죠. 별것 아닌 것 같아도…언니가 외국에서 카프라 이런 거 여기서, 그 잘난 거 얼마나 해요. 그런데 언니가 그것을 사람들에게 하나씩 해서, 그래서 사람들이 대단하게 잘 했다고 칭찬받았어요. (리철옥)

반면 시집으로부터 예단을 많이 받았다는 것은 결혼을 앞둔 여성의 관점에서는 동네 자랑거리라고 최원화가 회상해주었다. 당연히 많이 받을수록 "시집 잘 간다" 하는 자랑거리로 인식하는 경향이 강하다는 것이다.

이불까지 다 우리 집에 보내줘서 우리 집 방 두 칸짜리에서 살았는데 잘 데가 없어서 막 복도에 나가서 잤어요. 그거 너무 많이 들어와서. 우리 (친정) 어머니 그게 뭐 그렇게 자랑스러운지 온 동네 불러다가 이거 매번 그 트렁크 열었다 닫았다 하며 자랑을 했죠. 치마저고리감, 양복지, 화장품 보여주면서… 한 트렁크 왔어요. 우리 어머니는 그게 자랑이니까. 우리 딸은 이렇게 혼수를 많이 받았수다 하고. (최원화)

며느리가 오면 맞받아서 주는 선물이 있어요. 이런 트렁크에… 고저 그 시집에서 큰 트렁크에 옷감만 거저 한가득 채워서 주었습니다. 그게 뭐 한복감이고, 그 다음에 칠보에 이렇게 옷집 겉옷 해 입을 것 치맛감이고… 그 다음에 뭐 자켓이라든가 뭐 다 중국 것을 넣었더군요. 북한에서 드문 거… 그러니까 시집도 잘 갔다하니 좋기는 좋더라고요. 준비하는 것이 힘들었지 살면서 물건이 많으니까 별로 크게 살 것이 없더라고요. (리철옥)

특히 이불은 신부가 반드시 준비해야 할 품목으로 아무리 살림이 어려워도 평균 두 채 이상 갖추어야 하는 것이 북한사회 내에서 오래 이어져 온 관행으로 나타난다. 신부 집안이 경제적인 능력이 있다면 어렵지 않게 관례보다 더 풍족하게 이불을 마련하지만 겨우 구색을 맞춰 가는 사례도 드물지 않았다. 이불을 만들 때 들어가는 솜이 귀하고 비쌌기 때문에 친정 부모가 결혼하면서 장만한 이불솜을 다시 틀어 딸의 혼수 이불솜으로 사용하는 사례도 볼 수 있었다. 이불솜을 마련하는 일이 점차 어려워져 1980년대 이후에는 중국에서 들여오는 밀수품에 의존해야 했다고 면담 대상자 여러분이 이야기해 주었다.

> 70년대 당시… 그 때가 북한의 역사에 제일 잘 살았어요. 그래서 그 때는 상업에 결혼한다고 신청하면 목화솜은 아니라도 그런 인조 솜 나이론 솜 이런 거래도 한 채 내지 두 채 많이 들어 올 때는 두 채까지도 줬어요. 많이 들어오면 받아 줄 수 있었어요. 그래서 그 때는 국가를 많이 믿었지요. 이렇게 고루고루 주기 때문에 우리가 신청하면 뭐든 가진다 이렇게는 되어 있었어요. (리철옥)

그런데 1980년대 들어선 이후 결혼을 앞두고 "상업에 신청해도[32] 빽이 없으면" 제대로 이불 솜 한 채 받기도 어렵고 물건이 있으면 바로 선점해야 하는 상황이 벌어진다. 사회경제적 지위가 좋은 사람은 상업 공급망을 통해서 원

---

[32] 상업에 신청한다는 말은 북한사회 전역에 퍼져 있는 상업관리소를 찾아가서 자신의 사례에 배정을 해주는 물품을 공급해 달라고 신청하는 것을 의미한다. 1958년 북한당국이 모든 부동산과 기간시설, 상업망을 국유화한 이후 평범한 주민은 농민시장에 나가 소소한 반찬거리를 구하는 것 이외에는 식량은 배급소에 가서 구입하고 다른 물건은 상업관리소를 찾아서 배정해 주는 분량만큼 사들이는 수밖에 없었다. 당연히 상업관리소에서 배정해 주는 물품만 가지고는 살림살이를 유지할 수 없었고 그 그늘에서 암시장이 발달하고 시간이 지나면서 밀수를 하는 사람도 늘어나게 된 것이었다.

하는 것을 받을 수 있었지만 보통 "그런 곳에서 파는" 옷과 이불, 가구 같은 물품은 질이 좋지 않아서 "다른 통로로" 물건을 구할 수밖에 없었다고 했다.

80년대에는 중국의 공작새 무늬 이불, 다음에 중국의 다색 양단에 공작새 무늬 넣은 이불이 들어왔어요. 달러를 가지고 속도 목화솜으로… 그 때는 목화솜 하면 잘사는 집으로 많이 간주되고 그랬습니다. 80년대에는 인조 솜, 나일론 솜 이런 무거운 것조차 일반적으로 파는 게 없어요. 파는 데는 없고, 상업에다가 내가 언제 결혼하니까 하고 신청을 해요. 그것마저도 상업에서는 한 채 밖에는 안 줘요. 못사는 집에서는 부모들이 시집을 때 가져왔던 그 목화솜 이불을 다시 틔워서 펴가지고 만들죠. 솜 트는 집이 따로 있는데 편의 봉사 관리 방에서 운영을 하지요. 목화도 더러 나오기는 한데 그것도 빽이 든든한 사람이 가지지 보통은 못 가지지요. 양이 많지 않으니까요. 그 외에도 양복기지나 천, 이불, 이불장, 가구 해가요. 가구는 생필 직장이라고 가구전문 공장이 있어요. 좋은 나무를 가지고 가면 해서 주기도 하고… 만들어서 파는 것은 나무질이 좋지 않아서… 잘해가는 사람은 공장에 부탁하지만 공장에서 그렇게 달가워하지 않지요. 없는 사람들은 그것마저도 차지하기가 힘드니까 그것이라도 신청하고 그거라도 받자고 그러지요. 결혼하는 사람들에 한해서 국가 규정에는 한 세대에 하나씩 무조건 해결해 주어라. 가구 같은 것, 이불 장 같은 것. 원칙은 그렇게 하도록 내 놓았어요. 그런데 실제로는 그렇게 다 못하지요. 시장에 가서 구하려면 재고가 있어야 하는데 뭐 전기가 되요? 모두 땔 것이 없어 가지고 산업이 못하는데 가구가 다 뭐요? (리철옥)

75년도부터 그렇게 중국 상품이 나와서. 시집갈 때 중국 이불 해가지고 가는 건 기차게 잘 사는 거고… (이불 위에 놓고 꿰메는) 이불등은 사는 게 아닙니다. 그때는 장마당이 없으니까 중국에 친척 있는 사람들이 소포로 보낸다 말입니다. 장사가 크게 안 나와도 중국 물건이 판을 칠 때라 말입니다. 내 혼수는 어머니가 여권 내고 중국 두 번 갔다 왔습니다.

가족이 중국에 있다고 해서 (중략) 중국이불은 색 자체가 곱다 말입니다. 빨아도 색이 안 빠졌습니다. 솜은 똥솜입니다. 남의 눈을 속이자니까 어머니가 "야 시집가서 다음에 잘 살 때 이 솜 다 빼라. 지금은 눈가림해서 가져가야 한다" 그래요. 몇 년 덮으니까 다 떨어져 나가 다 버렸습니다. 이불이 다 졸아들었지요. 당시에는 장마당이 있나, 솜이 있나. 힘 있는 사람들은 이래저래 구하지만 힘이 없으면 상설매장에서 똥솜 이렇게 결혼식용으로 팔았습니다. 동네 상점에 결혼확인서 내면 두 채 주는데 쓸 건 없습니다. 거기에 집의 것도 한 채 더해서. (허명희)

1990년대까지만 해도 북한에서 결혼을 준비하는 새신부가 최소한 두 채의 이불을 마련하는 것은 사회적 관례였다. 그 당시에는 혼수 중에서도 특히 이불을 가장 잘해간다고 평가를 받으려면 중국제 이불커버를 해가는 것이었다. 북한에서 일반적으로 이불등이라고 부르던 이불커버를 화려해 보이는 중국제로 갖추면 주변에서 혼수를 잘 준비했다는 평가를 받을 수 있기 때문에 그렇게 하는 것이라고 이들은 말했다. 이불 안에 들어가는 솜은 비록 "똥솜"이라 쓰다가 버리는 한이 있더라도 혼수품 구색을 맞추려면 눈에 보이는 이불커버를 중국산으로 구입해야 한다는 것이었다. 결혼확인서를 떼서 상점에 "바치면" 이불 두 채 분량의 솜을 공급해 주기는 했지만 그마저도 수급 상황이 넉넉하지 않았고 솜의 품질도 좋지 않았다. 친척이 중국에 있다면 소포로 솜을 받기도 했지만 친척이 없는 경우에는 직접 중국에 가거나 사람을 보내서 구해 오기도 했다. 경제난 속에서 현실은 어려운 상황에서 혼수품을 준비하는 문화는 그대로 잔존하면서 그 몫은 오롯이 결혼을 준비하는 신부와 신부 가족 중에서도 그 어머니에게 넘겨졌다.

면담 대상자 의견을 살펴보면 결혼을 준비하는 과정에서 신부와 신부 어머니는 혼수를 준비해야 한다는 부담감 때문에 적지 않게 시달렸던 것으로 나타난다. 북한당국은 "사회주의적 남녀평등" 기치를 내세우면서도 일상에서 빈번하게 작동하는 고정관념이나 부담에 대해서 특별히 바로잡을 생각도 없었고 기존의 결혼 준비 관행을 뒷받침할 공급 체계도 가동시키려 하지 않았다는 것이 연구진의 판단이었다. 이런 상황 속에서 상업공급망을 활용하여 필요한 만큼 이불커버와 솜을 마련하거나 외화를 써서 밀수품이나 수입품을 사들일 수 있을 정도로 잘살았던 사람들 역시 혼수를 준비하는 과정이 절대 쉽지 않았던 것 같다. 결혼을 앞둔 남성은 북한당국이 발행하는 입사증을 받아서 같이 살 집을 장만하면 그만이지만 그 집에 혼수품을 채워 넣어야 하는 여성은 그 사정이 달랐다. 공급체계에도 없는 물품을 구하려 하면 최대한 인맥을 활용하여 뇌물을 바치면서 필요한 제품을 확보하려 애써야만 했기 때문이다. 그런데 북한경제가 점차 어려워지면서 혼수 준비를 하는 것이 누구에게나 쉽지 않은 일이 되고 말았다. 상황이 이렇다 보니 1990년대 중후반 고난의 행군 시기에는 북한 전역에서 결혼하는 사람들 숫자가 크게 줄어들었던 것으로 보인다. 면담 대상자 중에서 고난의 행군 기간에 아는 사람들 결혼식에 참여했던 경험을 기억하는 사람이 별로 없었다.

면담 대상자들 이야기를 종합해보면 결혼을 둘러싼 1990년대 문화는 나날이 어려워지는 경제적인 상황 속에서도 예전부터 이어져 오던 오랜 관행을 그대로 유지하고 있었던 것으로 보인다. 특히 신혼집을 꾸며야 하는 여성의 입장에서 결혼을 앞두고 혼수 준비는 많은 부담을 요구하는 일이었다고 이들은 말한다. 아무리 경제 상황이 어려워도 시집을 오는 신부가 혼수를 잘해오는 것이 당연하다는 성별인식이 변하지 않았기 때문이다. 전반적 경제상황이 어려워져도 현실에 맞지 않는 관행이 계속 이어지는 동안 그 부담은 고스란히 여성의 어깨 위로 무겁게 얹어졌다.

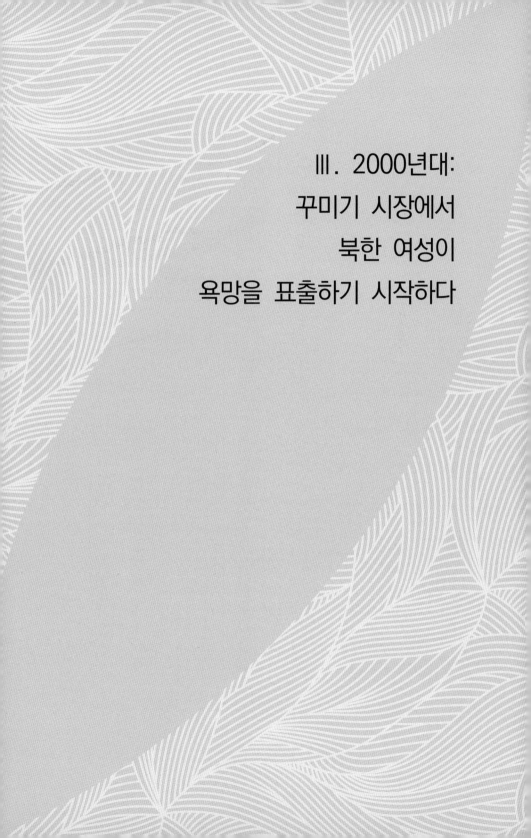

III. 2000년대:
꾸미기 시장에서
북한 여성이
욕망을 표출하기 시작하다

III. 2000년대:
꾸미기 시장에서 북한 여성이 욕망을 표출하기 시작하다

1. 다양한 변화의 시작

면담 대상자들 이야기를 종합해보면 1999년에서 2000년으로 넘어가면서 북한 곳곳에서 하루 한 끼도 못 먹고 굶는 사람은 많이 줄어들었고 그 이전보다 생활이 전반적으로 안정이 되는 양상이 나타났다고 한다. "사는 게 완전히 달라졌다, 전반적인 생활수준이 올라갔다" 하는 면담 대상자 의견도 자주 들을 수 있었다. 형편이 예전보다 나아진 북한주민의 생활양상을 보며 북한당국은 어떻게 대처했을까? 1999년 가을, 북한당국은 다음 언설을 『조선녀성』 기사에 게재했다.

사치와 허례허식, 부화방탕한 생활은 혁명하는 사람들의 생활이 아니며 부르죠아 사상, 수정주의사상을 끌어들이는 매개물이다. 사치와 허례허식을 좋아하고 부화방탕한 생활을 좋아하는 사람은 황색바람에 말려들게 되며 나중에는 반혁명의 길에 떨어지게 된다. (중략) 우리 녀성들과 녀맹원들은 사회주의적 생활양식과 현대적 미감에 맞게 깨끗하고 문화적인 생활을 하면서도 옷차림, 몸단장을 검소하게 하고 생활을 검박하게 하여야 한다. (1999.5, 38쪽, 「검박한 사생활과 녀성」)

『조선녀성』기사에 나오는 인용문 내용을 살펴보면 북한당국이 "황색바람을 조심하라, 검소하고 검박한 생활을 하라" 하는 메시지를 직설적으로 던지고 있는 것으로 드러난다. 면담 대상자의 증언과 북한 공간문헌에 나오는 내용을 교차분석해 보면 1990년대 말부터 북한주민의 삶이 이전보다 나아지는 만큼 당국의 주민통제도 비례하여 한결 강렬해졌다는 사실이 또렷하게 드러난다. 다급한 위기를 모면한 만큼 주민생활을 통제하는 힘을 다시 회복하고자 했던 북한당국이 규제와 금지의 언설을 명확하게 드러내기 시작한 것이었다. 문제는 북한당국이 말하는 "사치와 허례허식"이 대다수 북한주민의 일상적인 현실과 동떨어진 얘기라는 점이다. 배급제 중단 이후 장마당이 커지면서 대다수 주민의 삶에서 소비생활은 선택이 아닌 필수로 변했는데 북한 내부에서는 생필품을 만들어내는 공장이 운영을 멈추어 선 경우가 많았으므로 당연히 수입물품에 의존할 수밖에 없는 상황이 되고 말았다.

1) 빈부격차가 벌어지기 시작한 시기

2000년을 전후하여 북한 전역의 주민들은 대체로 생활의 안정은 찾았으나 빈부격차가 점차 벌어지면서 "잘사는 사람과 못사는 사람" 구분이 등장하기 시작했다. "다른 사람은 저렇게 밑천 없이도 일어섰는데 남보다 못살면 능력이 없는" 낙오자로 평가하는 분위기가 지배하는 상태로 변해 갔다는 것이다. 결과적으로 개인의 재산 규모는 그 사람의 능력을 입증하는 기준이 되었고 가난은 "부끄럽고 수치스러운" 일로 해석하는 분위기가 생겨났다. 이전에도 빈부격차가 존재했지만 "그 때는 도토리 키재보기 정도였는데 2000년 이후에는 격차가 심해졌다" 하는 것이 면담 대상자들 반응이었다.

1990년대는 평민들이[33] 시작했다지만, 2000년대는 간부들이 시작했거든요. 북한은 2호 창고, 4호 창고라고 있어요. 4호 창고는 군량미, 2호 창고는 재난미예요. 우리가 실제 90년도에 재난이 들어왔잖아요. 그게 백성들에게 안 갔거든요. 간부하고 가까운 사람한테 가서 그 사람들이 잘 사는 거죠. 그 때부터 그렇게 차이가 나기 시작한 거죠. 내 집이나 내가 간부하고 가까우면 잘 사는 거야. 간부가 쌀이라도 주는 거 내가 파니깐. 그렇게 차이가 나고… (최순녀)

2000년 무렵부터 간부가 아니어도 장사 활동을 통해 부를 축적한 사람이 등장하기 시작했다. 개인이 축적해 놓은 재산 정도에 따라 "여자들 옷차림이나 음식 만드는 거에 차이가 많이 나는" 현상이 나타났다. 마침내 북한에서 "빈부의 격차가 벌어지기 시작한 시대"가 도래한 것이다.

간부 수준보다 더 잘 사는 사람도 있고… 오히려 당기관이라거나 지도원들보다 더… 피부색깔부터 달라진다구요. 잘 사는 집 부인들은… (최순녀)

간부들보다 더 잘 사는 사람도 있죠. 그 사람들 생활이야 뭐… 생일이라든지 초청되어 가면, 해마다 음식 문화가 더 수준이 높게… 모양도 더 예쁘고… 감칠맛이 나게… 흉내를 많이 내죠. 서양식이라던가 우리가 접한 것은 중국음식 문화가 많이 있어요. (지은영)

지독한 식량난을 겪고 난 후 간부나 경제적 여력이 있는 사람은 대다수 일반 주민에 비해서 수준 자체가 크게 달라졌다는 것이 면담 대상자들 의견이었다. 단순히 배를 채우기 위해서 먹는 것이 아니라 시각적 즐거움도 추구하고 다른 사람과 "때깔이 다르고 피부도 하얗게" 가꿀 수 있을 정도로 잘

---

33 북한이탈주민과 면담하는 과정에서 이들이 평민, 평백성, 하바닥 사람을 간부와 구분하는 언어 습관이 끊임없이 사용해 왔다는 사실을 발견할 수 있었다.

사는 계층이 나타났다는 것이다. 면담 대상자 지은영은 자본의 힘이 점차 강해져 2000년대 중반에 이르러 "돈주" 계층이 나타났다고 말해 주었다.[34] 신흥부자에 해당하는 "돈주" 중에서도 몇몇 사람은 오히려 "당이나 행정 기관에서 매달릴 정도로" 위세를 부렸다고 했다.

> 2002~2003년도만 해도 차를 사고 싶어도 자본이 없었어요. 그런데 2005년도부터는 달라졌어요. 회사 측에서 수입을 내야 하잖아요. 그런데 국가 돈으로 운영하자면 힘든 거예요. 그래서 돈 있는 사람을 모으기 시작했어요. 차 있는 사람 우리 회사로 들어오라. 들어오면 우리 회사 총 매출액에서 얼마는 너 준다. 이런 게 있으니까 거기부터 돈 있는 사람들이 시야에 나타나는 거예요. 쟤는 차를 사가지고 회사에 들어가서 돈을 버는구나. 뭐 이런 게 표면에 나타나니깐… (지은영)

2) "더 나은 미래, 뒤처지지 않는 삶" 추구

2000년 이후에 들어서자 북한주민 사이에서 '더 나은 미래, 뒤처지지 않는 삶'을 추구하는 양상이 나타나기 시작했다. 이전에는 북한당국이 정해준대로 직장생활을 하며 배급을 받아 살았기 때문에 "사는 게 다 거기서 거기" 수준이라고 했다. 그러나 "모두 굶어죽을 위기"를 겪으며 간부가 가진 위력이 그 실체를 드러낸 것이라고 면담 대상자 대다수가 말해주었다. 식량난 속에서도 간부는 굶어죽지 않고 잘 지내는 현실을 지켜보면서 "살아남은 사람들 인식이 다 대학가서 간부가 되어야" 한다는 쪽으로 변화했다고 이들은 말해 주었다.

---

34 돈주라는 용어는 고난의 행군기 이후 북한사회에서 장사활동을 통해 재산을 모은 신흥 자본가 계층을 가리키는 말로 사용하고 있다. 최근에 들어서는 돈주의 활동 영역이 넓어져서 몇 사람의 돈주가 함께 투자해서 아파트를 건축하여 분양하는 사업을 진행하기도 하는 것으로 알려져 있다.

사람들 사는 게 힘든 게 80년대 때는 사는 게 간부가 크게 여기지 않았잖아요. 저 사람 항상 그저 앞에 서서 힘들게 달리는 사람으로 생각해서 그 사람들한테 우상화는 없었거든요. 그러다 90년도 와서 많이 죽으면서 아 직위가 있으니까 우선 잘 사는구나… 직위 없이 잘 사는 사람들은 이미 뭔가 바탕이 있었던 거예요. 토대 나쁜 우리는 나서지 못하니까 대신 돈을 세어야 한다는 인식이 많이 배긴 사람들이기도 해. 이 사람들은 남들 굶어죽을 때 이 사람들은 돈 있었거든요. 백성들은 돈 있어야 산다는 그런 개념이 없었거든요. 그러다가 갑자기 90년대 죽으니까 간부 집은 여전히 잘 살고, 기본 군중이 많이 죽었어요. 그래가지고 모두가 대학가자는 게 구호가 됐거든요. 공부한 사람이 살아남는구나! 이걸 깨달은 거죠. 간부, 검찰, 경찰, 기동대조차 돈 받습니다. 대장 말고 밑에 전사는 권한 없는데 그런 아이들인데도 집에 돈이 있더라고. 사람들 인식이 군대만 다시 갔다 오면 대학 가는 게 아니거든요. 굶어죽고 나니까 2000년 들어서 제대군인만 간부 쓴 게 아니라 대학졸업생도 간부로 많이 썼어요. 경제가 발전하자니까 실력 있는 사람이 있어야 되니까. 군대 갔다 온 사람들은 정치적인 실력은 있지만 경제적인 실력이 없으니까. 공부를 쎄게 시키더라고요. 우선 많이 알리더라고. 차이가 탁 나더라고. 공부하려는 문화가 생겼어요. 유행이죠. 발전하니까 유행이죠. 아이들 공부를 시켜야 하니까… (최순녀)

교육을 시키는 프로가 몇 프로 밖에 안 돼요. 특히 사교육을… 그렇게 돈을 투자해서 공부시키는 이유는 갖춰야 하니까… 군대 갔다 와야 되고, 입당해야 되고, 대학 나와야 되고. 간부 표준이 그 식이니까 갖춰야 되니까… 지금이 더 그러지. 지금에는 간부라는 게 돈이 나오는 데가 정해져 있잖아요. 검찰기관, 보위부, 외교부를 본다던가, 이런데… 간부를 해도, 무역기관이라던가 이런데 간부로 들어가자면 일단은 간부 표준이 있어야 하니까… (지은영)

모두가 결국 대학 입학을 위해서죠. 좋은 대학… 왜냐하면 졸업증을 쥐어야 하니까… 졸업증 하나면 모든 증표가 되니까… (오은별)

북한에서 보통교육을 마치고 대학입시에 도전해볼 수 있는 학생은 전체의 20%이며 그 중에서도 대학 진학에 성공하는 비율은 그 절반 수준인 10% 정도에 불과하다.[35] 한 마디로 북한은 누구나 마음대로 대학 진학을 꿈꿀 수 있는 사회가 아니라는 뜻이다. 북한에서 대학에 진학하려면 무엇보다 그 부모의 출신성분이 가장 중요하다. 출신성분이 좋으면 공부를 아주 잘하지는 못해도 대학진학을 생각해 볼 수 있다. 출신성분이 그럭저럭 보통 정도 되는데 특별히 공부를 잘하는 학생이라면 적당한 수준의 대학에 진학하는 것도 가능하다. 상황이 이렇다보니 그동안 북한주민 중에서 자녀의 대학진학에 크게 신경을 쓰는 사람이 많지 않았다. 어차피 소수의 인원이 대학에 진학할 수 있을 뿐이고 출신성분은 아무리 노력해도 쉽게 바뀌는 것이 아니기 때문이다. 그런데 고난의 행군을 겪으면서 북한주민의 인식이 전반적으로 바뀌었다고 지적하면서 면담 대상자는 이렇게 말해주었다. "살려면 돈이 있어야 하고 돈은 간부에게서 나온다" 하는 사실을 깨닫고 자녀를 간부로 만들기 위해 "수단방법을 가리지 않고" 온갖 노력을 기울이는 사람들이 나타나기 시작했다는 것이 이들의 의견이었다.

면담 대상자들 의견을 들어보면 북한에서 간부가 되려면 "간부 표준"이라고 말하는 "대학졸업, 군 제대, 입당" 등 세 가지 조건은 반드시 갖추어 놓아야 한다고 했다. 북한주민의 입장에서 대학진학은 간부가 되기 위해 가장 먼저 성취해야 하는 조건인 셈이라 하겠다. 그런데 바로 그 첫 번째 조건을 갖추기 위해 장마당 활동을 통해 벌어들인 돈을 쏟아 부으려는 계층이 나타났다는 것이었다. 자연히 이런 사람들 욕구를 충족시키면서 돈을 벌려고 하는 움직임도 나타났다. 어느 정도 변화하는 사회구조 속에서 더 나은 미래를 꿈꾸기 시작하면서 자연스럽게 사교육 시장이 등장했다는 뜻이다. 2000년을 전후하여 북한 곳곳에서 학교 밖 사교육 시장을 통해 입시과목을 과외받기도 하고 외국어와 예술 교습을 받는 집단도 등장했다.

---

35 통일부 통일교육원, 2017, 173쪽.

댄스 배워주는 사람도 따로 있고. 그 젊은 애들 같은 경우는 있잖아요. 그 어느 집 애가 춤을 잘 춘다 하면 한 달에 12만 원씩 주고서 춤을 배워요. 그 예를 들면. 디스코도 아니고 지금 한국에서 락이라고 하나? 댄싱이라고 하나? 그 있잖아요. 빠른 곡에 맞춰서 막 춤추고. 그런 식으로 해서 애들을 가르쳐요. (허명숙)

아이들끼리, 친구들끼리 노는데 자기가 혼자 춤 못 추더라 그거야. 그러니까 부모들이 아이가 못 추니까 그러니까 부모들이, 또 그런 아이들은 중국 가서 배워서 잘 추는 아이들이 있거든. 아가씨들이… 중국 가서 살다가 들어온 애들이 있어요. 근데 그런 애들이 잘 배워줘요. 노래방 있던 애들이… (최순녀)

그 ○○○○아파트 있잖아요. ○○에 있는 아파트 그 젊은 애가 전문 이걸 가르쳐준다고요. 모르게 하죠. 알면 안 되죠 (중략) 중국영화 첨밀밀에서 나온 노래 그거 북한에서 번역해서 불러요. (지은영)

2002년도인데 어떤 가정집을 갔는데 5살 애가 중국말을 배우더라고요. 중국말을 책을 놓고 과외를 받는데 중국말을 얼마나 잘하는지… 애가… 그 집 애 둘 다. "중국말을 왜 이렇게 가르쳐요?" 그랬더니 "앞을 내다봐야지" 이러더라고요. 부모가… (오은별)

1990년대 초반까지만 해도 사회적으로 꽉 짜여진 틀 안에서 북한당국이 "떨궈주는" 지침을 따라 시키는 것만 하면 그럭저럭 남과 비슷하게 살 수 있었지만 고난의 행군 기간을 지나는 동안 북한주민의 인식은 크게 변했다. 자신의 손으로 직접 "미래"를 준비하지 않으면 굶어 죽을지도 모른다는 불안감에 시달리면서 남보다 더 좋은 능력을 갖추거나 최소한 뒤처지지 않아야 한다는 의식이 생겨난 상황이라는 것이 면담 대상자들 의견이었다. 일상생활에서도 주민들이 달라진 태도를 드러냈다. 그저 남과 다르지 않게 살면서 "모난 돌" 신세가 되지 말아야 한다는 무의식에서 벗어나는 그 "깨인" 의식에서 새로운 유행이 나오기 시작했다고 주장하는 면담 대상자들 의견도 들을 수 있었다.

> 그 전에는 자본주의 이런 게 잘 안 되어 있으니깐 추세 많이 안 따랐지요. 그런데 고난의 행군을 지나고 나서 중국이랑 유통이 되고 중국 물품이 막 들어오니깐 유행 많이 타는 거죠. 사람들 머리도 많이 깨고 시장이랑 많이 접촉하고… (김진옥)

> 유행도 약간 일색화 하는 경향이 있어요. 뭔가 나도 저기 속하지 않으면 안 될 것 같은 것 때문에… 거기서는 남하고 같아져야 되니까요. (김철우)

면담 대상자들 의견을 종합해보면, 2000년 이후 북한주민은 보다 나은 삶을 살면서 남보다 뒤쳐지지 않도록 부단히 노력해야한다는 인식을 갖기 시작했던 것으로 나타난다. 그런가 하면 자녀가 북한의 제도권 내에서 부와 권력을 한 손에 지닐 수 있도록 앞길을 열어주려 하는 사람도 늘어났다. 자신과 자녀의 미래를 위한 투자는 북한사회 전체에 유행처럼 번져나가기도 했다. 그 변화의 저변에는 지난 1990년대 중후반에 고난의 행군기를 겪어야 했던 아픈 기억이 존재하고 있었다. 이들이 대체로 체제 내에서 더 나은 삶을 꿈꾸려 했던 것으로 보아 북한당국에 대해서 크게 신뢰를 저버렸다거나 그 기반을 비판하는 수준까지 이르지는 못했다고 연구진은 판단했다.

3) 북한당국의 대응, 설득과 금지의 반복

빈부격차가 증가하고 주민의 의식과 행위양상이 변화하는 가운데 북한당국도 이런 흐름 속에 기존의 체제를 유지하려고 나름대로 열심히 대응했던 것으로 보인다. "사회주의적이지 않은 풍조"를 버리라는 언설을 훨씬 자주, 더 강력한 어조로 나타내기 시작했다. 2000~2009년 기간에 북한당국이 『조선녀성』을 통해 여성을 상대로 "꾸미기" 행위와 관련하여 어떠한 메시지를 던졌는지 살펴보았다. 『조선녀성』 해당 기사의 제목과 게재연도를 정리하여 다음 표에 정리해 보았다. 또한 관련 기사를 항목과 연도별로 분류하여 같은 표에 빈도를 표기해 놓았다.

[표 3-1] 2000~2009년 기간 동안 『조선녀성』 꾸미기 관련 기사 목록

게재 월호	기사제목	작성자	쪽수
2000-02	조선옷차림을 생활화하자	본사기자	38
2001-05	아름답고 우아한 민족옷 – 조선치마저고리	본사기자	35
2001-06	공산주의 도덕과 우리생활: (어머니연단)옷차림도 도덕입니다	리순실	30
2001-07	동백기름		32
2002-09	옷차림도 우리식으로	로농통신원 김남석	38
2002-09	상식: 치마저고리의 유래(문답)		38
2003-06	아시는지요: 얼굴피부를 부드럽게 하려면		44
2003-07	녀성들의 나이별 머리형태	본사기자	51
2003-08	옷차림 례절을 두고(연단)	김향숙	40
2003-12	민족적 정서가 짙은 조선옷	본사기자	37
2004-01	상식: 머리카락 관리에서 알아야 할 몇 가지		41
2004-01	얼굴의 잔주름이 나타나지 않게 하는 화장방법		51
2004-02	아시는지요: 방안 도색을 할 때		45
2004-02	가구를 언제나 새 것처럼 쓰자면		52
2004-02	방안에 그림을 걸 때		52
2004-03	사회주의 도덕과 우리 생활: 옷차림 하나 에서도	본사기자 신혜숙	45
2004-03	조선옷의 동정달기		45
2004-03	가정의 건강은 침실에서부터		49
2004-05	사회주의적 생활양식을 철저히 세우자 – 건전하고 문명한 사회주의적 생활양식을 확립하자	본사기자	40-41
2004-05	부엌세간을 위생문화적으로	본사기자 백옥선	43
2004-06	녀성들의 짧은머리 단장	본사기자	52

2004-08	민족옷과 옷차림례절	본사기자	35
2004-08	우리 민족의 고상한 미풍량속을 적극 살리자(문답)		42
2004-08	계절에 따르는 옷의 색깔과 조화	정영수	44
2004-08	머리칼의 보호	본사기자	45
2004-09	사회주의적 생활양식을 철저히 세우자 : 결혼식에서 낡은 습성을 없애자(지상강좌)	리효미	52
2004-09	동정 만들어 달기	신혜숙	54
2004-10	여자옷 색깔을 잘 맞추려면	본사기자	54
2004-11	우리인민의우수한민족적풍습을적극살려나가자(문답)		38
2004-11	〈사회주의적 생활양식을 철저히 세우자〉 살림집을 알뜰히 꾸리자(연단)	리성희	51
2004-12	사회주의적 생활양식을 철저히 세우자: 옷차림을 우리식 대로하자(지상강좌)	최정애	50
2004-12	우리 인민의 알뜰한 문화생활기풍	최정실	51
2005-01	머리단장도 선군시대의 맛이 나게	본사기자	24
2005-02	[사회주의적 생활양식을 철저히 세우자] 몸단장과 옷차림을 우리식으로	본사기자	47
2005-02	인기 있는 조선옷자랑 무대(방문기)	본사기자 방순희	51
2005-03	어떤 분크림을 쓰는가에 따라 화장효과가 달라진다		34
2005-04	결혼식을 간소화 하여야 한다(지상강좌)		48
2005-04	녀성들의 봄철 옷차림	오순기	49
2005-09	*사회주의도덕과 생활* 우리 민족의 옷차림 례절(문답).		35
2005-09	〈사회주의적 생활양식을 철저히 세우자〉 우리식의 옷차림을 적극 살려나가자(지상강좌)	최명숙	36
2005-09	[상식]아름답고 젊어보이게 하는 화장법		39
2005-10	화장과 도덕	오동호	42
2006-02	[상식] 신발을 빨 때		43
2006-02	[상식] 세면수건과 양말의 냄새를 없애려면		54
2006-03	[상식] 얼굴피부의 젊음을 보존시키는 미안방법		42
2006-03	[상식] 건조한 머리피부와 머리칼에 매우 좋은 머릿기름 크림		44
2006-05	[상식] 머리빗기의 효과		41
2006-05	[상식] 방안공기를 정화시키는 선인장		54
2006-06	*사회주의 도덕과 생활* 돋보이는 모습(단상)	본사기자 최윤희	43
2006-06	〈사회주의적 생활양식을 철저히 세우자〉 여름철 옷차림을 다양하게 하자(지상강좌)	리정이	44
2006-06	얼굴의 기미와 주근깨를 없애는데 좋은 음식물		47
2006-07	여름철 머리단장		50
2006-07	〈사회주의적 생활양식을 철저히 세우자〉 결혼식을 사회주의적 생활양식에 맞게 우리 식으로 하자	본사기자	50

2006-07	밝고 점잖은 옷 색깔		51
2006-08	〈사회주의적 생활양식을 철저히 세우자〉 부엌세간을 깨끗하게(지상강좌)	본사기자 손례영	49
2006-08	홍당무우로 얼굴피부의 유연성과 탄력성을 보존시키는 방법	조혜성	54
2006-09	〈사회주의적 생활양식을 철저히 세우자〉 머리단장을 우리식으로(지상강좌)	본사기자	47
2006-10	[상식] 댕기와 동정		44
2006-12	〈사회주의적 생활양식을 철저히 세우자〉 겨울철 옷차림을 선군시대의 요구에 맞게(지상강좌)	본사기자	44
2006-12	[상식] 겨울에 옷을 어떻게 입어야 더운가		44
2007-04	〈사회주의적 생활양식을 철저히 세우자〉 선군시대의 요구에 맞게 관혼상제를 간소하게 하자(지상강좌)	본사기자	54
2007-04	[상식] 옷차림과 관련한 속담		56
2007-05	*사회주의 도덕과 생활* 옷차림도 품성도	글 최학신 그림 김원태	40
2007-06	[상식] 고운 살결의 기본 성분－단백질		44
2007-06	[상식] 옷장에 좀약이나 담배를 넣어두면		54
2007-06	[상식] 재봉일의 시작과 마감을 할 때		54
2007-06	[상식] 회칠한 벽에 도배를 할 때		55
2007-08	옷차림도 우리의 것, 우리식이 좋습니다(연단)	김연희	42
2007-08	[상식] 위생실 타일을 깨끗이 거두려면		42
2007-08	[상식] 방에서 키우면 안될 화초		54
2007-08	[상식] 재봉기를 잘 건사하려면		54
2007-10	녀성들의 봄가을 옷차림	본사기자	30
2007-11	〈사회주의적 생활양식을 철저히 세우자〉 겨울옷차림을 시대의 요구에 맞게 하자(지상강좌)	본사기자	48
2007-11	녀성들의 옷차림	본사기자	30
2008-01	[상식] 동정달기		54
2008-02	〈사회주의적 생활양식을 철저히 세우자〉 겨울철 녀성들의 머리단장을 시대적 요구에 맞게 하자(지상강좌)	본사기자	49
2008-03	*사회주의도덕과 생활*〈멋쟁이〉(그림이야기)	글 김영숙 그림 김명제	43
2008-05	[사진] 보기 좋고 시원한 감을 주는 녀성들의 옷차림	본사기자	30
2008-08	[유구한 력사와 민속] 우리나라의 우수한 가정생활풍습	본사기자	54
2008-08	[상식]화장을 할 때		22
2008-08	[상식]옷소매나 목깃에 묻은 때를 없애려면		43
2008-08	[상식]세탁기를 쓸 때		48
2008-08	[상식]옷 단추 달기		49
2008-08	[상식]옷고름 매는 방법		54

2008-11	[상식] 얼굴색과 옷 색깔		54
2008-12	조선옷의 등장	김명	52
2008-12	[상식] 다리던 옷이 눌었을 때		53
2009-01	《사회주의적 생활양식을 철저히 세우자》 (지상강좌) 겨울철 녀성들의 민족옷차림	본사기자	51
2009-01	조선옷의 고름	김명	54
2009-02	상식 : 발뒤축이 텄을 때		52
2009-03	유구한 력사와 민속 : 우리 민족의 고상하고 건전한 결혼풍습	본사기자	54
2009-03	상식 : 어린이얼굴피부와 그 보호		41
2009-04	상식 : 땀 얼룩이 밴 옷은		45
2009-07	상식 : 옷에 단추달기		52
2009-10	(발취). 위대한 령도자 김정일 동지께서 녀성들의 옷차림과 관련하여 하신 말씀		3
2009-10	상식 : 전기다리미를 사용할 때		54
2009-10	사진 : 꽃피워가자 우리의 민속문화 전통을!	본사기자	30
2009-11	《사회주의적 생활양식을 철저히 세우자》 (지상강좌) 민족의 자랑-조선치마저고리의 우수성	본사기자	52
2009-11	사진 : 아름답고 맵시 있는 여러 가지 형태의 녀성 옷차림	본사기자	28
2009-12	상식 : 피부에 좋은 음식-다시마 까나리장		53
2009-12	사진 : 보기에도 좋고 세련미를 더해주는 머리 형태	본사기자	32

[표 3-2] 2000~2009년 기간 동안 『조선녀성』 꾸미기 관련 기사 빈도

	옷	머리	피부	집	화장	결혼식	기타	합계
2000	1							1
2001	2	1						3
2002	2							2
2003	2	1	1					4
2004	10	3		7	1	2		23
2005	5	1			3	1		10
2006	8	5	2	2		1		18
2007	7		1	5		1		14
2008	8	1	1	2	1			13
2009	9	1	2			1	1	14
합계	54	13	7	16	5	6	1	102

2000~2009년 기간 동안 『조선녀성』에 등장하는 꾸미기 관련 기사는 총 101건에 이른다. 그런데 하나의 기사에 2개 주제의 중복을 허용하면 총 102 건으로 계산할 수 있겠다.36 102건을 기준으로 기사의 내용을 항목별로 살펴보면 전체의 52.9% 정도인 54건이 옷차림에 관해 다루고 있다. 그 중에서도 "조선옷차림" 관련 기사는 옷차림 항목 전체의 38.9%에 해당하는 21건에 이른다. 두 번째로 기사 빈도가 많은 항목은 전체의 15.7%에 해당하는 집꾸미기 내용이었다. 세 번째로 많이 등장하는 항목은 전체의 12.7%를 차지한 머리단장 관련 내용으로 나온다. 1990년대 당시와 비교해 보면 재미있는 현상이 나타난다. 1990년대 당시에는 『조선녀성』 옷차림 관련 기사만 등장하였는데 2000년 이후에는 꾸미기 활동이 다양하게 나타나서 머리단장과 피부 가꾸기, 집꾸미기, 화장하는 방법과 화장품 사용, 결혼식, 구두와 모자 갖추기 같은 항목을 다루는 기사가 나타난다는 점이 재미있다. 각 항목별로 관련 기사의 등장 빈도를 비교해 보면 다음 그림과 같이 나타난다.

[그림 3-1] 2000년대 『조선녀성』 꾸미기 관련 기사 수량 분포

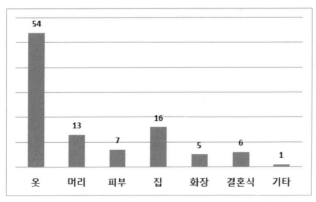

36 2004년 3호 "사회주의적 생활양식을 철저히 세우자-건전하고 문명한 사회주의적생활양식을 확립하자" 기사에 결혼식과 옷차림 항목이 동시에 나타난다.

기사의 게재 빈도 현황을 살펴보면 연평균 10.2건, 월평균 0.85건으로 나타난다. 2000년에는 단 1건만 나오는데 2004년 이후에는 그 양상이 달라진다. 2000~2003년 4년 동안 연평균 2.5건 수준을 유지하다가 2004년을 기점으로 2009년까지 6년간 평균을 계산하면 연평균 15.3건, 월평균 1.3건으로 대폭 증가하는 양상이 나타난다.

『로동신문』은 『조선녀성』에 비해 꾸미기 행위를 다루는 기사의 수량이 확연히 적게 나타난다. 관련 기사의 내용도 주로 옷차림 관련 언설의 범주를 벗어나지도 않는 특성을 보인다. 2000~2009년 기간 동안 『로동신문』에 등장하는 꾸미기 관련 기사의 제목과 빈도 현황을 아래 도표로 정리하였다.

[표 3-3] 2000~2009년 기간 동안 『로동신문』 꾸미기 관련 기사 목록

발행일	제목
2001.04.11	옷차림을 단정하고 화려하게
2002.05.14	민족옷과 옷차림 례절
2002.06.30	머리단장과 인격
2003.03.18	우리 식의 옷차림문화
2004.01.01	우리 민족의 설 명절옷차림풍습
2004.07.24	머리단장 하나에도
2004.11.21	옷차림을 선군시대 사회주의생활양식의 요구에 맞게
2004.11.21	옷차림은 민족의 얼굴
2005.07.05	우리 인민의 우수한 미풍량속 꽃펴나는 민족성과 옷차림
2005.08.07	화장과 우리생활
2006.02.26	단일민족의 력사를 자랑하는 옷차림풍습
2006.03.19	머리단장을 우리 식으로
2006.03.22	옷차림을 시대의 요구에 맞게
2006.03.26	옷차림과 옷색갈
2006.07.16	머리단장에 비낀 시대의 모습
2006.10.08	우리 인민의 고상한 옷차림
2007.06.17	고구려사람들의 독특한 옷차림
2007.07.22	머리단장을 고상하게
2007.07.29	우리식의 옷차림이 제일
2007.08.27	돋보이는 교원들의 옷차림
2007.08.30	옷차림과 몸단장을 건전하고 고상하게
2007.09.20	옷차림에 비낀 마음
2008.01.06	겨울철옷차림

2008.10.26	우리 민족의 고상한 인사례절과 옷차림
2008.12.02	소박하면서도 인상깊은 결혼식
2008.12.11	시대적미감과 청년들의 머리단장
2009.06.21	고상하고 문명한 옷차림풍습
2009.08.09	옷차림을 편리하고 보기 좋게
2009.11.15	머리단장을 우리 식으로

[표 3-4] 2000~2009년 기간 동안 『로동신문』 꾸미기 관련 기사 빈도

	옷	화장품	결혼식	머리단장	합계
2000					0
2001	1				1
2002	1			1	2
2003	1				1
2004	3			1	4
2005	1	1			2
2006	4			2	6
2007	5			1	6
2008	2		1	1	4
2009	2			1	3
합계	20	1	1	7	29

2000~2009년 기간 동안 『로동신문』 옷차림 관련 기사 중 전통적인 조선옷을 입으라고 강조하는 비율이 50%를 차지하는 것으로 나타난다. 『로동신문』에서 전통적 옷차림을 하라고 강조하는 기사는 『조선녀성』 대비 11.1%p 높은 비율을 보인다. 『조선녀성』 기사가 다양한 항목의 꾸미기 활동을 규제하는 언설을 내보내고 있었다면 『로동신문』에서는 주로 옷차림 중에서도 "조선옷차림" 선전에 집중하는 양상을 드러낸다. 『조선녀성』과 『로동신문』의 보도 경향이 다른 이유는 무엇보다 『로동신문』이 북한당국의 공식 채널이라는 점에 기인하는 것으로 연구진은 판단한다. 『로동신문』 필진은 조선노동당 중앙위원회 기관지에 기사를 쓴다는 점에서 『조선녀성』 기자보다 북한 외부세계를 의식하는 경향이 더 강하다는 점을 감안해서 판단해야 할 것이다. 아마도 이런 이유 때문에 "우리 것" 관련 선전선동 어조가 강하게 드

러나는 전통옷차림 관련 기사가 『조선녀성』보다 『로동신문』에 더 빈번하게 나타난다고 생각한다. 『로동신문』 기사에서는 일반적 옷차림 관련 내용을 다루는 경우에도 금지나 규제보다 권고와 긍정의 언설이 자주 등장하는 점도 특징이라고 하겠다.

구체적으로 문헌자료의 내용을 살펴보면 여성을 대상으로 "꾸미기" 관련하여 "단정한, 조선식, 민족/전통, 사회주의적" 방식을 권장하고 있다. "공산주의적, 사회주의식" 옷차림이나 화장법, 예절과 문화 등을 끊임없이 강조하면서 관련 사례를 소개하기도 한다. 2000년 이후 북한당국이 『조선녀성』에 게재한 옷차림 관련 기사의 내용은 일정한 변화를 보인다. 처음에는 "민족의상" 옷차림의 장점을 강조하며 여성이 전통적 의상을 입는 것은 민족적 자존심이 살아나는 일이라고 강조하는 경우가 많았다.

> 특히 위대한 장군님께서 평가하여주신 흰 저고리에 검정치마차림은 우리녀성들의 순결하고 깨끗하면서도 강의하고 소박한 마음을 상징 (중략) 우리 녀성들은 민족의 자랑이고 세계의상계에서 으뜸가는 민족의상인 조선치마저고리를 사랑하고 즐겨입음으로써 조선녀성들의 민족적자존심을 온 세상에 떨쳐야할 것이다. (「아름답고 우아한 민족옷-조선치마저고리」, 『조선녀성』 2001년 5호, 35쪽)

그런가 하면 좋은 본보기를 통해 교훈을 주는 '긍정감화' 방식을 통해 여성에게 조선옷과 머리단장을 할 것을 권하는 기사도 많이 나온다. 이런 방식으로 권고하는 내용은 『조선녀성』 지면에만 나타난 것이 아니라 조선민주여성동맹을 중심으로 민족의 고유한 미풍양속을 따르라고 강조하는 활동도 전개해 나갔다.

> 리원군 염성리초급녀맹위원회에서는 조선민족의 고유한 미풍량속과 사회주의생활양식의 요구에 맞게 녀맹원들속에서 옷차림과 머리단장을

잘하도록 하고 있다. 리초급녀맹위원장 조영춘동무는 옷차림도 우리식으로 하는 것이 가지는 중요성과 의의를 깊이 인식시키기 위한 강연, 해설담화 사업을 실속있게 벌리고 있다. (중략) 한편 녀맹원들속에서 조선옷을 입는 것을 장려하였다. 기념일, 명절날, 모임 때를 비롯하여 일상생활에서 녀맹원들이 조선옷을 즐겨입도록 함으로써 우리의 민족성이 생활로 꽃펴나게 하고 있다. (「옷차림도 우리식으로」, 『조선녀성』 2002년 9호, 38쪽)

그러나 이런 활동도 여성들의 옷차림을 단속하는 수준에서 멈추었을 뿐, "조선옷 장려사업"을 유의미한 수준으로 전개해 나가는 정도는 아니었던 것 같다. 위의 인용문 이외에는 전통옷 입기와 관련하여 강연, 해설담화 사업 등을 진행했다는 기사가 더 이상 등장하지 않는다. 추측컨대 많은 여성이 장마당에 나가 장사를 해야 했기 때문에 이런 내용의 여맹 사업이 전국적이거나 연속적으로 유지하기 어려웠을 것 같다. 이렇게 민족의상을 입으라고 강조하던 북한당국의 언설은 2003년 즈음 옷차림 예절을 지키라는 권고로 그 내용의 방향이 변한다. 더불어 여성에게 가족과 자녀의 옷차림 예절에도 신경을 써야 한다고 강조하는 내용도 나온다.

위대한 령도자 김정일동지께서는 다음과 같이 지적하시였습니다. 《옷차림과 몸단장은 사람들의 사상정신상태와 문화생활수준의 반영입니다.》 예로부터 옷이 날개라는 말이 있습니다. 이 말은 단순히 옷이 사람들의 겉모습을 차려주기 위한 치장물만이 아니라는 뜻이 담겨져 있는 말이라고 생각합니다. 옷차림은 그 사람의 사상정신상태와 문화정서수준, 도덕상태를 보여 줍니다. (중략) 옷은 민족의 얼굴이라고도 합니다. 민족의 력사와 민속전통, 성격과 생활 등 민족의 넋이 그대로 반영된 옷을 단정하고 깨끗하게 입는 것은 례절이고 도덕입니다. (중략) 우리 녀성들이 경애하는 김정일 장군님의 높은 뜻을 받들고 옷차림례절을 잘 지키고 가족과 자녀들도 옷차림례절을 지키도록 한다면 우수한 우리의 옷차림 풍속,

옷차림례절이 더욱 활짝 꽃 펴날것입니다. (「옷차림 례절을 두고」, 『조선
녀성』 2003년 8호, 40쪽)

재미있는 사실은 주로 민족의상의 장점을 선전하고 민족의상 입기와 예
절을 권하던 언설은 2000년대 중반에 접어들면 "부르죠아 생활양식"을 강력
히 비난하는 어조로 변화한다는 점이다. 권고와 긍정감화의 설득방식을 규
제와 금지의 언설로 변경한 것이었다. 여성의 옷차림은 개인의 일이 아니라
애국사업이라고 강조하기도 하고 "남의 옷을 입으면 머저리" 같은 부정적인
표현을 사용하기도 한다. 또한 2005년 즈음부터 "사회주의적 생활양식을 철
저히 세우자" 시리즈가 지속적으로 등장하기 시작한다. 그만큼 주민의 생활
양식에서 "추세"라는 변화가 점차 사회에서 커다란 자리를 잡았던 것으로
보인다. 무엇보다 중요한 사실은 이런 추세의 내용이 북한당국이 주장하는
"사회주의" 노선과 상당히 벗어난 방향으로 향하고 있다는 점이라 하겠다.

우리 녀성들은 우리 식 옷차림풍습을 귀중히 여기고 우수한 민족적풍
습을 적극 장려하는 것은 실무적인 사업이 아니라 애국사업이라는 것을
명심하고 옷차림과 몸단장을 우리 식으로 해나가야 한다. 남의 옷을 입
고 남의 식으로 살아가는 사람은 애국자가 될수 없으며 머저리가 된다.
우리 녀성들은 조선녀성들의 몸매에 어울리고 고상한 정신세계와 풍모를
보여주는 조선옷을 사랑하며 우리 식으로 살아가는 애국녀성들이 되어야
한다. (중략) 미제침략자들은 썩어빠진 부르죠아생활양식, 반동적인 사상
문화를 류포시켜 우리 제도를 좀먹어보려고 갖은 책동을 다하고 있다.
우리 녀성들은 옷차림을 우리 식으로 하고 우리것을 장려하는 것이 우리
식 사회주의를 고수하기 위한 투쟁이라는 것을 명심하고 옷차림과 몸단
장을 우리식대로 고상하고 혁명적으로 해나가야 한다. (「사회주의적 생
활양식을 철저히 세우자-몸단장과 옷차림을 우리식으로」, 『조선녀성』
2005년 2호, 47쪽)

2000년대 『조선녀성』에서 나타나는 또 하나의 특성은 결혼식 관련 규제의 언설이 등장한다는 점이다. 1990년대 당시에는 『조선녀성』에 결혼식 관련 기사가 등장하지 않았다. 기본적으로 생활형편도 어려웠지만 "너나없이 모두 비슷한 수준으로" 결혼식을 치루었기 때문이다. 그러나 2000년 이후 북한 전역에 걸쳐 장마당 활동을 돈을 벌어 돈주의 자리에 오른 사람이 늘어나면서 빈부격차가 생겨났고 자연히 결혼 풍습도 호화롭게 변해가는 모습도 나타났다. 경우에 따라서는 약혼식을 하거나 결혼식에 오는 손님에게 답례품을 마련하여 전달하기도 했다. 위의 인용문에서 볼 수 있는 것처럼 신부가 민족옷이라고 부르는 한복을 첫 날 옷으로 입는 대신 드레스 차림을 하고 나타나는가 하면 결혼식 상차림을 음식 대신 풍성한 꽃장식으로 꾸미는 사례가 등장하기도 했다. 혼수와 음식준비를 더욱 화려하게 준비하는 일도 잦아졌다. 결혼식이 화려해지는 만큼 혼주뿐만 아니라 초대받는 손님도 쌀과 같은 현물 대신 축의금 등 현금성 부조를 내는 사람도 많아졌다는 것이 면담 대상자들 이야기였다.

일부 사람들 속에서는 아직 부분적이기는 하지만 결혼식에서 지난날의 낡은 유습을 답습하려는 현상이 나타나고 있다. 례하면 새살림 준비를 위한 자장과 례장의 갖춤을 어느 한쪽켠에만 지나치게 부담시킨다든가 식량과 물자를 랑비하면서 결혼잔치상을 요란스럽게 차리거나 음식을 많이 만들어 먹자판, 술판을 벌리고 《가문의 허세》를 부리는데서 찾아볼수 있다. 결혼과 관련하여 나타나고 있는 이러한 낡은 생활인습은 얼핏 보기에는 사소한 것 같이 보인다. 하지만 이것은 사람들의 사상과 련관되여 있으며 사회주의강성대국건설을 위한 오늘의 투쟁에 제동을 거는 매우 유해로운 현상이다. (중략) 결혼은 어디까지나 당사자들의 의사를 기본으로 하여 하는 것만큼 본인들 사이에 약속이 되면 약혼이 이루어진 것으로 하고 따로 《약혼식》을 하거나 다른 격식을 차리지 말아야 한다. (중략) 여자집에서는 힘에 겨운 부담을 지면서까지 자장을 많이 마련하였다. 오죽하면 《딸 셋이면 문을 열어놓고 산다》는 속담까지 생겨났겠는 가. 그런데 이 낡은 풍습이 오늘까지도 남아있어서 일부 지방들에서는 자 장의 이름으로 여자편에서 새살림도구를 일습으로 갖추는 것은 물론 이 부자리만 해도 여러채씩 하고 있다. (중략) 큰 상이요, 둘러리의 상이요, 손우수대접이요 하는 번잡한 상차림법을 버리고 결혼식에 참가한 성원들 이 다 함께 둘러앉아 먹을수 있게 음식상을 차려놓으면 된다. (「결혼식을 간소화 하여야 한다」, 『조선녀성』 2005년 4호, 48쪽)

력사기록에 의하면 고구려인민들은 결혼식에 앞서 일정한 량의 돼지고 기와 술을 보낼 뿐 재물을 보내는 일은 없었으며 혹 재물을 받는 경우에 는 사람들의 비난을 받았다고 한다. (「우리 민족의 고상하고 건전한 결혼 풍습」, 『조선녀성』 2009년 3호, 54쪽)

이런 내용을 정리해 보면 꾸미기 행위에 관한 2000년대 북한당국의 언설 은 양적으로나 질적으로 모두 1990년대 기간과 다른 방식으로 나타나는 것 이 명백하다 하겠다. 북한당국이 2000년대 초반에는 주로 긍정감화와 권고 같은 방식을 유지하다가 2000년대 중반에 들어서면 규제와 금지 노선을 그 방향을 전환하는 것으로 나타난다. 또한 상세한 항목마다 추세와 '이질적인 것, 남의 것'을 지목하여 경계하는 언설을 제시하기도 했다. 이와 같은 『조 선녀성』 게재 기사의 변화를 드러내는 이유는 그만큼 북한 여성이 꾸미기 행위에서 강력한 행위성을 발휘했을 뿐 아니라 꾸미기 관련 문화가 북한당 국도 쉽게 통제할 수 없는 사회적 현상의 하나로 뚜렷하게 자리를 잡았다는 사실을 의미하는 것으로 연구진은 해석했다. 이 말은 곧 북한당국의 규제와 금지 행위가 그다지 유의미한 효과를 내지 못했다는 점을 명확하게 보여준 다는 의미라고 하겠다.

일상에 깊숙이 자리를 잡은 시장과 그에 따른 주민의 의식 변화는 개인의 행동과 생활양식 부문의 변화로 이어졌고 결과적으로 관련 시장을 새롭게 형성하거나 확대하는 흐름으로 발전해 나갔다. 다음 절에서는 여성이 그 변화의 중심에서 어떻게 사고하고 행위하며 나름의 문화를 만들고 소비해 나갔는지 분석해 보고자 한다. 북한당국이 필요에 따라서 어떠한 방식으로 여성의 문화를 통제하거나 허용했으며 여성은 또 당국을 상대로 어떻게 대응하고 행위성을 발현했는지 면밀히 살펴볼 예정이다.

2. 공용재산에서 실질적 사유재산으로: 집 꾸미기

이 연구의 면담 대상자는 대부분 북한에서 '집안 꾸미기' 현상이 새로운 문화의 패러다임으로 등장했던 시점을 2000년 정도로 기억하고 있었다. 1958년 이후 모든 부동산을 "국유화" 하는 조치를 취했던 북한에서 원칙적으로 개인의 소유가 있을 수 없다.[37] 아무리 오랫동안 살았던 집이라고 해도 소유권은 무조건 당국에 귀속해 있는 상황이라는 뜻이다. 북한주민은 누구나 당국에서 발급해 주는 입사증을 받아서 배치를 받은 집에서 살아야 한다. 그런데 주택난이 심하다보니 1980년대 후반에 들어서면서 주민들 사이에 일종의 주택 거래 관행이 나타나기 시작했다. 이런 상황에서 1990년대 중후반 고난의 행군을 거치면서 집에 대한 북한주민의 인식도 달라졌다. 면담 대상자 의견을 들어보면 돈을 주고 구매한 주거공간을 자신의 소유로 인식하기 시작하면서 집안 꾸미기 욕구가 자연스럽게 생겨난 것으로 보인다. 더

---

37 그렇지만 예외적으로 개인 소유의 집이 남아 있기는 했던 것으로 나타난다. 김석향은 회령시 주민들 일상생활을 연구하면서 북한당국이 1958년 이른바 사회주의 완성을 선언하는 시점을 기준으로 그 이전부터 같은 집에 거주하면서 일체 수리를 하지 않은 채 똑같은 형태를 그대로 유지하는 주택의 경우에 개인 소유로 인정을 받은 가옥이 남아 있다고 증언하는 사람들 이야기를 들려주었다. 다만 개인 소유의 가옥을 조금이라도 수리하는 경우에는 바로 그 소유권을 넘겨야 하는 상황이었다는 것이다. 김석향,『회령 사람들, 기억 속 이야기를 들려주다』, 서울: 국민대학교 출판부, 2013, 157~160쪽.

불어 집안 꾸미기 작업에 필요한 중국제품 수입이 크게 늘어난 점도 이런 욕구가 폭발적으로 발현하는 데 영향을 미쳤던 것으로 생각된다.

그 때부터 사람들이 돈을 알고 내 집을 알고 집을 위한 집을 사고 꾸미는 거죠. 2000년도부터 완전히 달라졌어요. 그전까지는 집에 꾸미는 게 다 평범했거든요. 그저 일반적으로 종이 장판이랑 흰 횟가루 회칠 하고 살았거든요. 그러다가 2000년도부터 이때부터는 비닐벽지가 나오고 꽃문양 종이 벽지 나오고. 중국서도 들어왔고 제지 공장에서도 나왔고 (중략) 그리고 습기가 많잖아요. 아파트는 습기가 많거든요. 여기는 난방이 돼 있으니깐. 방지제란 벽지가 있어요. 그런 거 다 나오죠 (중략) 이전에는 집이라는 거 그렇게 선호 안했거든요. 90년도 그때만 해도 집이 없어도 자그마한 단층집이라도 만족했거든요. 근데 지금은 아파트로 가니까 다 아파트가 비싸니까. 여기로 말하면 아파트라 하는 거 여기로 말하면 다 빌라죠. (최순녀)

집 꾸미는 것은 질투로 집을 꾸몄어요. 내가 만약 누구네 집에 갔는데 꾸미는 걸 잘 해놓으면 질투가 나죠. 커튼도 진짜 예쁜 것으로 걸고 다 중국 것으로 장식을 하거든요. 꽃도 이렇게 장식을 하고 (중략) 예전에는 들어오기는 들어와도 조금씩 들어오고 주로 식량을 중심으로 들어왔는데 2000년대부터는 옷부터 시작해서 장식품도 따라 오고. 바짝 들어왔어요. 아이들 놀잇감도 들어오고 다 들어왔어요. 꽃꽂이도 하고. 서로 좀 돈이 있는 사람들끼리는 집에 가서 다 봐요. 누구네는 이렇게 꾸몄다고 말은 안 하지만 시장에 나가서 이것저것 사서 꾸미거든요. 저도 고추 3개 대롱대롱 매달아 놓은 장식품 11개가 있었어요. 중국에서 나온 것인데 저도 나름대로 집 좀 꾸미고 싶어서 그랬는데… (김옥별)

비닐벽지 이후 등장한 꽃무늬 벽지는 2000년대 초중반을 지배하다가 2008~2009년 무렵에 실크벽지가 등장하면서 유행품목의 우선순위에서 뒤로 밀리는 현상이 나타났다고 면담 대상자 대다수가 증언해 주었다. 김진옥은 주민들이 선호하는 벽지의 무늬가 어떻게 변화해 가는지 그 과정을 상세하게 설명해주었다. 처음에는 화려한 색상과 무늬가 큼지막한 "중국풍" 벽지가 유행하다가 점차 무늬도 단순해지고 색상도 얌전한 벽지가 나와서 보기에도 편하고 도배 작업을 할 때 무늬를 맞추기 편해졌다는 이야기를 들려주었다.

예전에는 횟가루 같은 종이벽지를 발랐잖아요. 그 후에 중국에서 원앙새 무늬 파란 비닐 벽지 나왔어요. 알록달록 원앙새 두 마리가 있고, 연꽃이 있고. 벽지가 한 장씩 된 게 아니라 몇 미터 이렇게 된 큰 것을 사서 우리 집은 어느 정도면 되겠다 계측을 해요. 그걸 사와서 하기 편하게 그것을 자기가 다 잘라서 쓰는 거예요. 대체로 자기가 직접 풀칠을 해서 발랐어요. 그런데 너무나도 막 파랗고 산뜻한 맛도 없고 그랬죠. 그 다음에는 무늬가 단순하고 동글동글하게 된 것들, 무늬를 맞출 수 있는 것들로 바꿨죠. 밤새껏 가족끼리 자지 않고 그 벽지를 다 바르고… (김진옥)

바닥 마감재의 경우에도 변화가 나타났다고 이들이 말해 주었다. 한동안 "사람들 누구나 다 깔았을 정도로 레자" 품목이 크게 유행했었는데 점차 경제적 여력이 있는 사람들 중심으로 중국처럼 타일을 깔기 시작하는 현상이 나타났다는 것이 면담 대상자들 경험이었다.

지금은 이게 또 땅바닥에 있잖아요. 살기 힘든 사람들은 종이 장판을 하는데 잘 사는 사람들은 몽땅 레자를 깔아요. 유행으로 깔았거든요. 레자를 바꾸겠다고 하면 아 돈 좀 벌었네. (허명희)

바닥에다가 레자 깔았죠. 그때까지 만해도 그랬다가 2000년도 그때부터는 드문드문. 왜냐하면 중국집 드나들며 이렇게 하는 거 보니 멋있더라. 이런 생각이 들어가지고. 중국에 타일한 게 너무 멋있더라고요. 그래서 우리 집에 타일하고. 타일하니까 멋있고 깨끗해 보인다고. 그런 식으로 집 꾸리기가 들어갔지. (최순녀)

면담 대상자 지은영은 당시 "좋은 레자를 깔려고 하면" 그 시세가 "중국 돈으로 70원, 80원" 정도 되었다고 회상하였다. 윤지혜는 다음과 같이 "레자" 유행의 변천 과정을 이야기해 주었다.

멋있어 보이고 그런 거죠. 그때 2000년대 초반에 레자가 많이 나오고 초 시기에는 또 비쌌어요. 제가 살 때는 한 중반쯤 돼서 샀었는데 레자 값이 조금씩 떨어졌죠. 떨어지고 초 시기에는 두꺼운 레자가 나왔다가 막 제가 깔 때는 좀 얇아졌다가 나중엔 또 막 팔랑팔랑한 레자까지 막 나오고. 중국 상품이 대대적으로 들어왔죠. 그래서 그걸 그때 확 깔아버리고 뭐 또 거울사고 막 그랬죠. (중략) 그니까 왁 깔진 않고 그 한두 집에서 막 깔고 그게 정착되자 가격이 좀 떨어지고 이렇게 하면서 2002년도에는 그래도 좀 깔았죠. 사람들이 레자를. 조금 그래도 그래서 예전에는 막 장판에서 살다가 레자를 까니까 뭐 사람들이 건강에는 안 좋다. 온돌방이다. 근데 그게 새로운 그런 것은 문화잖아요. (윤지혜)

"레자 깔기"를 시작으로 북한주민의 집 꾸미기 활동은 TV받침대, 화장대, 전화기 등 가구와 가전제품을 구비하는 행위로 이어졌다. "5장 6기를 그쯘하게 갖추는" 꾸미기 행위의 내용이 점차 세밀해져 갔다는 것이 면담 대상자들 이야기였다.

이렇게 지금 TV 다이처럼 그렇게 된 경대가 예전에 나왔었는데 그 TV 다이가 없어지고 벽걸이 이렇게 딱 붙이는 그 거울이 또 큰 대거울이 나왔어요. 한 장짜리. 그게 또 유행이 된 거죠. 그게 또 유행이 됐다가 그 다음에 또 뭐 초상화가 그 세 인물에 대한 초상화가… 또 위인상으로 또 세 개짜리 한 칸에… 그게 또 바뀌고 그것도 유행이었어요.[38] 그니까 그

---

38 면담 대상자가 말하는 초상화나 세 인물이 나오는 위인상이라는 개념은 북한 내 모든 가정집과 건물 내부에 걸어놓아야 하는 김일성-김정일-김정숙 사진을 의미한다. 처음에는 김일성 사진만 걸어 놓았다가 시간이 지나면서 그 아들 김정일 사진

게 뭐 삼대장은 위인상이라 하고 또 막 나왔고 그니까 이게 막 단계가 발
전을 막 그냥 한 거죠. 그렇게 하다가 흑백TV가 쫙 됐다가 또 채색TV 됐
다가… 네 이렇게 많이… (허명숙)

털 위에다가 (양탄자). 그건 또 추색이 유행이고 전방에 놓으면 운치가
있으니까… 그러니까 들어가는데다가 입구에다가. 소파식으로 이렇게 놓
는 거 있잖아. 그리고 소파는 한때 유행이던데 어느 집에다 없이 소파는
놓고 침대 또 4센티 5센티 침대가 유행이고 가지각색 이지요. 중국 변화
에 따라서 변하는 거 같아요. (최순녀)

레자를 바꿔가고, 뭐 녹화기를 바꿔가고. 테레비를 바꿔가고, 그러면서
그게 집 꾸미는데 유행이 되었어요. (김옥별)

2000년 이후 북한주민 사이에서 크게 유행했던 품목 중 하나가 화장대라
고 답하는 면담 대상자가 많았다. 혼수를 장만하려 하거나 집안을 꾸밀 때
필수 집기에 화장대를 포함하는 양상으로 미뤄보아 꾸미기 행위의 주체가
여성이었기 때문에 이런 유행 현상이 나타날 수 있었던 것으로 연구진은 판
단했다. 거울이 달린 형태로 나와 "경대"라고 불렀던 화장대에 관해 면담 대
상자 지은영은 2000년대 초반에는 1990년대처럼 "3면 경대 들이는" 풍습이
유행했는데 시간이 지나면서 점차 커다란 "대판 경대 들여놓는" 쪽으로 유
행이 변했다고 설명해 주었다.

그 3면 경대가 지나갔어요. 다 지나가고, 뭘 놓는가 하면요? 그냥 경대
인데, 달걀형 아니면, 큰 거울로. (네모난). 대판 거울로. 그 대판 거울로
많이 놓고 그래요. 그리고 록화기 같은 거는, 이제는 다 들어가고… 녹화

이 같이 등장했고 점차 "백두산 3대장군"이라는 명칭 아래 김정일의 생모 김정숙
까지 세 사람의 얼굴을 한 장의 사진에 담아 걸어두는 추세가 생겼다는 것이 면담
대상자들 경험담이었다.

기는 다 들어가고… 제가 올 때만 해도 크게 유행이라는 것이, 대판 거울이 되었어요, 대판 거울이 유행이 되어 가지고, 그 대판 거울을 모두 다 걸었어요. 큰 거울을 집에다가 거는 것이 그게 유행이 되었어요. (김옥별)

2003년도 내가 ○○동에 가니까 ○○○가 그걸 하더라고 대판 경대를. 2004년도부터 본격적으로. 2002년에 내 친구네 집에 갔는데 대판 경대 났더라고. 저거. 야! 이거 얼마짜리야? 그랬더니. 아무 것도 없고. 3면 경대는 접어서 가운데 하나 있고 양쪽에 붙어 있는 거. (허명숙)

대판 경대는 "이만큼 커다란 거울"이 달렸고 3면 경대는 "면이 3개인 3면 경대"라고 최순녀가 말해 주었다. "3면 경대는 농촌에 가도 집집마다 다 있었는데 보통 3면 경대는 만들어서 팔았다" 는 것이 이들의 이야기였다. "출가 가는 딸에게 경대를 마련해 주는" 풍습이 있었는데 2002~2003년 무렵부터 "대판 거울을 마련해서 시집가는 처녀들이 나타나기" 시작했다고 허명숙이 부연설명 해주었다. 삼면 경대를 처음 집안에 들이기 시작하던 무렵에는 중국에서 밀수해 오는 경우가 많았으나 점차 북한주민 중에서 직접 삼면 경대를 만들어 파는 쪽으로 그 유행이 바뀌었다고 김진옥이 증언해 주었다. 유행이 처음 시작하던 무렵에는 중국산 물품을 들여왔지만 그 이후에는 북한 주민의 요구에 맞게 만들어 널리 유행을 꽃피운 것은 북한 기술자였다는 것이 이들의 의견이었다.

삼면 경대 보면 천장까지 높이가 다 차요. 처음에는 중국에서 들여왔는데 합판에 반짝반짝하는 장식을 붙였다가 좀 쓰다 보면 경대 틀이 뒤틀려요. 그런 걸 쓰다가 일 년 지나서 추세가 바뀌었죠. 아예 북한 기술자들이 통판이 이만큼씩 두꺼운 나무를 했어요. 개인 분무를 예쁘게 해 가지고 꽃도 놓고 발통도 예쁘게 이렇게 둥글게 만들고. 분무한다는 건 입으로 불어서 수를 놓는다는 건데 나무에 색깔도 넣고. 기계로 경대 틀도 바꾸는 거지요. 서랍도 목재가 통째로 두꺼운 거를 넣고 예쁘게 가공을 했죠. 훨씬 더 좋았어요. (김진옥)

면담 대상자 지은영은 집안에 들여놓는 가구의 유행이 처음 경대에서 시작했지만 점차 "벽장" 으로 흘러갔다고 말해주었다. 이 사람이 집안의 "자기 벽에다 만들어 놓는" 것이라고 설명한 "벽장" 개념은 결국 붙박이 가구를 뜻하는 것으로 보인다. 그리고 집안 꾸미기 행위는 점차 붙박이 가구뿐만 아니라 생활가전을 구입하는 양상도 나타났다고 했다.

2000년도부터는 정수기가 있고. 세탁기는 2000년도부터 웬만한 집에다 있었어요. 세탁기는 얼마 안 비쌌어요. 냉장고 살 때 세탁기는 절반 값으로 샀거든요. 세탁기가 냉장고 절반 값인데. 그 때 7,000원에 샀었거든요. 세탁기를⋯ (최순녀)

그런데 당시 북한에서 생활가전을 구입했던 면담 대상자들 모두 가전의 용도가 실제 사용을 하려고 사들인 것이 아니었다고 말해주었다. 가전제품의 성능이 뒤떨어지거나 전기 사정이 나빠 실제로 사용할 수 없는 경우에도 "집안을 그쯘하게 꾸며 놓는" 꾸미기 활동을 위해 사들이는 경우가 많았다고 이들은 말해 주었다.

근데 저는 출근하니까 집에서 빨래질 못하니깐 그래서 샀지. 별로 필요는 없었어요. 다 강에다가 두드리고 하지 (중략) 필요 없지. 우리 생활 수준에 무슨 세탁기야. 북한은 세탁기가 얼룩이 다 안지거든. (최순녀)

근데 냉장고 같은 거는 별로 인기가 없습니다. 뭐, 그렇게 장기적으로 먹을 그런 게 없잖아요. 일단은 저희 쪽은 춥잖아요. 그러니까 냉장고가 별로 필요 없죠. 밖에다 내 놓아도 다 얼거든요. (허명숙)

최순녀의 증언에 따르면 냉장고는 1990년대 당시에 이미 등장했다고 말해 주었다. 사실 "째포들은 80년대 무렵부터 냉장고를 집안에 갖고" 있었지만 북한 내 대부분의 주민들은 그 의미도 잘 모르는 시절이었다고 했다. 당시 북한 전역에서 냉장고에 보관할 만큼 음식이 남는다거나 음식을 냉장고에 보관할 필요가 있는 사람이 몇 명 없는 상황이었다. 냉장고라는 제품과 그 용도를 알게 된 것은 사사여행자가 늘어나고 이들이 중국을 드나들면서 알게 된 일이라고 그가 덧붙였다.

한편 1990년대 초반에 바닥에는 레자, 벽지는 종이에 그림 있는 걸 붙이면 아주 잘 사는 집이라고 했는데 2000년대 중반 즈음에 이르면 "일반 사람도 누구라 할 것 없이 레자 다 깔고 부엌 벽에는 타일 대고 집안에 티비나 냉장고는 다 가지고" 있었다는 것이 면담 대상자들 의견이었다. 이와 같이 변화의 진폭이 커지고 "많이 현대 맛이 나는" 방식으로 집안을 꾸미기 시작하던 시기는 2000년대 중반, 곧 2004년에서 2005년 사이로 기억하는 면담 대상자가 많았다. 지은영은 2005년을 기점으로 집 꾸미기 추세의 내용이 다음과 같이 변했다고 설명했다.

> 이게 추세거든요. 여기 기성소파라고 중국서 넘어 온 가죽 소파… 선풍기도 그렇게 큰 것도 놓고 작은 것도 놓고. 그리고 뒤에다가 대판 했잖아요. 크게 뒤에다가, 소파 위에다가 대판(거울)… 걸고. (지은영)

혼수는 집 꾸미기의 추세의 최신 유행을 보여주는 관행의 하나라는 점에서 북한사회의 변화를 파악하는 데 있어 큰 의미를 지닌다. 집 꾸미기 유행이 크게 일어나면서 혼수 관행에도 영향을 미쳤다. 과도한 혼수 관행은 자연히 결혼을 앞둔 여성과 그 집안에 커다란 부담으로 작용했던 것으로 나타난다.

일부 사람들 속에서는 아직 부분적이기는 하지만 결혼식에서 지난날의 낡은 유습을 답습하려는 현상이 나타나고 있다. 례하면 새살림 준비를 위한 자장과 례장의 갖춤을 어느 한쪽 켠에만 지나치게 부담시킨다든가 (중략) 여자집에서는 힘에 겨운 부담을 지면서까지 자장을 많이 마련하였다. 오죽하면《딸 셋이면 문을 열어놓고 산다》는 속담까지 생겨났겠는가. 그런데 이 낡은 풍습이 오늘까지도 남아있어서 일부 지방들서는 자장의 이름으로 여자편에서 새살림도구를 일십으로 갖추는 것은 물론 이부자리만 해도 여러 채씩 하고 있다. (「결혼식을 간소화 하여야 한다」, 『조선녀성』, 2005년 4호, 48쪽)

2000년 즈음부터 북한 전역에서 부유한 사람들 중심으로 소소한 문화의 변화가 나타났는데 점차 커다란 유행으로 번져나갔다. 집에 전화를 놓는 사람도 늘어났고 "인기가 되게 좋은" DVD기계를 구입하는 가구도 점차 증가했다. 이와 같은 문화는 빈부 격차가 확연히 드러나는 징표로 볼 수 있는 일이었다. "잘사는 사람은 더 잘사는데 못사는 사람은 더 못살아지는" 시절이 왔다고 면담 대상자 한 분이 말해 주었다. 재미있는 사실은 유행이라는 문화에 직접 참여한 사람은 그 행위를 실천하는 과정에서 소유욕이나 실질적 필요를 만족시키는 수준에서 욕구가 멈추지 않는다는 점이었다. 소비행위를 주도적으로 이끌어 본 사람은 누구나 자신이 가진 돈과 그 돈의 능력을 인식하는 계기를 경험하게 되었다고 한다. 돈의 힘이 사회적인 방식으로 나타나고 북한 전역의 주민들 스스로 그 힘을 목격하면서 재산이 많은 사람은 누구보다 앞서서 유행을 주도해 나가는 한편 더 적극적으로 돈을 벌려고 온갖 수단을 다 동원하는 풍조가 나타났다는 것이 면담 대상자들 의견이었다.

면담 대상자들 의견을 종합해보면 집 꾸미기 현상에 자신의 재력을 과시하려는 측면이 크게 작용하는 것으로 나타난다. 돈을 모아두거나 다른 곳에 투자하는 것이 아니라 필요 없는 비싼 물건을 사고 주거공간을 꾸미는 일에 과다하게 돈을 쏟아 붓는 현상이 나타났던 것이다. 그 이유가 무엇인지 면담 대상자 윤지혜가 다음과 같이 이야기해 주었다.

죽을 때를 겪으면서 사람들의 그 의식이 180도로 달라진 거죠. 그 전에는 직장에서 싹 다 배급을 줬어요. 거기다 농사를 조금해서 지으면 그냥 살았어요. 국가에 많이 의지해서 살았어요. 그랬다가 배급이 딱 끊기고 96년도부터 못살기 시작했으니까 와다다닥 사람이 죽으며 진짜 죽음의 과정을 거쳤잖아요. 그걸 거치면서 사람들의 의식이 이게 자본화 됐다는 거죠. 확 바뀌었죠. 사회주의로부터 자본주의로 이행됐다는 거죠. 그런데 한국 사람들하고 이게 조금 마인드가 틀립니다. 집이 작은데도 큰 TV, 냉장고, 다 가지고 내래는 어떻든지 간에 다 써서 그걸 합니다. 이게 뭐냐면 어렸을 때부터 이런 문화생활을 즐기지 못했잖아요. 한이 맺혔고 그 다음에는 여기 남한 사람들은 돈을 쓸 줄 알잖아요. 내가 어떻게 해서 나중에 이만큼 해가지고 나중에는 뭔가 이룰 것이다. 근데 이 북한 사람들은 지지리도 그냥 천박하게 이렇게 막 살다가 돈이 좀 생기고 하면 좀 사람답게 살아보고 싶은 이런 게 막 강하죠. 더 멋있는 거, 더 예쁜 거 막 쓰고 싶죠. 그러면 또 이렇게 좀 사고, 사고… (윤지혜)

3. 뛰는 단속 위에 나는 유행: 차림새

1) 한국 드라마 보고 연예인 옷 따라입기

앞서 살펴본 것처럼 1990년대 당시만 해도 북한에서 주민들이 기록영화에 등장하는 배우를 따라 옷차림을 갖추는 풍조가 유행했다. 그러나 이후에는 북한 내부가 아니라 북한 외부의 차림새가 추세로 자리 잡은 것으로 나타난다. 면담 대상자들 의견을 살펴보면 "씨디알"을 통해 한국 드라마를 접한 사례가 많아지면서 한국 연예인의 옷을 따라 입는 사례가 청년층에서 시작해서 조금씩 퍼져나가는 현상이 등장했다는 것이었다.

드라마를 보면서부터죠. 2000년도 초반부터는 젊은 애들은 한국식을 따라 하기 시작한 거죠. 가위가지고 바짓가랑이 찢어놓고… (허명희)

그러니까 2000년… 주로 한국에 대한 문화가 슬슬 들어오기 시작했죠. 애들이 그런 걸 한 번씩 접하면 다 따라하고 싶어 해요. 뭐, 예를 들어서 중국품 옷을 샀어요. 근데 상표 뜯어진 걸, 다 없는 걸 보면 이건 분명 한국 옷이겠다. 이러거든요? 상표가 없으면 이건 분명히 한국 옷이야. 이러거든요? 그냥 그, 그 유행에 맞게 뭐, 좀 입는 편이에요. 바지도 뭐 한때는 이렇게 일자, 뭐, 좀, 일자. 가서, 일부러 가서 수선을 하는 거죠. 이렇게 줄여주세요. (김향화)

그게 ○○○○ 장마당하고 ○○○○ 장마당이 이어져요. 그기는 가공 자체를 잘하고 비싼 옷들만 있다는데. 원단 자체가 내가 보낸 원단들이 예를 들어 옷이 해서 한 벌에 25만 원 이상이예요. 원단은 저렴한데… 근데 그게 다 한국식으로 많이 유행되고. 왜냐하면 (중략) 대학생인데 한국 노래를 어느 드라마에서 나온 노래를 모르는 게 없어요. (조향미)

북한에서도 원피스 많이 입고 샌들도 양말 안 신고. 그 전에는 양말 신었었어. 양말을 신으면 아 촌스러워 하고… 옛날에는 입술을 쎄게 바르고 다녔는데 지금은 핑크색을 많이 바르고 젊은 친구들은 핑크색을 진하게… 한국의 유행을 따라가는 것 같아요. (한은경)

면담 대상자들 이야기를 들어보면 "씨디가 많이 들어오면서 패션이 달라지고" 밝은 색상 옷에 대한 수요 또한 증가하는 현상이 나타난 것으로 보인다. 면담 대상자 중에서는 이런 추세가 나타나면서 북한 내 "원단 수공업이 발전하는" 현상이 나타났다고 평가하는 사람도 있었다.

중국분들이 그러던데…. 북한 사람들은 돈이 없다면서 왜 한국에 가면 제일 비싼 천을 제일 좋은 천을 그렇게 찾는가 하고 그러는데. 제가 평양에 올라가서 그런 원단을 보냈기 때문에 아 이런 원단들이 이런 스타일로 나오는구나 하는데… 이 수공업은 정말 잘 발전됐어요. 원단 색깔이 나쁘잖아요. 개인이 다 염색을 해요. 샘플 주면서 요 색깔을 맞춰 달라 그러면 딱 그 색깔로 맞춰주는 거예요. 항상 보면 밝은색 천을 많이 요구하거든요. (지은영)

그런가 하면 만경봉호가 대북제재로 북한에 진입하지 못하면서 일본 중고 제품이 끊겼다는 증언도 나타난다. 일본 제품이 끊긴 틈을 타서 중국제품이 들어오기 시작했다고 말해 주는 사람도 있었다. 다만 어떤 제품이라도 아직은 북한주민 사이에서 브랜드는 크게 중요하지 않고 유행을 결정하는 커다란 요소는 디자인이었다고 김철우가 말해주었다.

일본 제품은 2005년 이전에는 중고가 많이 왔어요. 대부분의 가정에서 한 두 벌씩 아끼는 그런 옷들이 있었는데 이후로는 일본 거 없어요. 중국 제품이 질도 많이 향상이 되었고 한국제품도 가끔 보고. 또 그 일본 배가 점차 끊기고. (중략) 대학교 가면 막 전국에서 모이잖아요. 유행을 선도한다는 게 결국은 중국 제품이거든요. 부모님 재력이죠. 브랜드에 대한 건 크게 인식이 없어서 나이키나 뭐 아디다스 이런 건 알겠지만. 브랜드보다는 디자인이죠. 다만 무난한 색에 디자인만 조금 튀는 거? 브랜드는 인지조자 못하고요. (김철우)

한편 장마당에서는 개인의 요구에 따라 맞춤형 옷을 만들어주는 시장도 나타났다는 것이 면담 대상자들 의견이었다. 다만 특별히 개인의 개성에 맞추어 옷을 만드는 사람은 많지 않고 사진이나 유행하는 스타일에 맞추어 주문하는 것이 추세였다고 이들은 말해 주었다. 주문자가 "사진을 가져가서" 옷 만드는 재단사에게 보여주고 만들어 입는 일도 나타나고 "이게 씨디알 어디서 나오는 스타일이라고 가만히 말하면" 그대로 염색해주는 "원단 수공업자"도 생겼다고 했다. 이들을 중심으로 중국 상인에게 원하는 스타일을 주문해서 원단을 들여오는 사업도 늘어났다고 말해 주는 면담 대상자도 있었다.

> 2000년대부터는 돈을 보내가지고 뭐 직물, 예를 들면 드라마에서 그때 2000년대부터는 드라마가 많이 나왔으니까 가령 예를 들면 풀하우스에서 송혜교 입은 볼레로 같은 저런 거를 부탁해라. 저것 좀 사가지고 오라 하면 중국 사람들이 그걸 딱 가지고 오고 이런 식으로… (지은영)

> 신랑 결혼식 옷 하는 것도 한국 드라마에서 나오는 옷을 해가지고…. 그 사진을 가져가서 뒤에 쭉 째인건데… 그래서 그 스타일이 어떤가 했더니 뒤에 재킷을 딱 째인 약간 마술사 같은 그 옷 있잖아요. (최순녀)

이 시기에 『조선녀성』 기사를 살펴보면 면담 대상자 최순녀가 들려준 것처럼 결혼식 예복 문화에 변화가 나타났다고 말해 주었다. 이렇게 결혼식 예복을 갖춰 있는 사람이 많지는 않았지만 그렇다고 해서 아주 극소수의 사례만 이런 풍습을 따랐던 것도 아니라는 느낌이 든다.

> 제국주의자들은 극도로 사치하고 허례허식으로 가득찬 생활을 결혼식과 같은 계기에 끊임없이 만들어내고있으며 그것을 현대적인 것으로, 류행인 것으로 묘사하면서 퍼뜨리고 있다. 우리 녀성들은 부르죠아 사상문화적침투책동이 출판물이나 방송을 통해서만 들어오는 것이 아니라 사회생활의 여러분야로 들어온다는 것을 명심하고 결혼식을 선군시대에 맞게 우리식으로 함으로써 고상하고 아름다운 사회주의적생활문화가 온 사회에 꽃펴나도록 해야 한다. (중략) 신랑, 신부의 옷차림과 몸단장을 아름답고 고상하게, 검소하게 해야 한다. 신부의 머리우에 요란스러운 꽃장식을 하거나 우리 민족옷이 아닌 차림을 하는 것은 우리 식이 아니다. 결혼

식 날 신랑, 신부의 꽃장식은 결혼식의 표시로 되기 때문에 아름다운 꽃을 한송이 정도 다는 것이 좋다. (중략) 신랑, 신부는 뜻깊은 결혼식날 먼저 어버이 수령님의 동상이나 경애하는 장군님의 영상을 우러러 꽃다발을 드리고 례식을 시작하며 (중략) 여러대의 차들을 끌어들이고 화려한 치장이나 하며 멋따기 놀음을 하거나 진탕치듯 식량을 랑비하는것은 부르죠아지들의 허례허식이다. (「사회주의적 생활양식을 철저히 세우자-결혼식을 사회주의적 생활양식에 맞게 우리 식으로 하자」, 『조선녀성』 2006년 7호, 50쪽)

인용문에서 볼 수 있는 것처럼 이 무렵부터 북한당국은 한국 드라마 보는 사람을 경계하고 적극적으로 단속하기 시작했다. 한국 드라마를 몰래 보다가 누군가 잡혀갔다는 흉흉한 소문이 돌아도 사람들은 그게 심한 처벌을 받을 정도로 그렇게 큰 죄는 아니라고 수군거리곤 했었다고 이들은 말한다. 한국 영화를 보다가 드물게 미국 영화도 시청하는 사람이 나타났는데 그 영상물을 "몰래 보면서" 느끼는 재미는 단속의 위험성을 능가하는 효과를 지니고 있었다고 했다. 알음알음 믿을만한 사람끼리 모여서 이런 유형의 영상을 보는 일이 일상의 재미였다는 것이었다.

한국 사람들이 하고 다닌다는 머리 삔을… 한때 티비로 방송까지 했댔는데요. 한국에는 이런 유행이 있어 가지고, 이거 무슨 뭐 사회적으로 문란 시키고 풍기문란하고 했다고 하면서. 사회적으로 어떻게 그런 것을 따라갈 수가 있는가… 저희도 그래가지고 한때는 그렇게 머리를 밑으로 약간씩 묶으면 단속 먹고 비판 먹고 그랬습니다. 그리고 우리 ○○에서 그냥 소문인데요. 한국 드라마 보고 한국말 따라한다고 교화 갔대요. 가서 죽어서 시체만 집에 오고… 그때 그렇게 간 아이들이 21살인지 22살인지 그렇게 되었는데. 그 소문을 돌격대에서 사람 많이 모인 집단에서 들었는데… 당연히 사람 모이게 되면 말이 많아지지 않습니까. 다들 그만한 게 한국말 따라한 게 그게 무슨 죄라고 그러느냐고 말했댔습니다.

저는 미국영화 007이라고 봤어요. 제가 보자고 해서 본 게 아니라 장사하던 집에 갔는데 그 사람들이 창문을 다 닫고 커텐 다 쳤는데 문을 안 걸었더라구요. 그래 가지고 딱 들어갔는데 놀라가지고. 제가 그 집에 자주 다니고, 믿을 만하니까 문 닫고 들어오라 해요. 그 때 당시에 그것이 얼마나 재미있던지, 차가 막 이렇게 넘어지고 막 난리가 아니면서… (백영미).

북중 국경지역에 거주하던 사람들 중에서는 일부러 보려고 하지 않아도 텔레비전에서 우연히 중국채널이 잡혀서 보게 되었다고 증언하는 사람도 있었다. 면담 대상자 한 사람은 중국과 인접한 지역에 거주하고 있었는데 어느 날 텔레비전에서 "중국 통로가 들어왔는데 배용준이 나오는 첫사랑 몇 개" 정도 봤다고 말해 주었다. 또 다른 면담 대상자는 다음과 같이 말해 주기도 했다.

자기네들이 CD를 회수했잖아요. 그거 다시 흘러 들어오죠. 저도 옥탑방 고양이 정다빈 씨 나오는 거 검찰소 사람한테 받아서 봤거든요. (지은영)

다 봐요. 보위부 집에 가서 같이 봐요. 야, 어느 영화 회수했는데 되게 재밌다. 이러면서 지네끼리 돌아봐요. (최순녀)

한국 드라마를 보기에 가장 안전한 곳은 역설적이게도 "보위부원 집안"이라고 말하는 사람이 많았다. 북한당국의 지시에 따라 한국 드라마 CD를 압수한 단속원은 자기네끼리 돌려보기도 하고 일부 압수한 드라마를 시장을 통해서 돈을 받고 빌려주거나 팔기도 하는 현상이 나타나기도 했다. 면담 대상자에게 한국 드라마를 접하기 시작한 시기를 물어보면 대부분 2000년대 초반에 처음 접했다고 기억을 들려주었다. 그리고 2002년에는 CD가 많이 유행해서 드라마뿐만 아니라 음악도 들었다고 대답해주었다.

사랑의 미로는 북한에 많이… 그리고 백만송이 장미도 북한에서 많이 들었어요. (조향미)

2002년도부터 많이 들었어요. 김 세레나. (지은영)

심수봉 노래는 음향이 많이 비슷하잖아. 그 사람이 부르는 노래 들으면 우리 노래… 그 사람 노래 들으면 북한 노래 듣는 것 같은 감정이 들어. 그리고 향토에 대한 애가 들어가면… 한국에 아니 올리는 뭐 조국… 조국이라는 말은 그 심수봉 노래 있잖아. 그립고 외롭고… 북한식이 많이 들어가지. (최순녀)

그러나 2000년 이전에도 이미 외부 문화를 경험한 사람도 있었는데 당시에는 별로 단속하는 일이 그렇게 많지 않았다고 했다. 2000년대 당시와 달리 단속이 일상적인 일은 아니었다는 증언이 이어졌다.

구십 몇 년도에 대학의 당비서랑 같이 또. 그 때는 또 한국 티비는 아니고. 인도 영환가? 인도영화를 많이 봤어요. 그 때는… (오은별)

97년도 때는 기계식 테이프 있잖아요. 그거를 많이 보고, 그 때 뭐 타이타닉도 보고, 2002년도부터는 CD가 많이 유행돼 가지고…. 그 때는 저희 동무들하고 단속을 그렇게 많이 안했으니깐 많이 봤죠. (지은영)

면담 대상자들 의견을 종합해보면 한국 드라마와 영화는 꾸미기 현상의 기폭제로 작용했다. 대다수 북한주민은 영상을 단순히 시청하는데 그치지 않았다. 그런 행위가 단속의 대상이라는 점을 잘 알면서도 위험을 무릅쓰고 영상자료를 찾아보고 자신이 본 행위를 그대로 모방하는 추세를 따라가는 사람이 점차 늘어났다. 그만큼 외부 문화가 새로웠고 북한주민 대다수에게 꾸미고 싶은 욕망이 강렬했다는 반증이라고 연구진은 판단했다. 북한당국이 지속적으로 단속과 규제를 가했지만 주민들의 선택은 달라지지 않았고 여전히 한국 드라마를 찾는 사람이 많아졌다.

수입의류를 뜻하는 "기성" 옷은 2000년 이후에도 여전히 고급스럽고 좋은 옷의 대명사로 자리를 잡았다. 한국의 드라마나 음악이 북한에 들어가면서 중국이나 한국의 구제품이 "중고 혹은 중고기성"라는 이름으로 북한 전역의 장마당에 등장하여 크게 유행을 이끌어 가기도 했다. 이 연구의 면담 대상 자가 말하는 "기성"이란 1990년대 당시에 이미 북한 내 장마당에 존재하던 "기성"과 같은 의미를 지니고 있었다. 다만 1990년대 기성은 주로 일본제 제 품을 의미했지만 2000년 이후에는 상대적으로 한국이나 중국에서 들여온 제 품을 지칭하는 경우가 많아졌다는 점에서 다소 차이가 있다고 하겠다.

> 수공업 바지에서 다음에는 기성바지… 더 예쁘잖아요. 손으로 이렇게
> 재봉을 해가지고 만든 것 보다 중국에서 생산된 딱 만들어 나오는 바지.
> 기성바지라면 다 중국에서 만들어가지고 들어온 거… 공장정품을 기성이
> 라고 하거든요. 예전에는 천을 가지고 양복지 가지고 만들어 입었어요.
> (윤지혜)

면담 대상자들 의견에 따르면 "기성정품이 제일 좋고, 그 다음에 중고기 성, 다음으로는 개인이 만든 옷" 순서로 품질이 좋다고 입을 모았다. 그런데 "중고기성" 제품도 처음에는 값이 저렴했는데 북한 내에서 크게 유행이 되 니까 값이 올라가서 나중에는 오히려 "어지간한 새 옷보다도 더 비싼" 가격 으로 거래가 되었다고 이들은 말했다.

> 중고라는 게 입다가 이제는 못 입겠다 그 물건들이 중국 물품이나 한
> 국 물품들이 따라 나오는 것들이 있어요. 한국 상품은 우리 중고를 파는
> 사람들은 팔 때는 상표를 다 뜯어요. (김옥별)

한국 제품이라고, 그리고 어떤 때는 중국 제품이라고 하고… 정품을 가지고 우리는 기성이라고 한단 말입니다. 옷을 볼 줄 아는 사람은 기성이라는 것을 알게 되면 멋지지 말입니다. 저 사람은 돈이 꽤나 있는가 보다. 기성이다 하게 되면 일반 동복을 100원에 산다고 하면 저 정품은 1000원 정도 10배 정도로 비쌉니다. 그런데 중고 옷은 가격이 저렴하면서도 이게 기성이니까… 한 때 그게 추세가 되어 가지고…. 국가에서 만든 거 없어요. 국가에서 원래 자체가 기계가 돌아가는 게 없어가지고 대개 개인이 다 손으로 만들어 가지고. 중고기성은 개인이 만든 옷보다 어떨 때는 더 쌀 때도 있어요. 확 유행이 되니까나 그게 값이 탁 올라가 가지고. 장마당에 일단 나오게 되면요, 그 사람들도 되거리를 해서 팔아야 하니까요. 이것 하나를 50원에 샀다면 그것을 100원내지 150원 정도를 붙인다 말입니다. 깎다가 싸움을 하고 그런 것도 있습니다. 가격을 깎는 건 얼마까지라는 한도가 없습니다. 일단은 깎아야지 말입니다. 부르는 대로 사는 게 머저리입니다. (백영미)

북한 내에서 한 번 유행이 일어나기 시작한 물품의 가격은 시간이 지나면서 점차 올라갔던 것으로 보인다. 가격 상승을 결정하는 주된 요인은 물품의 상태보다 북한 내에서 유행하는 품목이라는 사실 그 자체였다. 이런 현상은 북한 장마당이 "추세" 흐름에 상당히 민감하게 반응하고 있다는 것을 의미한다고 연구진은 판단했다. 또한 특정 상품에 가격을 지나치게 비싸게 책정하는 경우에는 물건을 구매하고자 하는 북한주민도 그런 사실을 분명히 인지하고 있는 것으로 나타난다. 터무니 없이 비싼 가격을 부르더라도 기꺼이 값을 주고 구입을 하는 행동에는 그만큼 이유가 있다는 것이 면담 대상자들 의견이었다. 이런 현상으로 미루어 북한 여성은 추세를 이끌어 나가면서 당국이 허용하는 범위 내에서 자신의 욕망을 표출하려고 적극적으로 행동하기도 하고 나름대로 관련 시장의 형성과 변화에 결정적인 영향을 미치는 핵심 주체로 떠오르기 시작했다고 이들은 주장한다.

2) 단속과 규제를 둘러싼 다양한 반응

아니나 다를까 북한당국은 영상물뿐만 아니라 새롭게 등장한 옷차림 또한 단속하기 시작했다. 몸매나 다리를 드러내는 옷은 물론 단속의 대상이었다. 반면 "치마저고리 비슷한 형태" 옷차림인 "조선옷"을 입으면 단속하지 않았다는 것이 면담 대상자들 증언이었다.

> 치마도 무릎 아래에서 두 손가락 그 사이에 입어야 되고… 흰 다리 보이면 안 되고… 그리고 옷도 딱 들러붙으면 윤곽이 드러난다고… 그저 대학생들은 치마, 저고리 봤죠? 선생님. 그 치마, 저고리 비슷한 형태를 따라가면 돼요. 그러면 단속이 없어. 풍습이 옛날부터…. (최순녀)

> 날라리 문화를 받아들인다고. 우리는 예의지국이라고. 옛날부터 조선 풍습을 따르라는 거죠. (지은영)

그런데 이 단속이라는 것이 정말 이해할 수 없는 방식으로 진행이 되었다고 주장하는 면담 대상자가 많았다. "정말 이상한 건 단속하지 않고 보기에 단정하고 예쁜 것, 인민들이 선호하는 것만 하지 말라고" 해서 이해가 되지 않는다는 것이 면담 대상자들 의견이었다. 경우에 따라서는 "당과 대중을 이탈시키려고" 하는 것이 아닌지 의구심이 들 정도로 단속의 기준은 납득이 가지 않았다고 이들은 주장했다.

> 지금도 ○○에 가면 엄청 단속해요. 여기서 말하면 레이스 치마 있잖아요. 레이스 치마 예쁜 거예요. 그 치마를 입고 가는데, 절 단속하는 거예요. 전 또 지방사람이잖아요. 그래서 그 치마 자체가 엄청 비싸거든요. '왜 이걸' 그니깐 보건대 예쁜 거는 다… 사람들이 다 좋아하고 선호하는 거는 다 하지 말라는 거예요. 참 이상한 건 사람들이 좋아하고 선호하는 건 다 하지 말라지. 우리가 보건데 '저건 제정신이야?' 이런 거는 단속 안

하는 거예요. 애들이 지금 일자바지다 하면, 일자바지 입지 말라. 고르뎅 바지가 추세다 그러면 또 고르뎅 바지 입지 말라… 하고 치마도 딱 보면 이 치마는 입어도 되는 거다 아닌 거다 그림이 다 나왔어요. 그래서 나는 직접 물어봤다… 이 치마 입지 말라고 하는데, 무엇 때문에 입지 말라고 하는 거냐. 그림을 좀 보자고. 내가 ○○사람이면 그렇게 빵빵 못하죠. 지방 사람이니깐 어디 추방 가더라도 집이지 뭐 어쩌겠는데. 그니깐 이 사람들도 말을 못하는 거예요. 자기들 보건대도 예쁜데 무엇인가… 이 치마가 무엇인가 했더니, 안에 속치마가 나오게 입었다고. 그러니까 안에 레이스가 팔락팔락하니깐, 왜 '속치마가 나오게 입는가' 막 말문이 막히죠. 거기서 더 논쟁이 필요 없는 거니깐, 내가 직접 물어봤어요. ' 이거는 물어봐라. 이 사진 찍어서 당기관에 입지 말라는 치마라 하면, 내가 이 자리에서 벗고서 빤츠 바람에 가겠으니 물어보라고.' 그 사람도 뭐라고 말하겠어요. 그래서 그 때 생각하건대, 정말 제가 보기에도 단정하고 괜찮은 치마인데, 인민들이 선호하는 거는 다 하지 말라는 거구나. 이런 생각 들고 당과 대중을 이탈 시키려고 이러지 않나. 이런 생각도 드는 거예요. 좋다는 건 다 하지 말라는 거예요. 그냥 입고 버젓이 다녔죠. ○○ 시 내에 가도 다 '이 치마 어디서 샀나.' 그런 거 물어보는데… (지은영)

면담 대상자 지은영의 이야기를 들어보면 북한당국이 내용과 상관없이 '유행' 자체를 단속하는 것이 아닌가 하는 생각이 들기도 한다. 2000년대 중반에 접어들면 북한의 공간문헌에서도 상세한 품목별로 단속의 언설이 나타난다. 화장, 머리단장, 결혼, 옷차림 등 항목별로 추세를 따르지 말라거나 허례허식을 경계하라는 내용이 등장하기도 한다.

겨울철 옷차림을 잘하고 다니는데서 중요한 것은 지나치게 길게 내리덮은 코트나 불필요한 장식이 많은 옷을 입고 다니지 말아야 한다. 특히 추세라고 하면서 지나치게 딱 달라붙은 옷을 입고 다니는 현상은 다 민족성을 지키지 못하고 사회적 풍조를 흐리게 하는 그릇된 현상들이다. 이와는 반대로 얼굴이 보이지 않을 정도로 모자를 푹 눌러쓰고 목도리를 볼품없이 둘둘 말고 다니는 등 우리 인민의 정서에 맞지 않는 옷차림을 하지 말아야 한다. (중략) 지금 일부 사람들은 다른 나라의 옷차림을 덮어놓고 본따려는데 그중에는 우리 인민의 고상한 감정과 풍습에 맞지 않는 퇴폐적이고 변태적인 자본주의사회의 옷차림 형태들도 있으며 우리 사회의 건전한 풍조를 흐리게 하는 요소들도 있다. (「사회주의적 생활양식을 철저히 세우자 - 겨울철옷차림을 선군시대의 요구에 맞게」, 『조선녀성』 2006년 12호, 44쪽)

지금 일부 사람들속에서는 아직도 관혼상제를 크게 하면서 숱한 사람들을 청해놓고 봄내, 여름내 애써가꿔 거둔 낟알을 수많이 랑비하고있으며 술풍을 조장시키면서 먹자판을 벌리고 있다. 이런 현상들은 모두 남들한테 위세를 뽐내고 체면을 차리려는 낡은 사회의 생활관습으로서 아무런 의미도 없는 허례허식에 지나지 않는다. (중략) 결혼식날 신부의 머리우에 요란스러운 꽃장식을 하거나 우리 민족옷이 아닌 차림을 하는 것도 우리 식이 아니다. (「사회주의적 생활양식을 철저히 세우자-선군시대의 요구에 맞게 관혼상제를 간소하게 하자」, 『조선녀성』 2007년 4호, 54쪽)

한편 비교적 보수적 성향을 지녔거나 연령대가 높은 구성원이 많은 집단에서는 유행을 둘러싸고 갈등이 빚어지는 현상이 나타났다고 면담 대상자 다수가 말해 주었다. 유행을 선택해서 열심히 따라가려는 사람과 유행을 못마땅하게 여기는 사람 사이에 집단적 갈등이 발생한다는 것이었다. 면담 대상자의 이야기를 정리해 보면 다음과 같다.

똑바로 교육하라고 그래서 갑자기 비상소집이 생겨 가지고 걔를 앞에 세우고 나머지 교원들은 막 비판하는 거예요. 자본주의 날라리 문화를 교원이 그러면 되냐고 막 울고 막… 못 하죠. 저희는 박쥐옷, 조금 더 올라간 그런 옷을 선생이 입었다고 욕먹었어요. 설명할 때 이게 보인다고 해서. 그런 제한 많이 받았어요. (김향화)

(치마 길이가 무릎을 덮어야 한다는) 방침은 없는데. 나이 많은 아바이들이 젊은 애들 이상하다고 하면 또 선풍이 부는 거예요. (지은영)

그. 나이 많은 선생들이 문제예요. 자꾸 젊은 애들을 욕하거든요. 젊은 선생이 문제라고 문제를 발생시키고… (조향미)

일부 특수한 직업에 종사하는 경우 "본보기니까 더했다" 하는 것이 면담 대상자 최순녀의 전언이었다. 『로동신문』 지면을 살펴보면 한국 연예인 옷을 따라 입는 것이 크게 유행했던 2000년대 후반까지도 북한당국이 교원을 대상으로 전통옷을 입으라고 강조하는 현상이 나타났던 것을 알 수 있다.

우리 녀성들의 옷차림 하나, 행동 하나, 말 한마디도 후대들에게는 더없이 중요한 생활의 《교과서》로 될 것이 아닌가. 우리에게는 외유내강한 『조선녀성』의 기질과 정신이 한껏 풍겨오는 조선옷을 단정히 입고 교단에 선 그들의 모습이 더없이 미덥게 안겨왔다. (「돋보이는 교원들의 옷차림, 철원군 립석중학교에서」, 『로동신문』 2007년 8월 27일)

"그렇게 비판 무대 내세워서 사람들이 비판하면 그게 되게 창피해서" 한동안 괴로움을 겪었다는 면담 대상자가 있었다. 이 사람은 비판무대에 서는 일 자체가 "처녀들이니깐 되게 창피한" 일이라고 반복해서 강조하였다. 북한에서 비판무대에 한 번 섰다는 일이 '그럴 수도 있지 뭐' 하고 넘어갈 수 있는 수준이 아니라고 이들은 강조했다. 특히 결혼을 하지 않은 미혼여성이라면[39] 비판무대에 서는 것 자체가 더욱 심각한 일이라고 모든 면담 대상자가

---

39 연구진은 의도적으로 미혼남성의 경우에도 옷차림이나 머리 모양 등으로 단속을 당하고 비판무대에 서는 것이 똑같이 치명적으로 창피한 일인지 질문해 보았다. 이런 질문에 대해 면담 대상자들 의견은 그렇지 않다는 것이었다. "좀 타격이 있기는 하지만" 그렇다고 해서 결혼을 하지 않은 여성의 경우와 같이 "창피해서 얼굴을 들고 다니지 못하는" 정도는 아니라고 했다.

의견을 모았다. 북한당국이 유행을 단속한 방법이 비판무대에 잠깐 서서 비난을 받는 것 그 이상의 과정을 만들어 놓았기 때문이다.

> 승인할 때까지 비판서도 써야하고… 다 승인해요. 잘못했다고… 다신 안하겠다고… 반박한다고 해서 이길 수 없으니까요. (허명숙)

한편 일부 면담 대상자의 의식 속에는 유행을 갈망하는 마음과 함께 "단속할 건 단속해야한다" 하는 관점도 동시에 존재하는 것으로 나타나 연구진에게 재미있는 관찰 지점을 제공해 주었다. 유행은 한낱 "풀어놓으면 사정 없는 아이들" 행위양식이기 때문에 "어른들" 규제가 일부 필요하다는 것이 이들의 주장이었다.

> 사회적으로 똑같애. 젊은 애들이 치마를 짧게 입으면 지나가는 할아버지 보고 지금 아이들 교육을 어떻게 하는가 하고… 차라리 벌거벗겨 다니라고… 막 이렇게 말하거든요. 그러면 당적으로 통제하고 이러죠. 어른들의 말은 들은 건 맞아요. 아이들은 풀어놓으면 사정이 끝이 없잖아. 솔직히 말해 단속할 건 단속해야지. (최순녀)

3) 바지입기: 장구한 충돌의 역사, 여성의 승리

앞서 1990년대 상황을 다루며 북한당국이 여성에게 바지를 입지 말라고 요구해 왔던 일이 있다는 사실을 살펴보았다. 면담 대상자 중에서는 2000년대 당시에도 북한당국이 여성의 바지착용을 단속했다고 말해주는 사람이 많았다. 김일성이 사망한 7월을 의미하는 "공식애도기간" 동안에는 물론 외부에서 다른 지역 사람이 일손을 돕기 위해 농촌을 방문하는 봄철에도 여성이 바지 입는 것을 단속하는 일이 자주 있었다고 면담 대상자 백영미가 말해주었다.

봄철에, 가을철에 농번에, 다른데서나 다른 도에서 와가지고 모내기 하고, 그리고 강냉이도 옥수수도 심고 하다나니까. …그 농촌지원을 나오니까 그런데 우리도 이미지가 깎이지 않습니까. 여자들이 바지를 다 입고 다니…, 그리고 농촌지원시기에는, 여맹원은 여맹원대로 단속을 하고, 청년동맹은 청년동맹대로 단속을 하는데요. 치마입어도 단속할 때가 있습니다. (백영미)

북한당국이 단속하는 것이 강력해진다고 해서 일상생활을 영위하던 여성들이 그런 요구를 크게 수용한 것은 아니었다. 김옥별은 여자 옷 중에서 바지가 가장 유행에 민감했다고 언급했다. 1990년대 나팔바지, 홍영자 바지에 이어 2000년대에는 일자바지, 재질에 따라 바지 유행이 달라졌다는 증언 또한 등장했다.

여자바지를 일자바지라고 할 때에는… 여자바지도 일자바지를 직선바지라고 하는데, 여자 바지를 일자바지로 할 때에는, 요 밑을 살짝 요렇게 해서 일자처럼… 밑을 좍 이렇게 직선으로 내려오다가 밑에서 좍 이렇게 벌려 주고, 나팔바지라 할 때는 위에서부터 좍 내려오다가 여기서부터 갔다가 이렇게 밑에 한 이쯤에서 딱 벌려지니까 이래 가지고, 일자바지는 이렇게 내려 가다가 끝에 가서 살짝 벌어져. 나팔바지는 위에서 좍 붙어 내려오다가 끝에 가서 살짝 벌어져가지고… (백영미)

학교 때도 여자애들 바지 입었어요. 반짝지 바지, 사지 바지, 돌모사 바지. 처음에는 반짝반짝한 반짝지가 나왔어요. 검은색인데 주름이 많이 가요. 앉았다가 일어나면 잘 구겨져요. 그 다음에 2000년쯤 사지바지. 사지라고 겉면이 반들반들해요. 반짝지가 약간 거칠다면 사지는 좀 부드러운 형태… 반짝지보다는 구김이 덜 했는데… 3년쯤 지나서 돌모사라고 두껍고, 겉면이 반들반들하고 구김이 없어요. 겨울 바지 형태라고 말을 해야 될 것 같아요. 따뜻하지는 않은데 주름을 세우면 좍 서요. (김진옥)

애들하고 시 사로청 애들이 자꾸 마찰이 생겨요. 치마를 입으라는 건데. 나팔바지든 일자바지든 바지를 못 입게 하는데 특히 또 일자바지는 입지 말라고 해요. 아이들 학교, 유치원 다닐 때 고르덴 바지 입지 말라. 꽃 바지 입지 말라. 이런 게 다 있거든요. 우단 바지를 입지 말라. 이렇게 다 와요. 선생님들 자체가 입혀 보내지 말라고… (지은영)

그런데 북한당국이 주민에게 유행하는 옷을 입지 못하도록 하면서 그 이유는 말해주지 않는 경우가 많았다는 것이 면담 대상자들 의견이었다. 단속을 할 때마다 북한당국은 대체로 그 명분을 "부르조아 날라리 풍" 정도로 말할 뿐 상세한 설명은 하지 않았다고 대다수 면담 대상자가 주장하였다.

다른 나라 풍기가… 무슨 날라리 같다고…. 날라리 풍. 날라리 풍에 젖지 말라. 근데 그러니까 다른 나라에서 그러니까 외국문화니까 우리에 맞지 않다. 우리 문화에는 맞지 않다. 뭐 입으라는 게 그기지. 우리 조선 저고리… (최순녀)

무슨 그리 설명이란 게 없어요. 그저 입고 오지 말라고. 눈 감고 아웅 한다니까. (지은영)

면담 대상자의 경험과 관련하여 북한당국이 2000년대에 발행한 『조선녀성』지면을 찾아보면 특정 옷차림을 규제하는 북한당국의 언설이 등장한다. 처음에는 조선옷을 입되 추세를 따르지 말라고 하다가 점차 바지, 짧은 치마, 무늬가 화려한 옷, 몸매가 드러나는 옷을 입지 말라고 구체적인 품목을 금지하는 방식으로 『조선녀성』 기사의 내용이 변화하는 현상을 볼 수 있다.

정말이지 조선옷은 우리 녀성들의 몸에 잘어울릴뿐아니라 얼굴과 목이 약간 보이고 손이 가볍게 보이며 몸전체가 옷으로 가리워지게 되어 소박하고 외유내강한 우리 녀성들의 성격상 특성을 잘 반영해주고 있습니다. (중략) 그런데 극히 일부 녀성들속에서는 제 나라, 제 땅에서 숨쉬고 살면서도 아름답고 우아하며 조선녀성들의 몸에 꼭 어울리는 조선옷을 입지 않고 우리식이 아닌 남의 식으로 입고 다니고 있습니다. 어떤 녀성들은 추세를 따른다고 하면서 어색하고 보기 흉한 옷차림을 하고 거리에 나섬으로써 사람들의 손가락질을 받고 있으니 이 얼마나 수치스러운 일입니까. 그리고 어떤 녀성들은 자식들이 옷을 별다르게 입고 다니는 것을 보면서도 전혀 관심을 두지 않고 새것에 민감하니 그러겠거니 하며 스쳐 보내고 있습니다. (중략) 제국주의자들이 썩어빠진 부르죠아문화를 집요하게 류포시키고 있는 조건에서 민족성을 고수하고 나라와 민족의 자주성을 지키는데서 매우 중요한 문제로 나섭니다. 여기서 우리 어머니들의 임무가 매우 중요합니다. 우리 어머니들은 언제나 자식들이 보고 본을 따는 생활의 《거울》입니다. 그러므로 우리 녀성들은 옷차림문제에 깊은 관심을 돌려 자신들부터가 우리식의 조선치마저고리를 즐겨입고다니며 우리 민족의 우수한 전통을 고수하고 더욱 빛내여나가야 합니다. 뿐만아니라 남의 식, 남의 풍을 반대하여 강하게 투쟁하며 새 세대들이 어릴 때부터 우리 식, 우리의것을 사랑하고 귀중히 여기며 선군시대를 더욱 빛내여나가도록 합시다. (「사회주의적 생활양식을 철저히 세우자-옷차림을 우리식대로 하자」, 『조선녀성』 2004년 12호, 50쪽)

최근 미제국주의자들이 우리 내부에 썩어빠진 부르죠아 생활양식을 퍼뜨리기 위해 악랄하게 책동하고 있는 조건에서 사회생활의 모든 분야에서 주체성과 민족성을 적극 살려나가는 것은 매우 중요한 문제로 나선다. (중략) 녀성들은 자신뿐 아니라 가정의 모든 성원들이 계절에 맞는 옷을 언제나 깨끗하게 손질하여 입고 같은 옷을 입어도 맵시 있게, 단정하게 입고 다니도록 하여야 한다. (중략) 얼럭덜럭한 옷과 특히 녀성들이 바지를 입고 다니는 것은 우리 식이 아니다. 우리 식이 아닌 이색적인 옷차림은 우리의 민족적 정서를 흐리게 하고 사회의 건전하고 혁명적인 분위기를 좀먹게 한다. 우리 식이 아닌 옷차림을 넘겨다보거나 본딸것이 아니라 철저히 배격하여야 한다. (「사회주의적 생활양식을 철저히 세우자-우리식의 옷차림을 적극 살려나가자」, 『조선녀성』 2005년 9호, 36쪽)

추세라고 하여 지나치게 몸에 꼭 달라붙는 샤쯔나 치마는 우리의 생활양식에 맞지 않으며 조잡하고 얼룩덜룩한 무늬가 새겨진 옷은 고상하지 못하다. (「사회주의적 생활양식을 철저히 세우자 - 여름철옷차림을 다양하게 하자」, 『조선녀성』 2006년 6호, 44쪽)

면담 대상자 지은영이 지적한대로 북한당국은 추세에 따른 옷차림이 왜 흉하다는 것인지 제대로 설명해주지 않는다. "우리의 생활양식, 맵시" 같은 개념이 구체적으로 어떤 형태를 말하는 것인지 설명하는 일도 없었다고 했다. 주민이 이해할 수 없는 규제를 지속하다보니 단속의 효과는 미미한 것이 당연한 결과인지도 모른다. 물론 북한당국이 금지하고 단속한다고 해서 유행이 사라지거나 추세를 따르는 현상이 잦아드는 건 아니었다. 그 반면에 유행하는 바지를 입고 길에 나온 여성이 규찰대를 만나면 적당히 피하거나 뇌물을 주면서 단속에 적당히 대응하는 흐름이 나타나기 시작했다.

플랑플랑한 바지를 입다가… 꽃바지 그러니까 농촌 어르신들이 입는 펑퍼짐한 다리통 이렇게 몸빼바지 형식처럼 이런 바지를 입고 그 다음에 타이트한 바지를 입어요. 색상도 틀렸다가 재질도 달라졌다가 짝짝이 또 입었다가…. 바지에 꽃이 달려있고 장식 있는 것도 입고… 그럼 나올 때마다 통제를 또 하죠. (윤지혜)

그런데 그 사람들이 맹하게 우리를 붙들어놓고 있어도 필요 없지 않습니까… 고양이(담배). 2갑을 해서 딱 싸 가지고. 그 때는 선생님이라고 안하고 청년동맹 비서님이라고 하고… 어쩌겠습니까? 저희가 돈이 없어가지고 이렇게 되었는데. 이 담배 피우십시오 하고 나온 적이 있습니다. 항상 명찰을 메고 다니는 것도 아니니 가짜 이름을 대고 나옵니다. 신분증 보자고 그러기는 하는데 있어도 최대한 안 내 놓고 신분증 같은 것은 가지고 안 다닙니다. 없으면 단속 걸려도 내가 그냥 나올 수도 있는데 신분증이 그 사람들한테 단속되면 뭔가를 바쳐야 하니까. 최대한 신분증을 안 가지고 다니죠. 제가 장사하면서도 최대한 신분증을 안가지고 다니는데요. 이렇게 담배 막대기를 한 막대기 줬는데 아 그만하면 되겠는데 했는데 안 줘요. 그래서 짜증나서 안주면 그냥 올까 하다가 그래도 공민증 찾아야지 하고서 또 한 막대기 싸갔습니다. 그랬더니 또 줍니다. (백영미)

딱 달라붙는 옷을 입거나 바지를 입은 여성도 여맹 규찰대의 단속 대상이 된다. 특히 지방에서 대다수 여성이 일상생활에서 바지를 입지 않았어도 "이런저런 사유로 말씀(방침)에 걸리기 때문에" 단속당하는 일이 빈번하다고 했다. 자연히 주민들이 단속에 대처하는 양상은 점차 다양해져 갔다. 그래도 대체로 뇌물을 "고여야 할 때" 제일 많이 사용하는 방식은 "그저 고양이 담배 한 막대기 주는" 일이라고 김진옥이 말해주었다. 단속에 대처하는 다양한 양상에 대해 면담 대상자 다수가 말해주었다.

행사가 있으면 치마를 가지고 갔다가 행사가 있을 그 시간만큼만 치마를 바꿔 입어요. 바꿔 입고 그리고 행사가 끝나면 치마를 바지로 바꿔 입고 그리고 와요. 사회직장 다녀도 그냥 바지를 입어요. 걸리면 아줌마들은 그냥 뭐 찔라깨질 하니까… 찔라깨질은 막 붙어서 애를 먹이는 거지요. 그러면 어쩔 수 없이 귀찮아 가지고 보내거든요. 김정일이 말씀이 딱 떨어져서부터는 치마를 몽땅 거리에 여자들이 다 입고 다녔어요. 텔레비전에 평양이 나오게 되면 바지를 입는 사람은 별로 없었어요. 그거는 평양의 모습이고 거기는 수도기 때문에 그리고 거기 사람들은 특히나 말씀이 떨어져 있기 때문에 그렇게 할 수 밖에는 없거든요. 안 그러면 말씀을 해서 막 걸고 그러거든요. 지방에서는 치마를 안 입어도 별로 뭐 그렇게 신경을 안 쓰고 규찰대는 뭐 말씀이 떨어져 있으니까 어쩔 수 없이 그냥 관찰하자고 하니까 그렇게 하는 척 해요. 그러다가 어느 정도 하는 척 하다가 그게 쓱 들어가요. 그게 그래도 한 한 달 정도는 해요. 그 다음엔 괜찮아요. 그 다음엔 쭉 그대로 그저 바지를 입고 다니고…그래서 우리 는 규찰대가 딱 서면 아 저게 또 몇 날 며칠을 가고 언제까지 저러겠는 가… 아 빨리 지나가야겠는데 그래요. 어떨 때는 길게 봐서 한 달이에요. 일주일 보름 일주일 열흘 이렇게 해요. 그러다가 쑥 들어가요. 그러다가 위에서 또 이렇게 또 뭐라고 말하게 되면 아래서 또 이렇게 집행하는 척 하고 당에서 이렇게 규찰대를 내 보내고 해요. 신경 안 써요. 그 시기만 딱 넘어가면 또 괜찮아져요. 단속 걸리면 딱 방침을 걸고 넘어져요 그러 면 우리는 잘못했다고 하고 다음부터는 치마를 입고 다니겠으니까 제발 한 번만 용서해주라고 하면 다 나와요. 그래요. (김옥별)

한때는 이제처럼 일자바지가 나왔지 않습니까? 그게 유행이 되어 가지 고, 바지소리 하니까 일자바지가 딱 생각이 나 가지고, 유행이 되어 가지 고 그 바지를 입고 딱 가는데, 제가 아는 우리 친구인데요. 가도 뒤에서 가기를 잘했지 말입니다. 걔가 앞으로 딱 가다가 딱 단속을 먹었는데… 그 자리에서 가위로 바지를 쫙 째고… 그래서 제가 그것을 보고서 거기 서 제까닥 숨었지 말입니다. 그래 가지고서 항상 어느 순간에도 몰라서 치마를 가지고 다녀요. 읍에 간다고 할 때는, 제가 농촌에서 살 때인데, 농촌에서 살 때는 일없었는데, 읍에 장 보러 갈 때면 치마 같은 것을 들 고 다니는데, 그래서 가다가 치마를 갈아입거나, 딱 걸리면 담배 한 갑 사다가 주고 그래야 합니다. 그렇지 않으면 거기서 벌서고 비판서 쓰고, 뭐 그거 하느라고 청년동맹까지 들어가느라고 하면 그날 하루는 일 못 봅니다. 여기 앉아서 비판서 쓰라고 그리고 다섯 시에 가라는 겁니다. (백영미)

여성의 바지착용을 단속해도 아무런 소용도 없다는 사실을 북한당국도 알았던 것일까? 상황이 이렇다 보니 2000년대 후반부터 북한당국의 태도에 변화의 조짐이 나타났다. 여성의 바지착용을 전면적으로 금지하는 강경책 에서 살짝 방향을 바꾸었다. 기본적으로 여성의 바지착용을 허용하되 "단정하게" 입을 것을 주문하는 방식으로 기준을 완화하는 태도를 보이기 시작했던 것이다. 이런 흐름에 따라 공식 문헌에 북한당국이 바람직하게 여기는 여성의 바지차림 사진을 게재하는 사례도 나타난다. 『조선녀성』 2007년 11호 30쪽을 살펴보면 다음과 같이 여성이 바지를 입을 때 기준으로 삼을 수 있는 '추천 옷차림' 사진이 등장하였다. 그리고 드디어 2009년 여름이 되면 여성이 바지를 입고 다니는 것을 제한적으로 허용하는 글이 『로동신문』 지면에 나타나기도 한다.

> 녀성들의 단정한 바지나 남자들의 T샤쯔도 옷차림 문화를 보다 다양하게 발전시켜나가는데서 중요한 몫을 차지한다. 녀성들이 바지를 입고다니는 경우 천한 색으로 보기싫게 해입고 다니지 말아야 하며 현대적 미감에 맞게 고운 천으로 보기 좋게 만들어 입는 것이 좋다. 녀성들의 바지는 그 형태에서 우리 녀성들의 몸매에 맞아야 한다. 아래몸에 꼭 달라붙고 끼우는 바지, 아랫단이 넓은 나팔바지는 우리 식이 아니며 우리 녀성들의 몸매에도 어울리지 않을뿐아니라 건강과 위생학적 견지에서도 좋지 않다. 진바지나 치마형식의 바지는 고상함과 아름다움을 추구하는 우리 녀성들의 미감에 더욱 어울리지 않는다. 녀성들의 바지색갈은 어두운것보다도 계절과 나이에 어울리는 밝으면서도 고운 색깔을 택하는 것이 좋다. 이밖에 바지기슭을 걷어올리는 것, 허리부위가 꼭 조여지지 않고 아래로 처지는 것, 허리단을 귀접어놓는 것 역시 아름다운 우리 녀성들의 외모와 우리 사회의 건전한 생활풍조에 맞지 않는다. (「옷차림을 편리하고 보기 좋게」, 『로동신문』 2009년 8월 9일)

오랫동안 북한당국은 여성에게 바지를 입지 말고 "추세"를 따르지 말 것을 강요하며 "조선옷" 입는 행위를 권장해 왔다. 그러나 장마당과 집을 오가며 열심히 일해야 했던 여성에게 바지착용을 금지한다는 것은 매우 불편한 일이었다. 따라서 끊임없이 단속반이 등장했지만 오히려 바지착용을 금지

[그림 3-2-1] 『조선녀성』 2007년 11호 30쪽에 나타난 옷차림 사진(1)

[그림 3-2-2] 『조선녀성』 2007년 11호 30쪽에 나타난 옷차림 사진(2)

"북조선 여성", 장마당 뷰티로 잠자던 욕망을 분출하다!

하면서 단속할 때 그 단속을 무력화하려는 여성의 협상력도 나날이 발전하는 양상을 보인다. 대다수 여성은 "편한 옷이나 예쁜 옷" 입기를 주저하지 않았다. 자기 몸과 취향, 유행에 맞춰 옷을 변형해 입는 여성도 나날이 늘어났다. 편의성과 아름다움을 추구하는 욕구를 읽어낸 북한의 상인 집단은 시장에서 다양한 바지를 팔면서 새로운 유행을 만들어 내기도 했다. 바지착용을 둘러싼 북한당국과 여성 사이의 힘겨루기 양상도 어느 순간 슬그머니 그 자취를 감추는 것 같았다. 장구한 시간 동안 밀고 당기던 역사의 결말은 북한당국이 아니라 바지착용을 고집해 온 여성의 승리로 끝났다고 할 수 있겠다. 그동안 바지입기를 금하고 치마를 입으라고 강조하던 북한당국의 "방침"이 2000년대 후반부터 조용히 사라졌기 때문이다.

4) 중국산 신발과 장신구 착용하기

(1) 신발

2000년대 유행을 회고하며 면담 대상자는 대부분 신발을 자주 언급하였다. 특히 북한에서 "소보"라고 하거나 "소보 신발"이라고 부르던 신발이 크게 유행했다고 했다. "소보 신발"은 한국에서 연세 드신 분들이 신는 "어르신 신발" 모양과 비슷하게 생겼다고 이들은 말한다. 면담 대상자 한 분은 북한에 있을 때 "자동차 신발"로 부르기도 하는데 "앞에 자동차 모양이 있고 미색 색깔 나는 신발" 찾는 사람이 많았다고 말해 주었다.

> 그게 얼마나 붐이 됐는지 몰라요. 여기 와보니까 그 나이 드신 어르신들이 그 소보 신발을 신더라고요. 지금 이마트 가면 있어요. 똑같은 게 있어요. 뒤축이 따로 없이 미미작 같이 올라갔단 말이예요. 뒤축이 뾰족하게 안 나타나고 밑바닥은 불편한데 전체적으로 올라가고 푹신푹신한…
> (최순녀)

40대 50대 편안하게 뒤축 없이 편안한 소보… 천처럼 생긴 구두…. 그게 신통하게 똑같은 신발이 대한민국에 있더라고요. (최순녀)

처음에 저희가 살 때도 밑에 신발 자체에 미리 코리아라고 박혀 있어요. 저기 살 때도…. 그게 정품 있고, 제일 처음에 살 때는 돈 많은 사람들이… 제가 미색 소보를 살 때에는… 지금도 순천에서 나는 신발공장에서 소보 나와요. 지금도 그게 유행이예요. (지은영)

이 "소보 신발"은 "엄청 질겨서" 튼튼하면서도 "가오는 또 안 질겼다" 하는 것이 면담 대상자들 이야기였다. 겉으로 보기에는 부드러워 보이는데 신어보면 내구성이 좋았기 때문에 "대학생 애들도 돈 있는 애들은 그 미색 소보를 신고 다녀서 한창 유행했다는" 것이 이들의 주장이었다. 이 신발의 품질이나 높은 가격, 신발 밑창에서 "코리아" 글자를 목격했다는 증언을 고려할 때 북한 내부 생산품이라기보다는 중국산이나 한국산 물품이 북한 내부로 흘러들어간 것이었을 가능성이 높다고 생각한다. 면담 대상자 김옥별은 자신이 북한에서 살 때 중국산 신발을 구입해서 신고 다녔던 경험을 들려주었다.

중국신발을 몽신이라고 나오는데 운동화 비슷하게 그렇게 앞이 높거든요, 테가 이만큼, 이렇게 되고… 그게 되게 편하더라구요. 신발굽이 너른 상태에서 5센티, 3센티 이렇게 나왔거든요. 구두예요. 조금 더 여유가 생기니까 몽신을 사게 되고, 중국 돈으로 120원이 되었던지 150원 정도 가격이 그렇게 되는데… 그 몽신은 되게 비쌌어요. 그래서 하나 사게 되면 어딜 갈 때만 딱 신고 들어오면 딱 벗어서 올려놓고… 딱 두 개를 신어봤어요. 그런데 그 앞의 코가 그렇게 운동화보다도 뾰족하지 않고 뭉특하게 되어 있어요, 그래서 그걸 누가 이름을 붙였는지 하여튼 중국에서 그 신발이 나오면 그 이름을 몽신이라고 했어요. 시장에 많은데. 그게 가품이 많이 나와요. 그런데 딱 그 신발 나르는 사람들이 정품을 가지고 오는 게 있어요. 정품을 딱 사거든요, 정품을 사게 되면 오래 가요. 그래도 뭐 진짜 한 1년을 신는가? 중국 게 더 좋았어요. 우리 사람들의 개념에는 그래도 중국 신, 몽신이 잘 견디더라 이게 좍 소문이 퍼져 가지고. 질이 나쁘게 되면 중국 신발, 그 몽신도 가품이면 두 달 밖에 못 신고 여기 꺾 는 부위가 여기가 찢어지더라구요. 그렇게 될 것 같다고 할 때면 신발 수 리공에게 가거든요. 정품은 이게 안 찢어지더라구요. 정품을 두 개 딱 신 고 왔는데요. 발이 편하고 안전하더라구요. 앞축을 같이 이렇게 받쳐 주 니까… (김옥별)

김옥별이 말하는 신발 "정품"이란 옷을 구분할 때 사용하는 "기성"이란 용 어와 같은 뜻이다. 같은 중국제 신발이라고 해도 정품이 아니면 품질이 매 우 낮아서 신기 어려웠다는 증언도 들을 수 있었다. 장마당에서는 중국에서 들여온 구제 상품을 새 것처럼 파는 경우도 있다고 면담 대상자 김진옥이 말해주었다.

디딤이라고 나왔어요. 중국 신발 평판인데 높진 않고 위쪽에는 꽃으로 되어 있고 발등 위에 고무줄도 꽃, 앞 쪽 천도 꽃. 빨간 거랑, 네이비랑 두 가지였어요. 그런데 한 주일 신었는데 발가락 쪽 구멍 났어요. 재생 천이라 그랬나 봐요. 쓰던 천을 색깔만 입혀서 새 거처럼 판대요. 그 후 로는 다시 안 샀고. 다음에 빽신이라고 하얀 고무 신발인데 밑바닥 전체 눈처럼 흰 거예요. 너무 예뻤어요. 그런데 고무가 이렇게 떨어진다거나. 뒤축이 떨어진다거나. 밑바닥이 꺾인다거나 이렇게 하는 금이 다 가 가 지고… 신발 밑바닥 고무가 못 견디는 거지요. 매일 아침에 갈 때는 희게 싹 닦아 말려 신으면 너무 예쁜데… (김진옥)

북한에서 생산하는 제품 중에는 "까치 신발"이라고 해서 "신의주에서 나 오는 신발인데 바닥은 흰색이고 위에는 블랙으로, 굽 있는 제화" 품목도 유 행했다고 지은영이 말해주었다. 흰색과 검정색이 섞인 모습이 까치 같아서 "까치 신발"이라는 명칭이 붙은 것으로 보인다는 것이 면담 대상자들 의견이었다. "딱딱한데도 (스타일이) 되게 좋아서" 북한주민이 많이 사서 신었다고 이들은 말한다. 까치신발 외에도 신의주에서 나온 신발은 대체로 좋은 평을 들었다고 한다. 신의주 신발공장 제품은 생고무를 써서 잘 닳지 않았지만 값이 비쌌다고 김옥별이 말해주었다.

> 운동화는 청진 신발공장이라고 있어요. 상표는 따로 없어요. 청진 신발공장이라고 찍은 것도 있고 신의주에서 나오는 신발도 있거든요. 그 신의주 신발도 되게 좋아요. 구두 같은 거는 신의주에서 크게 안 나오고 신의주는 천 신발이 많이 나왔어요. 천 신발이라는 게 편리화, 운동화, 지하족 이런 게 많이 나왔거든요. 지하족은 발목까지 올라와 끈으로 이렇게 묶어요. 편리화는 그저 바깥출입하고 외출하고 이럴 때 구두를 사서 못 신을 형편일 때는 신의주 편리화가 그나마 괜찮거든요. 그래서 편리화를 사 가지고 외출할 때만 그것을 신고… 신의주는 그 바닥 고무가 좋거든요. 생고무거든요. 그런데 청진 신발은 재생이라 이게 좀 딱딱하거든요. 그러니까 바닥이 이게 금방 나가요. 오래 못 가거든요. 신의주 신발이 좋아요. 가격 차이가 그래도 엄청 나요. 만약에 청진공장 신발이 5천원이면 신의주는 아마도 한 1만 원 이렇게 해요 그만큼 바닥이 생고무를 써서 좋거든요. 신의주 신발이 너무 비싸 가지고서… 그래서 신의주 신발 사면 그 외출용 신발을 한 켤레 딱 사거든요. 그래서 그 신발을 내가 어디 행사를 가고 내가 어디 시내를 나갈 때면 그것을 딱 신고 그랬거든요. 편리화에서 다른 구두를 못 신어 봤어요. 그래도 높은 구두라면 신어보고 싶은데 걔네들은 다 10만 원 넘어가거든요. 그러니까 그거 사서 한두 달 신고 버리는 거라면… (김옥별)

신발은 다른 품목과 비교했을 때 유행의 패러다임이 많은 품목은 아닌 것으로 나타난다. 옷과 비교했을 때 신발을 만들기 위해서는 다양한 재료가 필요하고 또 제작공정도 쉽지 않기 때문일 것이다. 신발 품목에서 나타나는 또 하나의 특징은 무엇보다 밑창의 내구성이 중요하다는 것이 면담 대상자들 의견이었다. 대다수 면담 대상자가 신발 밑창을 생고무로 만드는 일이 얼마나 중요한가 하는 점을 중시하면서 이야기하는 양상을 보였다. 이런 모습은 아마도 북한의 도로사정이 좋지 않기 때문에 나타나는 현상일 것이라고 연구진은 판단하였다.

(2) 장신구

2000년대 들어서면서 북한사회 전역에서 귀걸이와 목걸이, 반지 등 장신구도 유행 품목으로 등장했던 것으로 나타난다. 면담 대상자 중에서는 "미공급 시기에는 없었던 목걸이, 반지, 귀걸이"같은 품목을 2000년 이후에는 "장마당에서 파는" 현상을 볼 수 있었다고 말하는 사람이 많았다. 이런 추세가 처음 나타나던 고난의 행군 시절에는 중국에서 악세사리를 들여와 팔았는데 처음에 대다수 북한주민이 낯설어 해서 많이 팔리지 않았다고 말하는 면담 대상자도 있었다. 그러다가 1999년에 이르러서야 장신구를 착용하는 사람이 조금씩 나타나고 2000년 이후에는 모양이 좋은 것과 나쁜 것을 구별하면서 본격적으로 장신구를 사용하는 사람들이 나타나기 시작했다고 이들은 말한다.

> 중국에서 좀 넘어오는 이 목걸이랑 있잖아요. 상업관리소에 다닐 때 일인데 은행에서 돈을 대출해 가지고 자체 변강무역을 하겠다. 그렇게 해서 국가에서 승인을 했어요. 처음에는 그게 습관이 안 되어서, 팔찌고 목걸이고 뭐 이런 거를 하나도 안사더라구요. 국가가 공식적으로 승인을 하고 우리가 막 상업에다가 진열을 하고 팔았는데… 그래도 상관을 안하더라구요. 처음에는 모두가 두려워하고 눈치를 보더니, 조금씩 그걸 하기 시작했어요. 눈에 트이지 못했으니까… 이렇게 팔찌 이런 것도 처음에는 하고 난 다음에도 모두 이렇게 감추고 다니고 그러더라구요. 그때는… 단속은 안했어요. 악세사리가 그 질이 나쁜 거 조금 땀이 나면 색깔이 변하고, 시꺼매지고, 이렇더라구요. 그래서 모두 다… 건강에 나쁘다. 또 이

래서 하다가 안하고 그러더라구요. 모두 바쁘게 사니까 시간이 있어요? 그 다음에는 중국에서 그런 거 있잖아요. 보석같이 가짜 보석 같이 그 가짜 보석 그런 거로 만들어 가지고 그런 걸 내보내더라구요. 그러니까 그게 오히려 잘 팔리더라구요. 가짜 보석 같은 것은 이렇게 동글동글하게 해 가지고 줄에다가 꿰어 가지고, 목에다가 이렇게 그렇게 하고, 팔에다가도… 한 2000년 정도가 되면 그런 값싼 악세사리가 2000년 그 때부터는 보면서 이런 거 좋다. 저거는 진짜 나쁘다. 녹슬고 저거는 나빠 그것을 구분하더라구요. 한 1년 정도 걸렸어요. 모든 게 점차 그렇게 퍼지게 되더라구요. (리철옥)

2000년 들어선 이후 몇 년 지났을 즈음에는 "귀걸이 방울이 세지 않은 것으로 골라서 젊은 애들이 조그마한 거 다 하고" 있었다는 것이 면담 대상자도 있었다. 1990년대 사사여행자가 귀걸이를 들여오면서 "2004년부터 대중화" 되었다고 면담 대상자 오은별은 주장했다. 또 다른 면담 대상자는 청년층에서 귀걸이가 유행한다고 말해주었다.

악세사리도 한국 영화에서 본 걸 뭔가를 따라하고 싶어 해요. 귀걸이 하면 안 되지만 하고 싶으면 하는 거니까. 애들이 젊은 애들은… 그러니까 그 하트 귀걸이가 그, 한 때 되게 유행이었어요. 그래서 애들이 막 그러면… 또 막 하트 귀걸이가 유행이면 또 화교들이 있잖아요. 중국 화교들… 딱 이런 게 유행이다. 이런 거 막 얼마 찍어서 보내. 이러면 또 유행이 되고 이러는 거예요. 그래서 좀, 그런 거 있는 거 같아요. 아, 쟤가 입은 게 이쁘다 이러게 되면 좀 그, 한국 영화에서 나온 거하고 살짝 느낌이 비슷해. 이러면 또 옷 하는 집 가서 나 저렇게 해주세요. 이게 좀, 젊은 애들은 좀 그래요. (허명숙)

장신구를 하는 추세가 나타나고 그 유행을 따르는 젊은이 숫자가 늘어나자 북한당국은 또 적극적인 규제에 돌입하였다. 이번에도 북한당국의 주요 단속대상은 청년층이었다는 것이 면담 대상자들 의견이었다.

　목걸이는 그저 간단한 줄은 그래도 허용은 해요. 무슨 무궁화꽃이라든
가 짐승 있는 그런 것은 안 되고, 간단한 거 하는데 그것도 단속은 해요.
사로청에서 나와서 단속은 해요. 옷도 단속하죠. 일자바지 입지 말라, 머
리 스타일은 이렇게 하지 말라. (지은영)

　(간단한 줄도 하지 말라고) 청소년들 쎄게 단속해요. 왜냐하면 90년대
에 힘드니깐… 젊은 아이들이 꽃뱀질 하는 거 많았거든요? 그렇게 돈 벌
어 가지고 사사여행자 들어오면 이런 물건을 돈 주고 사는데… 많이 귀
를 뚫어가지고 그 때부터 단속해가지고… 청소년들은 무조건 단속해요.
(최순녀)

　사로청에 가입한 사람들은 단속해요. 그건 보안원에서 하는 게 아니고
사로청 조직에서 해요. 조직체계가 있어가지고…. (허명숙)

　그러나 북한당국이 청년층의 장신구 착용을 금지하고자 해도 단속하는
그 순간 잠시 뿐이었다. 주민들 속에서는 고난의 행군 기간을 지난 뒤에는
"죽을 건 죽고 살은 건 살았으니깐" 북한당국의 단속에도 겁을 내지 않는 분
위기가 강력하게 나타났다는 것이 면담 대상자들 의견이었다.

　일반 청년동맹 귀걸이, 청바지 단속해요. 야단해요. 목걸이나 반지는
괜찮고… 팔아요. 반지는 단속 안하는데 귀걸이는 청년동맹 애들이 시집
가기 전 끼면 단속해요. 그런데 추세니까 아이들이 몰래몰래 다 끼지요.
(오은별)

　불법적인거죠. 이게 법 조항으로 딱 찍진 않았지만 (이전에는)… 그걸
하는 사람 자체가 없었으니까 단속하는 것도 안보였겠죠. 그런데 한국

드라마 나오면서 비사회주의적인 게 됐죠. 제 주위에 있는 젊은 애들은 2003년부터 귀걸이를 대대적으로 하더라고요. 기본적으로 뒤 다 뚫었어요. (지은영)

사람의 신체에 착용을 하는 물건이라는 점에서는 똑같지만 악세사리는 오직 꾸미기 기능만 감당한다는 점에서 옷이나 신발 같은 품목과는 결이 다른 의미를 지닌다. 옷이나 신발은 신체를 보호하는 기능이 있기 때문에 누구나 반드시 착용해야 하지만 악세사리는 개인의 온전히 선택에 따라 착용 여부를 선택할 수 있는 물품이다. 그런 점을 감안하면 북한사회에 악세사리가 등장하여 유행하기 시작했다는 것은 주민들의 꾸미기 활동 범위가 그만큼 넓어졌고 관행이나 인식도 보다 세분화 단계에 접어들었다는 의미라고 연구진은 판단했다.

4. 전문가적 아내 되기: 남편의 유행을 챙기는 여성

2000년 이후 북한사회에서 기혼 여성은 자신의 차림새에 신경을 쓰는 차원을 넘어 자녀와 남편의 옷차림을 유행에 맞게 구입한 뒤 구색을 맞춰 잘 입혀서 내보내는 일까지 감당해야 했던 것으로 나타난다. 특히 남편을 스타일링 하는 아내의 역할이 보다 전문적인 수준에 도달해야 한다고 요구하는 경향이 강해졌다는 것이 면담 대상자들 의견이었다. 1990년대 당시만 해도 북한사회에서 아내의 역할은 단순히 옷을 사고 관리해 주는 정도라고 생각하는 사람이 많았는데 2000년 이후에는 미리 유행의 흐름을 읽고 그에 맞추어 남편의 옷차림을 구현하는 수준까지 요구했다는 뜻이었다. 면담 대상자 의견을 종합해보면 아내가 해야 할 일 중에는 "남자 옷의 추세를 머리끝부터 발끝까지" 면밀히 살펴보고 새로운 유형이 나타나는 즉시 시장에 나가 남편의 옷차림을 갖추는데 필요한 품목 전반을 구비하는 것도 포함이 되었다고 한다. "남자를 꾸미는 건 여자니까" 아내가 남편의 옷차림을 전담하는 것은 이상한 일이 아니라고 이들은 말했다.

> 300만 원짜리 그 옷차림은 2000년도 들어와서… 남자도 유행을 똑같이 조금씩은 가요. 그게 아마, 2000년도에 어디서부터 흐름이 됐는지는 모르겠는데 어쨌든 위에서부터 흐름이 바뀐 거 같애. 뭔가를 정부기관에서 누가 입고 탁 나서냐에 따라… 여자들이 아마 그걸 보겠죠. 흐름이 그렇게 되니까… 남자들이야 뭐… 여자들이. (최순녀)

> 그러면서 그런 옷이 또 흘러나옵니다. 시장에 그러니까 이 옷 유행을 만드는, 옷을 만드는 뭐 이런 사람들이 그런 유행을 빨리 받아와서 옷을 내놓는 거죠. (오은별)

문제는 남성의 경우 옷차림을 제대로 갖추려면 비용이 아주 많이 들어간다는 점이었다. 일반적으로 여성들 차림새보다 10배쯤 비용이 더 들어갈 것이라고 면담 대상자들 대부분 주장했다.

> 남자는 사 신으면 끝? 그게 보통 큰돈이 들어가는 게 아니에요. 여자들의 10배로 들어간다고요. 여자는 일반적으로 쪼르래기요, 무슨 수건이요. 일반적으로 그러면 최고 넘어가도 100만 원 넘어 못 가요. 내가 아무리 시기마다 기성복을 교체해 입는대도 100만 원 넘어가지 못하지만, 남자는 구두부터 코트, 동복까지 사주자면 100만 원 가지고 안 돼요. (조향미)

> 300만 원 정도 들어가야 충분해요. 남자(한테)… 돈이 더 많이 들어가요. 그리고 3면 자꾸 가방 있잖아요. 3면 자꾸 가방이라고 있거든요. 저기 컴퓨터처럼 딱 저만한 모양으로 옆구리에다 차는 가방이 있어요. 그 가방까지 해주자면 300만 원 가지고 얼씬도 없어요. (최순녀)

남자한테 돈이 훨씬 더 많이 들어가죠. 투자가 더 많이 들어가죠. 보건대는 꾸민 거 같지 않지만 거기 사람들 보면 아니거든요. 저 사람은 어떤 가치 옷 입었다는 거 알거든요. 여기서는 모든 옷을 캐주얼하게 자기 식에 맞게 그저 아무렇게나 마구 입어도 그 사람의 몸에 맞으면 저기 멋있잖아요. "아 저 사람 산뜻하게 입었다" 그러는데 야 쟤는 옷은 괜찮다. 그러면 저건 얼마짜린 줄 알아? 저걸 예를 들면 1,500원 이상짜리라고 하면 아~ 괜찮다. 1,500원 이상이라고 하면. (지은영)

남성 옷이 비싼 또 다른 이유는 여성은 가족의 살림살이를 책임지기 때문에 자기 옷값 들이는 것을 아까워하기 때문이라는 답변도 있었다. 여성은 가정경제를 걱정하면서 스스로 저렴한 옷을 구입하지만 남편한테 입히려고 사는 제품은 비싼 것으로 준비하는 경향이 존재한다는 것이 면담 대상자들 의견이었다.

남자들은 그게 유행 따라가는 것보다는, 모든 사람들이 입을 수 있게끔 시장에 일단 나오거든요. 시장에 나온다는 자체는 모든 사람이 접할 수가 있어요. 우리 여자들이 저 옷을 유행을 따라가서 입어야 되겠다고 하는 사람이 없어요. 왜냐하면 시중에 그 옷이 아닌 다른 옷을, 내가 이쁜 옷을 봤을 때에도 그 옷을 사 입자고 하면 비싸요. 여자들은 평범하게 나오는 옷들 있잖아요. 시중에 평범하게 나오는 옷들… 아 이거 내가 입어서 괜찮네. 이런 식으로. 여자는 가정을 이끌잖아요. 저기에서는 북한 남자들을 집지키는 멍멍이라고 했거든요. 여자들이 다 벌어서 여자들이 가정을 운영해요. (김옥별)

면담 대상자가 들려주는 남성의 대표적 옷차림 추세는 두 가지로 나타난다. 첫 번째 추세는 1990년대 이전과 유사하게 북한사회의 "추세를 이끄는" 김정일의 차림새 그대로 따라 옷을 갖춰 입는 흐름이었다.

저희 신랑도 솔직히 군당에 딱 배치 받아 내려가는 순간에 옷을 어떤 것을 입을지를 몰라서 그랬거든요. 그런데 그 때 그 김정일 입은 잠바가 나오니까 그게 장마당에 퍼져 유행이 되는 거예요. 그러다 보니까 저 잠바를 사겠다고 그러는 거예요. 비쌌댔어요. 그 때 농촌에서 제가 돈이 없어서 우리 시엄마가 고추 2키로 팔고 화물도 팔았던가? 되게 비쌌댔어요. 그게 금방 나왔으니까 되게 비쌌지요. 시간이 지나면 싸지고 유행이 쑥 들어가거든요. 대체로 김정일이 입은 그대로 유행이 되었어요. 그 부장 동복도 김정일이 입다가 보니까 그게 유행이 되었어요. (김옥별)

두 번째 추세는 한국식으로 겨울 정장차림을 제대로 갖추는 것을 말한다고 이들은 말한다. 면담 대상자 한 분은 "여기(한국)··· 회사 사장 분들이 차에서 탁 내릴 때, 그런 위풍 있는 옷차림" 하는 것이 북한에서 남성들 옷차림 추세로 강력하게 등장했다고 말해 주었다.

있잖아요. 남측 대표단이 북한 회담하러 들어갈 때 보통 그렇게 입잖아요. 보통 요렇게 오는 코트 입고, 넥타이 다 매고. 회담할 때 들어가는 보통 옷 있잖아요? 겨울에. 근데 질은 못하겠죠. 여기만 많이 못하죠. 간부 옷은 시가를 그 정도 따지면 한 천만 원 될 거예요. 그 분들이 입는 옷은··· 근데 형식이 그렇게 비슷해요. 그분들은 다 국가에서 해주니까. (오은별)

남성의 차림새에서 "위풍"이 나게 하려면 추가적으로 몇 가지 아이템을 더 갖추어야 한다는 것이 면담 대상자들 주장이었다. 코트와 정장, 넥타이 뿐만 아니라 가방과 "사업수첩" 등 골고루 다 구비하고 있어야 남자의 위풍을 갖출 수 있다는 것이었다. 오은별은 "3면 가방이 있어줘야, 이렇게 하고 더 잘 다녀요. 그 가방을 이렇게 끼워줘야 폼이 더 잘나요" 하고 부연해 주었다. 최순녀는 "이 끼운다는 것 자체는 벌써 그기에는 사업수첩이 다 있다는 말이죠. 사업수첩. 내가 간부다. 무슨 이런 사업수첩" 같은 것이 들어 있어야 한다고 말했다.

그렇지만 북한에서 사는 동안 농촌지역을 "벗어나지 못했던" 백영미는 완전히 다른 의견을 들려주었다. 일반적으로 북한에서 농사일 하는 남성은 작업복이 아닌 옷을 갖춰 입고 유행을 따를 형편이 아니라는 것이었다.

> 인민복 같은 거 입고 나와도 어쨌든 양복이지 않습니까. 나오긴 나오는데요. 비싸지 말입니다. 그리고 아니 맨날 일하러 다니는데 양복 입을 새가 어디 있습니까? 뭐 회의 가거나 어디 모임을 가거나 해야 그런 것을 입지 말입니다. (백영미)

면담 대상자들 의견을 종합해보면 최고 지도자인 김정일이나 그 아래 간부가 입은 옷을 모방하여 만들어 놓은 제품을 갖추어 입는 것이 2000년대 북한 남성 옷차림의 추세라고 할 수 있다고 하겠다. 김정일이 북한에서 남성 옷차림의 추세를 이끄는 모델로 떠오를 수 있던 까닭은 그가 2000년대 당시 시점에 북한에서는 누구도 넘볼 수 없는 "최고 지도자" 자리에 있었고 또 오랫동안 선전선동 작업을 통해 모든 주민이 따라 배워야 할 "최고의 모범" 이미지를 전파해 왔기 때문이었다 하겠다. 권력자의 옷차림을 따라하는 것은 북한식 남성성을 획득해 나가는 과정으로 연구진은 판단했다.

그리고 가부장제 문화가 지배하는 북한사회에서 남편의 남성성을 극대화하는 역할은 그 아내인 여성의 몫으로 남는 현상을 볼 수 있었다. 북한에서 살아가는 기혼여성은 남편의 "위풍"이 떨어지지 않도록 유행에 맞춰 머리끝부터 발끝까지 각종 의복과 장신구를 갖추어 밖에 내보내는 역할을 평생 수행해야 한다는 것이 면담 대상자들 의견이었다. 특히 2000년대에 접어들면 1990년대 보다 훨씬 다양한 품목을 갖추어야 했고 추세까지 완벽하게 파악하며 "복장 일습을 그쯘하게 갖춰놓아야" 했기 때문에 쉬운 일이 아니라고 했다. 이렇게 남편 옷차림을 챙기는 일에 돈을 많이 쓰면서 수고를 아끼지 않아야 하는 상황이지만 아내가 남편 옷을 챙기는 것은 당연한 일이라는 인식도 상존하는 것으로 나타난다. 그러다 보니 북한 여성은 남성을 대신해 생계부양자로 활약하면서도 남편인 "세대주" 옷차림은 "그쯘하게" 챙겨야 하는 모순에 직면해야 하는 상황이었다. 이와 같은 소비관행은 시사하는 바가 적지 않다. 북한사회에서 가부장제 질서가 변하지 않는다면 여성의 경제활동이 활발하면 할수록 기존의 남녀차별 질서를 그대로 유지하거나 오히려 한층 더 강화하는 경향을 초래할 가능성도 있다는 점을 나타내 준다고 하겠다.

5. 장마당 뷰티의 성장

2000년 이후 북한 전역의 장마당은 식량이나 생필품과 더불어 다양한 소비품을 제공해 주는 곳으로 새로운 기능을 시작했다. 시장이 성장하고 주민의 삶이 1990년대보다 전반적으로 나아지면서 나름대로 사람들 선택의 폭이 넓어졌다고 김진옥이 증언해 주었다.

> 시내 큰 장마당 가면 고양이 뿔 내놓고는 다 있다고 해요 (중략) 예전에는 집에서 만들어 입거나 썼죠. 그런데 손재주 좋은 사람이 아무리 만들어도 전문가가 아니잖아요. 장마당에서 파는 건 만드는 것보다 낫죠. (김진옥)

이 무렵에는 장마당에 나가면 무엇이든 원하는 물건은 다 살 수 있었다는 것이 면담 대상자들 의견이었다. "고양이 뿔이라도 살 수 있었던" 2000년 이후 북한 장마당은 단순히 화장품을 판매하는 곳을 넘어 미용 서비스도 폭넓게 제공하는 시장으로 그 기능이 변모해 나가고 있었다. 2000년 이후 급격히 발달한 북한의 '장마당 뷰티' 면면을 다음에서 살펴보겠다.

1) 미백과 중국산 화장품 5종

면담 대상자 의견을 살펴보면 고난의 행군을 지나 2000년 즈음부터 전반적으로 북한주민의 삶이 예전보다 나아지면서 화장과 미용 활동 욕구가 폭증한 것으로 나타난다. 1990년대 당시에는 예쁘게 화장하고 싶고 하얀 얼굴을 갖고 싶다는 욕망이 존재한다고 해도 돈이 없거나 화장품이 없어 "크림이나 뻬아스 정도만 발랐지만" 2000년 이후에는 북한사회의 전반적 분위기가 달라졌다는 것이 면담 대상자들 의견이었다. 화장 양식에도 뚜렷한 변화가 생겨났다. 북한 내 장마당에 중국산 화장품의 물량과 종류가 다양하게 등장하면서 여성들이 색조화장을 선호하는 관행도 뚜렷하게 나타났던 것으로 보인다. "크림, 뻬아스(베이스), 분(파우더), 눈썹먹(아이브로우), 구홍(립스틱). 다섯 가지를 갖추는" 정도는 화장을 하는 여성이 기본적으로 갖추어야 할 물품으로 자리를 잡기 시작했다는 것이 면담 대상자들 의견이었다. 기초화장보다 색조화장을 중심으로 생각하고 미백을 미의 기준으로 삼는 경향이 더해지면서 화장의 기본은 '뻬아스'라는 의식도 강해졌다. 또한 북한산 제품이 장마당에 다시 나오기는 했지만 그래도 대부분 중국산 물건을 썼다는 것이 면담 대상자들 주장이었다.

> 중국제가 대량적으로 넘어오니까, 중국 화장품으로 2000년인가부터는 중국 화장품이 퍼지기 시작했습니다. 기본 뻬야스 그거 제일 먼저 풀리기 시작하더라구요. 뻬아스가 들어가고 스킨 로션도 넘어오더라구요, 비싸니까, 좀 돈이 있는 사람은 사 쓰지… 대체로 아가씨들이, 나이 먹은 사람은 그런 거 신경을 못 썼어요, 아가씨들은 그래도 화장품 신경을 쓰고… (리철옥)

> 구홍도 중국 것을 썼던 것 같아요. 우리가 점차적으로 중국물품을 접하다 보니까 화장품도 중국산을 접하게 되더라구요 (중략) 화장발이 잘

먹을 때는 삐아스 뭐 쓰니? 그 삐아스 좋은 거니? 어디서 샀니? 나도 좀 사자. 장마당에서 구매를 많이 한 것 같아요. 중국화장품으로⋯ 삐아스 만큼은 제가 좀 비싼 걸 썼댔어요. 크림보다 삐아스는 더 부드러워야 그래도 피부에 먹는 게 낫겠더라고요. 그래서 저도 점차적으로 화장품만큼은 중국 거를 쓰게 되더라고요. 저는 그러다 보니까 저는 그저 삐아스에다가, 그저 크림에다가. (김옥별)

2000년 이후에는 북한 여성이 앞서 언급한 기본 5가지 물품은 당연히 갖추어야 할 필수품목이라고 생각하는 차원을 넘어 그 외에도 스킨이나 로션, 아이라이너, 마스카라 등 사야 하는 품목의 종류도 점차 다양해졌다. 장마당에 나가면 흩어지기 쉬운 가루파우더 외에 딱딱하게 압축해 놓은 "돌분" 제품도 등장애서 여성들 눈길을 끌었다고 말하는 면담 대상자가 많았다.

중국 삐아스 많이 썼습니다. 여긴 물처럼 나오던데 거긴 물보다 좀 딱딱해서 힘줘서 발라야하고요. 크림 바르고 삐아스 바르고 그 껍데기에다가 또 분 바르고. 돌분은 중국산 썼습니다. 돌분은 중국분이나 일본분이고 가루분은 조선분이고요. (리경화)

삐아스, 보브, 분, 눈썹연필, 마스카라, 아일라(아이라인)., 뷰러, 립스틱. 다 중국제였어요 (중략) 예전에 쓰던 건 가루분이었어요. 예쁜 철통 안에 가루분 넣어둔 건데 잘못 떨구면 깨지고. 어릴 때 엄마 몰래 건드렸다가 떨궈서 욕먹고 그랬어요. 뒤에 나오는 분은 돌분인데 컴팩트같은 케이스 안에 고체로 된 거. (김진옥)

면담 대상자는 대부분 북한에서는 전반적으로 미백 화장품에 관심이 많다고 말해 주었다. 2000년 이후 북한사회의 전반적 상황은 피부를 하얗게 가꾸려는 미백 욕구는 강했어도 제품이 없고 비용도 감당하기 어려웠던 1990년대 당시와 확연히 달라졌다고 하겠다. 그러다 보니 그동안 눌러 왔던 미백 관련 욕구와 실천이 얼마나 강력하게 분출했는지 설명하는 면담 대상자 한 사람의 경험을 들려주었다.

여자라고 하면 다 미백에 관심이 있을 것 같아요. 보기에는 사람이 못 생겨도 얼굴이 하얗다면 그냥 예뻐 보여요(중략) 여자들도 얼음을 하면40 피부가 고와진다 되게 하얘진다고 하는데 정말 그런 거 같아요. 저도 뽀 드락지 때문에 써 보려고 했었는데 그 친구가 하지 말라고 해요. 중독이 되는 건 알아요. 하여간 피부가 맑아지고 하얘진다고… (원관옥)

중국산 화장품이 시장을 점유하는 가운데 한국산 화장품도 조금씩 북한 내부로 들어가는 조짐이 나타났다. 한국산 화장품이 중국산보다 가격은 훨 씬 비쌌지만 품질이 좋다는 비밀스런 소문 때문에 "조용히" 찾아서 쓰기 시 작했다고 면담 대상자 두 사람이 말해 주었다.

2000년대 들어 세안하는 걸 썼거든요. 폼 클렌징인데 어머… 되게 좋 더라고요. 그래서 와… 이게 진짜 좋구나. 얼굴 씻는 데는 딱이구나 했 죠. 아는 애가 약혼식 하면서 걔네 남편 쪽에서 그런 거를 주더라고요, 그래서 시장 나가서 또 찾았죠. 이게 남한 꺼다. 이렇게 공개적으로 찾으 면 안 된다. 그래 가지고 조용히 가서 물어보고 찾아서 사서 썼죠. 나중 에 그 폼 클렌징 폼 클렌징은 그때 높이가 한 요만한 거 정도를 썼었는데 아마 쌀로 치면 아마도 한 1.5킬로… 그 정도 가격? 그랬어요. 오… 비쌌 죠. 그리고 중국 거보다 남한 게 특히나 비쌌어요. 좋다고… (윤지혜)

---

40 이 사람이 말하는 얼음이라는 용어는 북한사회 전역에서 얼음/아이스/빙두라고 부르 는 필로폰을 의미한다. 북한사회에서는 오랫동안 병원 이용이 어렵고 약품 부족에 시달리던 사람들이 집 주변에 양귀비를 심어 아편진을 받아서 사용하다가 2000년 이 후에는 점차 필로폰을 복용하는 사례가 많아지기 시작했다. 특히 2007년-2008년 이 후에는 북중국경지역을 중심으로 북한의 성인들 중에서 필로폰 복용 경험자가 급증 하는 현상이 나타났다. 김석향(2013), 회령 사람들, 기억 속 이야기를 들려주다!, 국 민대학교 출판부. 90-98쪽; Andrei Lankov and Seok-hyang Kim (2013), A New Face of North Korean Drug Use: Upsurge in Methamphetamine Abuse Across the Northern Areas of North Korea, North Korean Review Vol. 9, No. 1(SPRING 2013), pp. 45~60.

2000년도에 한국 화장품을 접했어요. 장마당에서 중국 화장품이랑 같이 파는데 이렇게 한국산을 내놓지는 못하고. 파는 사람들이 좋은 화장품이 있다고 그러면서 남조선 꺼 있다고 그러거든요. 우리는 벌써 남조선 것이라면 그거 되게 비싸겠네 이러거든요. 되게 비싼데 그것을 어떻게 엄두를 내요? 못 내지요. 안사고 그냥 가요. 너무 비싸니까 그냥 물어만 보고 안 써봤어요. 스킨로션은 중국 걸 썼습니다. 살결물도 있었는데 로션만 썼는데 크림 있지 않습니까? 그게 중국 게 되어 가지고 새파란 통에⋯ 북한 거 보다는 중국 것이 더 낫고 중국 거보다는 한국 게 더 낫다고 하는데⋯ 한국 거를 쓴다고 하면 아 이렇다 하고 부러워하는데 또 뭐라고 하는 사람도 있습니다. 가격은 많이 차이가 납니다. 북한에서 파는 이런 로션 같은 거는 똑같은 통에 한 통에 만약에 100원한다면, 중국 것은 아마 한 150원 정도하고, 한국 것은 한 200원 정도하는데, 일본 것도 있어요. 한국 게 훨씬 비싼데 드러내고 못 팔아요. (백영미)

면담 대상자들 의견을 종합해 보면 한국산 화장품은 결혼을 앞둔 신랑이 약혼식 예물로 신부에게 선물할 만큼 좋은 물건이라는 이미지가 강했던 것으로 드러난다. 제품도 좋고 구하기도 쉽지 않은 물건이었기 때문에 한 번 써보면 또 찾게 된다는 것이 이들의 의견이었다. 다만 중국산이나 북한산 제품에 비해서 가격이 비싼 것이 흠이라고 이들은 주장했다.

면담 대상자 중에서는 2000년 이후에 들어 북한산 화장품도 조금씩 시장에 나오기 시작했다고 증언하는 사람도 있었다. 다만 북한산 제품의 가격이 더 저렴하다고 해도 주민들은 대체로 중국산 물건을 선호한다고 했다. 북한산 제품은 여전히 품목이나 수량이 제한적이고 무엇보다 중국산 화장품을 사용하는 추세가 유행했기 때문이라고 이들은 말한다. 결국 경제적으로 아주 어렵지 않은 사람은 중국산 화장품을 사서 쓰는 경우가 많다고 면담 대상자 백영미가 말해주었다.

2) 화장에 개입하기 시작한 북한당국: "사회주의적 화장"

장마당에 색조화장품이 다양하게 등장하면서 일부이기는 했지만 북한 여성 중에 새로운 방식으로 색조화장을 시도하는 사람이 나타났다는 것이 면담 대상자들 의견이었다. 여성이 화장하는 것 때문에 사회적 갈등이 발생하기도 했다고 이들은 말했다. 당국이 금지하는 품목이 아닌 화장품을 사서 발랐는데도 사회 일부에서 비난을 받는 여성이 불만을 표현하기도 했다. 특히 중장년 남성이 많거나 학교와 같은 보수적 분위기의 직장을 다니는 여성은 일반적으로 당국이 용인하는 화장 양식보다 훨씬 더 제한적 폭이 컸던 것으로 나타난다. 직장에 따라서 파란 아이섀도를 바른 여성을 공개적인 비판 무대에 올려 세워 놓고 크게 문제를 삼기도 하고 "입술을 약간만 빨갛게 발라도" 여지없이 질타를 하는 상황이 종종 발생했다는 것이 이들의 의견이었다.

> 아이섀도 파란 거 바르고 가서 강의를 했거든요. 그게 문제가 되가지고 ○○○이 사로청 위원장한테 가서 얘기를 한 거예요. 당연히 장마당에서 아이섀도 같은 걸 파니깐 사다가 발랐는데… 화장하는 것도 제한을 받고… 그런 제한 많이 받았어요. 방침은 없는데… 나이 많은 아바이 교수들이 자꾸 얘기를 했어요. 젊은 애들 이상하다고 아바이들 뭐라고 하면 선풍이 부는 거예요. 또… 진짜 숨 막히죠 사는 게. (조향미)

다양한 색깔의 색조화장품이 장마당에 나타나면서 일반적인 북한 여성의 실천 방식도 상당히 달라졌다. 그 반면에『조선녀성』기사 내용을 살펴보면 "장마다에서 파니깐 사서 바르는" 여성과 달리 북한당국은 지속적으로 "밝고 연하며 소박한 화장을" 하도록 요구하는 일을 멈추지 않았다. 다음 인용문을 읽어보면 북한당국이 2000년대 중후반에 걸쳐 여성의 화장과 관련하여 어떤 말을 했는지『조선녀성』기사 내용을 확인해 볼 수 있다.

분크림을 무턱대고 두껍게 바르는 것은 역효과를 가져온다. 그것은 표정이 달라질 때마다 금이 가기 때문에 도리여 주름이 더 눈에 뜨이기 때문이다. (중략) 주름이 나타나지 않게 화장하려면 다음과 같이 해야한다. 1. 얼굴피부에 살결물을 충분히 바르고 보통크림을 잘 바른다(분크림을 바르는 부분에는 꼭 크림을 발라야 한다). 2. 분크림을 연하게 바른다. 3. 눈과 눈썹은 환하면서도 선명한 색으로 밝게 그려준다. 어두우면 침치한 감을 주기 때문에 환하게 그리는 것이 좋다. 4. 입술은 될수록 밝은색으로 택하고 입술륜곽을 선명하게 그리는 것이 기본이다. (「얼굴의 잔주름이 나타나지 않게 하는 화장법」, 『조선녀성』 2004년 1호, 51쪽)

일부 녀성들에게서 나타나고 있는 문제이지만 때와 장소, 환경과 조건을 고려함이 없이 화장을 지내 밝게 또는 어둡고 천하게 하거나 눈과 입술, 입을 인위적으로 진하게 그리고 다니는 것은 우리의 사회주의적생활양식에도 어긋나고 도덕적으로 몰상식한 현상이다. (중략) 우리의 녀성들은 화장이 멋이나 부리기 위한, 자기 혼자만을 위한 겉치레가 아니라 사회와 집단, 가정의 꽃으로서의 임무와 역할을 다하기 위한 중요한 사업이며 자신을 도덕적으로도 수양하고 완성하기 위한 사업, 자기 건강을 위한 사업이라는 것을 명심하고 때와 장소, 환경과 조건에 맞게 화장을 아름답고 고상하게 그리고 건전하게 하고 다녀야 한다. (「화장과 도덕」, 『조선녀성』 2005년 10호, 42쪽)

북한당국은 다양한 방식으로 여성의 화장을 "사회주의적으로" 만들려고 시도하였다. 여성의 화장을 규제하고자 하는 언설은 조선민주여성동맹 중앙위원회 기관지인 『조선녀성』 기사 뿐 아니라 모든 주민이 매일 아침 학습을 해야 하는 『로동신문』 지면에도 나타났다.

화장은 녀성들이 갖추어야할 하나의 례절로서 사회의 도덕생활에도 영향을 준다. 환경과 조건에 맞게 화장을 잘하는 것은 녀성의 지적정도와 문화정서적인 수양정도를 표현한다. 얼굴생김새에 맞지 않게 눈과 눈썹, 입술을 그리거나 환경에 어울리지 않게 내내 밝게 또는 어둡게 하거나 민족적 정서에 맞지 않게 화장을 하면 오히려 불쾌감을 주게 된다 (중략) 피부의 색깔에 맞게 얼굴바탕색과 분, 눈과 입술, 볼색화장품을 선정하고 밝고 연한 부드러운 색조로 자연미가 나타나게 하면 보기에도 좋고 인품도 돋구게 된다 (중략) 얼굴전반에서 눈이 살아나게 속눈썹과 눈선, 눈등 화장을 섬세하고 선명하게 하며 눈썹을 눈형태에 어울리면서도 자연스럽게 그려야 한다. 입술화장은 얼굴에 맞게 형태와 크기를 알맞춤하게 하고 입술색을 눈과 옷색에 조화되고 환경에 맞게 하여야 하며 민족적 감정과 기호에 맞지않게 천하고 인위적인 감이 없는가, 일하는 과정에 잘못되지 않았는가를 정상적으로 살펴보고 잘못된 것은 제때에 바로잡는 것 등은 화장에서 나서는 중요한 문제이다. (「화장과 우리생활」, 『로동신문』 2005년 8월 7일).

이런 인용문 내용을 살펴보면 면담 대상자 다수가 들려준 것과 같이 미백을 선호하는 양상이 드러난다. "분크림(뻬아스)" 많이 발라서 하얀 얼굴을 표현하는 화장법이 크게 유행했던 것 같다. 당시 북한의 장마당 뷰티 추세는 입술을 선명하게, 눈썹을 진하게 그리는 것이라고 상당수 면담 대상자가 말해 주었다. 자연히 북한 여성 중에서도 유행을 따라 화장을 시도하는 사례가 증가했다. 처음에는 밝고 선명하게 화장하되 얇게 발라 젊어 보일 것을 요구하던 북한당국은 점점 그 언설을 조금씩 바꿔나갔다. 이전에 없던 "파란 아이섀도, 약간 빨간 립스틱" 같은 물품이 장마당에 등장하자 북한당국은 화장이란 개인적 행위가 아니기 때문에 사회적-도덕적 기준에 맞춰야한다고 강조하는 언설을 내놓았다. 특히 2005년에는 북한당국이 『로동신문』 지면에도 지속적으로 여성의 화장법을 규제하려고 시도하는 모습을 드러낸다. 그동안 북한당국은 여성의 꾸미기 활동 관련 언설을 발표하면서 주로 『조선녀성』 지면을 활용해 왔다. 그러나 여성의 화장을 규제하려면 『조선녀성』 지면으로 부족했다고 판단했던 것 같다.

문제는 북한당국이 여성 개인의 취향을 끝까지 강제할 수 있는 방법은 사실상 없다는 점이었다. 상당수 북한 여성은 이미 북한당국의 기준을 따르려 하지 않았고 장마당에 등장하는 화장품 종류와 자신의 선택에 따라 화장하는 추세를 따르려 했기 때문이다. 장마당 뷰티의 확산을 막을 수 없던 북한당국은 2000년대 후반 들어서 "건강" 명분을 내세워 다음과 같이 그 언설을 우회하는 방안을 선택하였다.

> 얼굴화장은 소박하고 자연미가 나게 연하게 해야한다. 화장을 진하게 하면 얼굴피부가 요구하는 자외선을 충분히 흡수하지 못하게 된다 (중략) 얼굴화장을 할 때 입술연지를 너무 진하게 바르지 말아야한다. 향수를 칠 때 주의해야 한다. 향수를 지내 많이 치면 피부병이 생길수 있다. 특히 피부에 향수를 직접 친 다음 해빛을 쪼이면 아주 나쁘다. 그러므로 향수는 옷에 적당히 치는 것이 좋다. (「화장을 할 때」, 『조선녀성』 2008년 8호, 22쪽).

화장법 뿐 아니라 향수 또한 유행하는 품목으로 자리를 잡으면서 여성이 마땅히 갖추어야 할 아름다움의 항목도 증가했다. 시각적 차원을 넘어서 향수라는 품목을 통해서 후각적 측면에서도 꾸미기 행위를 시도하는 현상이 북한 여성에게도 나타나기 시작한 것이다. 면담 대상자 중에서는 자신이 북한에 살면서 경험했던 향수 이야기를 들려주었다.

> 향수 있어요. 화장품에도 향기가 다 들어가 있어요. 북한 남자들도 향수 뿌리는데 냄새 너무 나면 저 새끼 뭐야 날라리 아니야… 이렇게 생각을 하죠. (김진옥)

> 향수는 쓰지요. 생일 선물 하던가… 나 이런 걸 썼다고 남이 알아 줘야 되는 거예요. (김철우)

그런가 하면 향수보다 은은한 섬유유연제를 썼다고 말하는 면담 대상자가 많았다. 북한 장마당에 "옷 린스"라고 부르는 제품이 등장했는데 중국산과 동남아시아산 중에서 동남아시아 제품이 훨씬 좋았다고 이들이 말했다. 옷차림에서 좋은 향기를 느끼는 것도 좋지만 스스로 자기 만족을 느끼는 측면도 아주 중요한 의미를 지닌다는 것이 면담 대상자들 의견이었다.

옷 린스. 샤프란 많이 써요… 옷 린스가 향이 유하고 좋잖아요. 강짜로 막 이렇게 뿌리기보다 그 옷 린스에다가 담갔다가 그 냄새가 제일 유하게 나는 게 좋아 가지고… 저는 향수가 있어도 크게 안 쓰게 되더라고요. 옷 린스랑 쓰기 전에는 향수를 많이 썼어요. 동남아시아 거로 알고요. 동남아시아 게 비싸거든요. 중국 거보다 냄새도 오래가고 그래 가지고… (한은경)

면담 대상자의 증언에서 나타나는 것처럼 당시 북한주민의 소비생활이나 꾸미기 행위 양식은 북한당국의 통제 가능 범위를 서서히 벗어나기 시작했다고 연구진은 판단했다. 북한당국은 "사회주의적 생활양식" 기치가 더 이상 주민들 속에서 통하지 않는다는 사실을 깨닫고 어조를 조금씩 바꾸어 나가기 시작했다. 인용문에서 확인할 수 있는 것처럼 북한당국은 피부건강을 위해서 화장을 연하게 하고 향수를 옷에 조금 뿌려야 한다는 기사를 게재하는 수준에 이른다. 그렇지만 북한당국은 같은 지면에서 피부 건강과 자외선 흡수 사이에는 어떤 관계가 있어서 나쁘다는 것인지, 향수를 많이 뿌리면 어떤 피부병이 생긴다는 것인지 전혀 설명하지 않았다. 만약에 북한당국이 정말 여성의 피부건강을 생각해서 이런 언설을 게재하려 했다면 화장품 사용과 피부건강 사이에 어떠한 관련이 있는지 지면을 통해 상세하게 설명했을 것이라고 연구진은 판단했다. 한 걸음 더 나아가 북한당국이 주장하는 "고상한 화장법"이 무엇인지 설명하거나 필요한 기법을 알려주는 기사도 존재하지 않는다. 인용문에서 확인할 수 있겠지만 북한당국의 발언 속에서 여성의 피부건강을 고려하는 언설은 전혀 등장하지 않는다. 아마도 북한당국은 화장품에 내재한 화학성분이나 그 결과로 여성의 피부건강에 어떤 영향을 미치는가 하는 점을 걱정하는 대신 여성의 화장 행위가 불러올 수 있는 사회질서의 혼란 가능성을 경계하고 있기 때문이었던 것 같다. 북한당국이 화장과 화장품에 부여하는 가치는 의학이나 과학, 보건 부문 대신 정치적이거나 사회적 차원의 수준에 머물러 있다고 하겠다.

'건강론'을 주장하는 북한당국의 언설이 무색하게도 화장품을 사용하는 여성의 건강 상황은 정책적으로 아무런 보호를 받지 못했던 것으로 나타난다. 화장품을 직접 자기 피부에 발라봄으로써 "부작용이 있는지 없는지 자가 실험해 보는" 정도가 유일한 대처방법이었을 뿐이며 그 이외에 달리 확인할 수 있는 방법은 없었다고 면담 대상자 다수가 이야기해 주었다.

> 나중에는 딱 써보고 부작용이 없는 거… 뽀드라지 나는 것도 있고 피부에 안 좋은 것이 있어요. 화장품이 내 피부에 맞는 게 있고 안 맞는 게 있고 어떤 화장품은 안 먹히고 잘 먹히는 게 있어요. (김옥별)

면담 대상자 증언을 종합해보면 2000년 이후 북한사회 전역에서 장마당 뷰티가 상업적으로 성장하기는 했었지만 여성이 문화의 주체로 자신의 정당한 권리를 행사할 수 있는 환경은 아니었던 것 같다. 자기 피부 건강에 맞는 화장품을 선택해야 한다는 개념은 있지만 건강한 화장법이나 화장품 고르는 방법 관련 정보에서 북한 여성은 철저하게 소외를 당하는 상황이었다. 이와 같은 현실을 인식하지 못하고 여성이 화장하는 행위를 무조건 금지하기만 하려 했던 북한당국의 태도 또한 여성을 소외시키는 데 한 몫을 하고 있다고 하겠다.

3) 반영구, 영구 시술/수술 시장의 확대

2000년 이후에는 북한 전역의 장마당 뷰티 산업은 일회성 화장 뿐 아니라 반영구적 화장이나 성형수술에 이르기까지 그 범위가 한층 넓어졌다. 성형수술이나 시술을 받는 여성의 수가 급격히 증가했다고 말해주는 면담 대상자가 많았다. 아직 나이가 어린 학생들 또한 이런 흐름에서 예외가 아니라고 이들은 말했다.

> 방학이 지나면 그 여자애들이 이렇게 좀 달라져서 오는 거예요. 저희 소대[41] 인원이 열여덟 명인데 여자 애들이 세 명이었어요. 남자애들끼리야 쟤는 왜 저래하면서 이 눈도 약간 좀 이렇게… 좀 눈이… 그러면 쌍꺼풀을 한 거예요. 근데 한국처럼 기술이 좋아서 좋은 방향으로 변했으면 당연히 예쁘죠. 근데 기술이 좀 섬세하지 못한 거겠죠. 부작용도 되게 많아요. (김철우)

수요에 따라 공급이 늘어나면서 북한의 장마당 뷰티 산업에서 비공식 성형의료 시장은 나날이 확산이 되었다고 증언하는 면담 대상자가 많았다. 시간이 갈수록 장마당 뷰티 산업에서 "취급하는" 수술의 종류도 다양해졌다. 전공과목이나 진료과목과 상관없이 소비자가 비용만 지불하면 아무 곳이나 성형수술을 해주는 의사도 장마당 뷰티 산업의 전면에 등장했다. 그 과정에서 일부 의사는 상당한 재산을 축적했다는 것이 면담 대상자들 의견이었다.

> 눈도 찍고 코도 찍고… 99년도쯤 그때부터 나오기 시작해서 2000년 이후에는 장마당에 확 퍼지기 시작했어요. 눈꺼풀 하고 (문신) 찍기도 하고… 돈 주면 의사가 조용히 집에도 와요. 기계랑 약 사가지고. (최순녀)

---

41 북한 내 대학교에서는 군대와 동일한 방식으로 학생 조직을 편성한다. 말하자면 학생들이 소속 학과와 학부에 따라 소대-중대-대대 편제로 조직생활을 한다는 뜻이다.

성형외과는 평양에 있어요. 청진에도 나오기 시작했고… 쌍꺼풀은 ○○에도 해주는 곳이 많은데 그래도 ○○에는 성형수술 하는 게 많이 없다고 해요. 몇 군데 있어도 많이 비싸다고…. 그 다음 얼굴 박꺼풀 벗기는 (박피) 그런 거… (윤지혜)

(2000년부터 성형을 시작해서) 2005년 이후에는 많이 했어요. 콧날을 세운다던가, 보조개 들어가게 한다던가, 쌍꺼풀 수술한다던가… 콧날은 한번 세우는 게 70달러거든요. 한번 세우는 게 (중략) 쌍꺼풀은 안과에서도 해줘요. 집에서도 하고… 친구가 남편이 비뇨기과 의산데, 요 보조개도 하고 쌍꺼풀도 하고 이 콧날도 세워주는데 걔는 콧날은 한 번도 못해봤대요. 소문은 그렇게 났는데 그 유방 수술…. 유방 있잖아요. 올리고 이런 거는 많이 와서 한다는 거예요. 그래서 "수입이 대단하겠다" 했더니… 그러니까 한 달에 적게 들어오는 게 150만 원이라고 하더라고요. 그러니까 한 400불 정도 넘어 들어온다는 소리죠. 근데 걔가 그걸 해서 우리 ○○에서 제일 비싼 게 ○○○○이라는 아파트가 있거든요. 그 아파트까지 다 갔어요. (지은영)

그나마 어느 정도 위생수준을 갖춘 장소에서 의학을 전공한 의사에게 수술을 받는 것은 괜찮은 일이었다. 시간이 지나면서 의사 자격을 갖추지 않은 무면허 의료인한테 돈을 주고 시술이나 수술을 받는 현상도 퍼져나갔다.

의학을 안 배운 사람들이 그런 수술을 어떻게 하는가 하면 여기처럼 절개, 쌍꺼풀을 완전 절개하고 그런 게 아니고 여기다 연고 있잖아요? 마취 연고를 발라주거든요. 마취연고 발라주고 이렇게 바늘을 한 땀 떠요. 그저 떠서 실 꼬매주고 이런 매몰도 아무런 자격증 없는 게 이제 신랑한테서 배워서 간단한 쌍꺼풀 수술은 걔가 해요. 걔 신랑은 유방을 하고 보조개 수술을 많이 하고… (지은영)

어머니가 어디 가서 눈썹을 찍는 거 배워 가지고 와서 나보고 눈썹을 하라고 해서… 다른 데서 하는 거 알아서… 그 때 가격이… 제가 그 때 당시 2003년도 가을에 했는데요. 좀 비싸게 줬어요. 이 쌍꺼풀은 1000원 정도 확실하게 준 거 확실한데 쌍꺼풀은 안과 선생님한테 가서… 읍에 나가서 해요. 수술하는 것보다, 그냥 기웠는데요. 바늘로 이렇게 안으로 이렇게 기워서 실제로 칼로 안 째고 바늘로 기워가지고 여기다가 이렇게 수지 석심으로 이런 거… 간이 있지 않습니까? 실간? 그런 것도 끼워가지고 그래 가지고 제가 이렇게 일주일 동안 쓰고 있다가 그래서 제가 안경 이런 거 끼고 다녀서 제가 그래서 또 망나니란 소리 한 소리 들었습니다. 여자들이 선글라스 쓰고 다니게 되면 조금 욕합니다. 여자들이 선글라스 끼고 다니면 규찰대도 뭐라고 하고. 어릴 때까지 얼굴 벗기는 건 많이 안 하는데, 여기 볼 이거 잡아주는 거. 보조개 많이 수술합니다. 개인이 배 워가지고… (백영미)

당시 북한의 장마당 뷰티 산업에서는 쌍꺼풀 수술 가격이 북한 돈 최소 5만 원에서 최대 20만 원까지 분포하는 것으로 면담 대상자들 이야기에 나타났다. 면담 과정에서 쌍꺼풀 외에 보조개, 눈썹문신, 콧대, 유방성형 수술 이야기도 등장했다. 면담 대상자 조향미는 웃을 때 보조개가 들어가면 예쁜 것 같다고 생각해서 수술을 할까 하다가 결국 못했다고 이야기해주었다. 쌍꺼풀 수술이나 눈썹문신 시술에 비해서 유방성형은 북한사회에서 아직까지 보편적으로 퍼지지는 않았던 항목으로 드러난다. 최순녀는 성형수술을 하는 의사 친구에게 "유방 수술을 하러 오는 사람들은" 어떤 사람인지 물었더니 지인이 "몰라서 그렇지 간부네들은 다 한다" 하고 답해주었다고 한다. 최순녀는 다음과 같이 유방성형 수술에 관한 소문을 말했고 백영미는 부작용 경험을 들려주었다.

유방 수술을 한 번 한다 소리를 들어가지고 조직검열이 들어와 가지고 한 번 그 사람이 처벌받았는데 그 고무장갑 있잖아요? 고무장갑을 넣어 가지고 그 당시 식염수를 넣어서 묶어났더라고요. 그래서 고무장갑이 이게 변화되어 가지고. 그래 가지고 그때 사단이 생겨서… (최순녀)

칼을 댔는데 1년이 안 되서 다 풀려 가지고, 쌍꺼풀 한 것이 했는지 말았는지. 잘못 풀었는데 한 보름 지나고 보니 진물이 나오고 그래서 보니까 실밥이 이렇게 조금 나와 있어서 제가 저절로 그것을 막 강짜로 뽑았는데. (백영미)

시술의 경우 부작용도 문제지만 마음에 들지 않는 결과를 보는 일이 다반사였던 것으로 면담 대상자들 이야기에 나타난다. 그러나 많은 사람이 이런 시술이나 수술을 하는 추세이기도 하고 "나한테는 부작용이 나타나지 않을 것이라는 생각에" 결국 그런 방법을 선택하게 된다고 면담 대상자 김진옥이 말해주었다.

야매로 하는 집이 있어요. 소문으로 아무개네 잘 한다고 하면 거기 가서 해요. 눈썹을 했는데 송충이 기어가는 것처럼 파랗게 만들어 놔 가지고 여기 와서 지웠어요. 하고 나면 예뻐지는 느낌이 드니깐 자꾸 하는 거죠. 남들이 하니까 자꾸 끌려 가지고 하는 거지요. 그래도 예쁘게 되지 않을까… 나는 망치지 않겠지. 나는 그래도 잘 되겠지 이러면서… (김진옥)

병원이 아닌 살림집이나 다른 장소에서, 의사가 아닌 무면허 의료인이 성형수술을 시행하는 비공식적 의료행위가 만연하다는 점은 오늘날 북한 내 의료현실의 문제적 양상을 여과 없이 드러내 준다. 성형수술과 시술의 수요자는 여성이지만 북한의 의료인이나 의료 관련 교육기관에서도 여성의 기본적인 건강이나 안전에 관심을 두는 사례는 찾아보기 어렵다는 것이 면담 대상자들 의견이었다. 이들의 의견을 바탕으로 오늘날 북한사회는 아름다움을 추구하는 본능과 욕구를 활용하여 자본을 축적하는 시장도 그렇지만 그런 비공식 성형의료 시장을 적당히 용인하는 당국 모두 여성의 건강 상황을 보장하는 노력을 하는 대신 오히려 체계적으로 배제하는 방식으로 작동하고 있다고 연구진은 판단했다.

4) 새롭게 떠오른 꾸미기 항목: 머리단장(헤어스타일)

면담 대상자 증언을 종합해보면 1990년대 당시 이들이 경험한 내용에서는 머리단장을 어떤 방식으로 했는지 회고하는 내용을 전혀 찾아볼 수 없다. 그러다가 2000년 이후 이들의 경험을 정리해 보면 머리단장과 관련하여 다양한 이야기가 등장한다. 2000년 이후에는 그 이전과 달리 머리단장이 북한 여성의 일상생활에서 꾸미기 부문의 관심사로 등장했던 것으로 보인다. 북한 여성이 2000년 이후 옷차림이나 장신구와 함께 헤어스타일에도 관심을 갖게 되면서 다양한 변화가 나타나는 조짐이 드러난다. 한국 드라마나 한국 영화에 나오는 인물의 헤어스타일을 보고 그 모습을 동경하면서 그대로 모방하는 풍조가 유행처럼 번져나가는 현상을 볼 수 있었다는 것이 면담 대상자들 의견이었다.

주로 드라마에서 봤던 그런 유행을 되게 따라 하고 싶어 하거든요. 여자들도 남자들도… 뭐, 그 뭐지? 머리를 해도 뭐 길게, 우리도 좀 풀어헤치고 싶고. 네. 쟤네는 어떻게 머리를 하길래, 저렇게 머리가 예쁘나… 그러니까 거기는 매직이, 매직이란 개념이 없었댔어요. 와, 우리는 아무리 이렇게 해도 안되는데, 왜 쟤, 쟤는 머리가 왜 저렇게 이쁘지? 막 이러잖아요. 그게 너무 막, 애들이 예쁘다… 이런 거 있잖아요. 그러니까 애들이 그런 걸 한 번씩 접하면 다 따라 하고 싶어 해요. (허명숙)

면담 대상자 최순녀는 헤어스타일에서 새로운 유행이 등장하는 또 하나의 근원이 있다고 설명해 주었다. 새로운 유행의 원천은 바로 '중국에 갔다가 돌아온 젊은 처녀들' 머리모양이라는 지적이었다.

> 1990년도에 사람들이 많이 죽을 때 처녀들이 많이 중국에 넘어갔거든요. 그랬다가 우리가 1999년도였나⋯ 1997년도인가 김정일이 ○○를 줬어요. 죄를 안따진다 다 넘어오라 그러면서⋯ 그래서 젊은 아이들이 돌아 온 애들이 많았어요. 노랑머리 하고, 귀걸이 하고, 그러면서 그게 유행이 된 것 같아. (최순녀)

머리 모양을 바꾸려고 파마나 이발을 할 때에는 혼자 힘으로 하기 어려운 특성을 지닌다. 자연히 그 분야의 전문가나 손재주가 있는 제3자의 도움이 필요한 것이다. 면담 대상자 이야기를 종합해 보면 북한주민 사이에서 유행을 따르려는 수요가 커지는 만큼 그 수요를 충족해 주면서 돈을 벌려는 공급처도 다양해진 것으로 나타난다.

> 이발소 있고 개인이발사도 많아요. 개인미용사도 많고, 집에서 파마해주고 돈 받고 해주는 사람들도 많고⋯ 그리고 장마당에서 개인들이 나가서 하는 사람들도 있고. 장 옆에도 있고. 그 다음에 또 이발소도 있어요. 개인역전 이발소 있고 ○○(도시) 이발소도 있고 어린이 이발소도 있고⋯ 파마집은 그냥 집에서도 하고 사회⋯ 편의 요양시설이 있어요. 그런데는 여러 사람 모이니까 말을 막 안하지. 그치만 개인집은 잘 아는 집이니까 '대학가서 공부하니? 돈 많이 들겠다' 이런 식으로 말하고⋯ (오은별)

북한 전역의 장마당에서는 점차 소비자의 특성에 따라 남성과 여성, 어린이 전문 미용 산업이 발달하는 현상이 나타났던 것으로 보인다. 무엇보다 장마당이나 개인 집, 역전, 공공으로 분류할 수 있을 정도로 미용실 시장이 다양해졌다는 것이 면담 대상자들 이야기였다. 다른 업종에 비해 손님과 비교적 오랜 시간 교류하는 미용사는 상황에 따라 손님의 눈높이에 맞춰 대화를 이끌어내는 등 나름의 서비스 정신을 발휘해야 한다고 이들은 주장한다.

북한당국이 이런 변화가 나타나는 상황을 가만히 두고 볼 리 없었다. 『조선녀성』을 살펴보면 2000년 이후 어느 시점부터 "전통옷에 어울리는 머리단장을 하라" 하는 기사가 삽화와 함께 나타난다.

> 쌍태머리와 외태머리는 오래전부터 전해오는 우리 처녀들의 고유한 머리향식이다 (중략) 쌍태머리는 우리 녀성들의 근면한 성격과 (중략) 언제나 부지런하고 외유내강한 성격에 맞게 매우 활동적이였다. 쌍태머리는 보는 사람들로 하여금 단정하고 귀여우며 생기발랄한 감을 준다. 외태머리는 (중략) 머리칼의 길이는 25~30cm 정도가 좋다. (중략) 이 머리형태는 생기발랄하고 젊음이 넘쳐나는 처녀들, 특히 대학생들과 로동청년들에게 더없이 잘 어울리는 머리형태이다. 쪽진머리는 결혼은 한 녀성들이 머리꾸밈새에서 기본형식의 하나이다. (중략) 우아하고 보기 좋은 조선 치마저고리차림에 어울리게 머리를 곱게 빗어 넘겨 쪽진 다음 비녀를 꽂은 우리나라 녀성들의 얌전하고 세련된 모습에는 부드러우면서도 강의하며 고상한 성품이 그대로 반영되어 있다. (「녀성들의 나이별 머리형태」, 『조선녀성』 2003년 7호, 51쪽).

[그림 3-3] 『조선녀성』 2003년 7호 51쪽에 나타난 머리단장 관련 삽화

그런데 한국 드라마를 보고 옷차림을 따라 하는 주민에게 한복차림과 비녀꽂기를 권하는 북한당국의 언설은 상당히 이질적으로 느껴졌다는 것이 면담 대상자들 의견이었다. 헤어스타일과 관련하여 면담 대상자의 기억을 더듬어보면 북한에서 머리카락 염색은 금지 항목이라고 했다. 특히 젊은 여성이 머리를 길게 길러서 묶지 않고 풀고 다니는 것은 규제의 대상이라고 이들은 강조한다. "어느 때는 머리 땋아라 했다가… 또 그 때 지나가면 잘라라" 하는 등 북한당국의 요구사항이 자주 바뀌었다는 것이 면담 대상자의 주장이었다.

> 어른들 머리 기르면 큰일 나요. 비사에서 머리 길이 재요. 여자들 머리 기르면 비사회주의에 걸린다고 단속하고. (윤지혜)

> 5년도엔가 (머리카락 염색하는) 풀이 들어왔어요. (사람들이) 노란 물 들이면 (당에서는) 몽땅 다 빡빡머리 하라고 할 것 같은… (최순녀)

"우리식 머리단장"을 권고하던 북한당국의 언설은 2000년대 중후반에 접어들며 규제의 어조로 어느 정도 변화하는 양상을 드러낸다. 머리단장에 "도섭을 부리지 말라" 하거나 "길게 기르지 말라" 하는 기사가 『조선녀성』 지면에 등장한다.

> 머리단장에서 쓸데없이 멋을 부리는 것은 우리 인민의 고상한 정서와 미감에 맞지 않는다. (중략) 얼굴모양과 직업적 특성에 맞지 않게 도섭을 부려 머리단장을 하는 것은 아름답고 고상한 것을 지향하며 우아하고 부드러운 것을 좋아하는 우리나라 녀성들의 감정 정서에 맞지 않는다. (「사회주의적 생활양식을 철저히 세우자 - 머리단장을 우리 식으로」, 『조선녀성』 2006년 9호, 47쪽)

일부 녀성들은 겨울철이라고 하여 지나치게 머리를 길게 기르고 다니는 현상이 있는데 이런 머리는 소박하고 고상한 우리 시대 녀성들의 품성으로 보나 위생학적으로 보나 잘 맞지 않는 머리형태이다. 머리를 짧고 단정하게 하고 다니는 사람은 한결 돋보이고 건전해 보인다. (「사회주의적 생활양식을 철저히 세우자 - 겨울철 녀성들의 머리단장을 시대적 요구에 맞게 하자」,『조선녀성』 2008년 2호, 49쪽)

위에 나오는 인용문을 살펴보면 북한당국이 강력하게 단속을 했어도 아름답게 꾸미고자 하는 여성들 개인의 욕망과 실천을 훼손하지 못했다는 점이 드러난다. 통제의 언설이 점차 강해진다는 것은 그만큼 북한당국이 통제에 실패했다는 것을 의미한다고 연구진은 해석했다. 사람이 모인 곳은 어디나 똑같지만 북한에서도 역시 지배 권력이 위력을 내세워 개인의 행위를 단속하고 금지한다고 해서 주민들이 누구나 다 같은 양상으로 순응하는 것은 아니었다. 북한 내부에서도 개인은 항상 나름대로 대안을 찾았고 늘 협상과 저항을 거듭하는 행위성을 지닌 채 독립적 존재로 일상생활을 영위해 왔기 때문이다. 그렇게 북한주민들 사이에서도 "추세"는 끊임없이 이어졌고 유행의 패러다임도 변화해 왔다.

(염색을) 엄청 진하게 이렇게 하지는 않고 얘가 갈색머리인가 할 정도로 살짝만 하는 거죠. 그렇게 진하게 표현하면 단속을 당할 때 가위로 잘라버리는 데 어떻게 해요? 근데 애들은 그걸 무척 하고 싶어 하니깐 뭐 앞에만 살짝 하면 단속하는 애들이 '야, 너 염색했지? 염색했지? 그러면 아니라고… 나 이 머리가 태어날 때부터 이렇게 노랗다' 그러는 거예요. (지은영)

그 뭐 이렇게 머리를 우선 이렇게 풀어헤치는 건 절대 용납 못 합니다. 그래도 헤어스타일이 뭐 이렇게 머리를 이렇게 꽁지는데 예전에는 이렇게 빡빡 다 이렇게 (올백머리를) 했다면 남한 사람들처럼 막 이렇게 머리를 이렇게 쫙 빗은 듯 만 듯 (앞머리를 내린) 머리하고… (김향화)

또 머리를 이렇게 길게 길렀지 않습니까? 청년동맹이 머리를 이만큼 길게 기르면 가위를 들고 나와서 뚝 잘라버립니다. 묶어도 안돼요. 이렇게 머리 묶으면, 청년동맹이 물을 흐른다고 허용 안합니다. 딱 밑에다가 이렇게 묶는데, 밑에다 이렇게 묶어서 어깨선까지. 그리고 학생은 따로 무조건 단발머리. 귀밑에 (묶어도 이렇게 위로 묶으면 안 되고 아래쪽으로 이렇게 묶으라고? 목선 있는 데에서?)…. 네 한 때는 그렇게 하는 게 유행이었지요. 제가 머리를 길게 길러 보았는데요. 안되지 말입니다. 그래도 하고 다녔습니다. 머리를 아줌마처럼 이렇게 딱 틀어 올려서 여기를 딱 묶고 다녔지 말입니다. 그러면 아줌마인가 합니다. 시집간 아줌마인가 합니다. 그렇게 되면 청년동맹에 안 걸리고 그냥 쓱 지나갈 때도 많았습니다. (백영미)

면담 대상자 의견을 종합해보면 북한당국이 머리모양을 단속했지만 효과가 크지는 않았던 것 같다. 북한당국이 발행하는 공간문헌 내용을 읽어봐도 점차 규제를 완화하는 모습이 등장한다. 이 무렵의『조선녀성』지면을 살펴보면 시간이 지나면서 점차 북한당국이 여성에게 '권장'하는 헤어스타일에 변화가 나타난다. 2000년대 중반과 2000년대 후반에 게재한 두 사진 사이에 일정한 수준의 차이점이 나타나는 현상을 볼 수 있다.

[그림 3-4] 『조선녀성』 2005년 1호 24쪽 머리단장 관련 사진

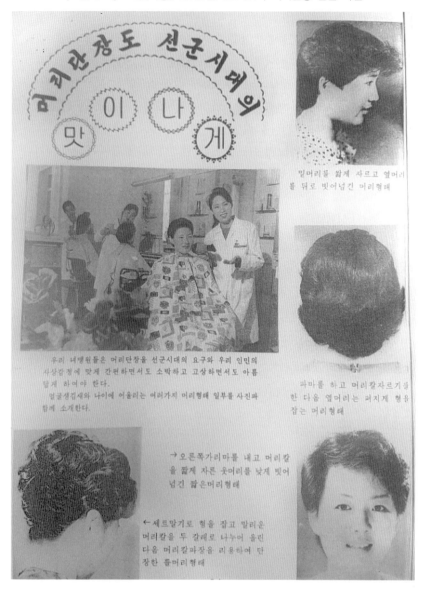

[그림 3-5] 『조선녀성』 2009년 12호 32쪽 머리단장 관련 사진

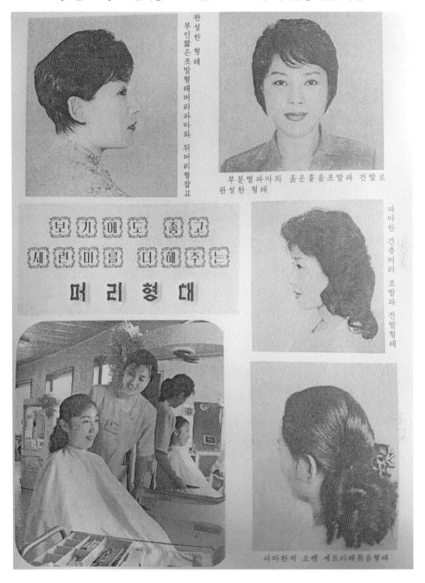

198쪽 [그림 3-4]는 『조선녀성』 2005년 1호 23쪽에 나오는 내용이고 199쪽 [그림 3-5]는 『조선녀성』 2009년 12호 32쪽에 등장하는 머리 모양이다. 2009년 사진을 보면 2005년에 비해 등장인물인 여성의 머리카락 길이가 길고 웨이브가 많이 들어간 형태를 보인다. 또한 층을 내거나 화려하게 장식한 머리 스타일도 나타난다. 여성에게 단정하게 묶어 올리거나 짧게 커트한 머리를 권장했던 "선군시대" 2005년과 달리 2009년 『조선녀성』 기사 내용은 "세련된" 모습을 강조하는 변화를 드러내 준다.

한편 중국에서 들어온 헤어 스타일링 제품은 북한 남성 사이에 새로운 유행을 촉진시키기도 했다. 머리카락 모양을 고정해 주는 무스와 스프레이는 그동안 짧게 자르는 것 외에 다른 방법이 없었던 북한 남성에게 헤어스타일을 다양하게 만드는 기회를 제공해 주었다.

> 남자들 같은 경우엔 도끼머리라고 막 유행을 했어요. 이렇게 막 삐쭉삐쭉하게 막 서게 막 이런 머리… 무스 막 바르고… 스프레이처럼 막 뿌리는 것도 있었거든요. 90년대 이후 2000년대에 그냥 중국 물품이 막 쏟아지면서… (리연심)

> 남한 드라마를 보면서 말머리라고 뒷머리를 이렇게 길게 기르고요. 옆을 막 이렇게 치고… 그거를 2000년대 중후반에 아주 단속을 하고… 학교에서 소위 일진 이런 애들은 그걸 해야 됐고… 일단 머리 스타일이 탁 튀면 아 제가 일진인가보다… 대가리, 솎은 머리라고 머리를 삐쭉 삐쭉 세우는 거… 그것도 강하게 통제를 했어요. (김철우)

그렇지만 이런 제품이 들어왔다고 해도 적합하게 사용하는 방법을 몰라 제대로 쓰지 못하거나 아예 잘못된 사용법을 전해들은 뒤 "엉뚱한 짓을 했던" 면담 대상자도 있었다. 간혹 한국 샴푸가 너무 강해서 머리카락을 건강하게 관리하는 데 오히려 해롭다는 소문을 들었다고 자신의 경험을 이야기해 주는 면담 대상자도 있었다.

하나로 상표를 썼어요. 1킬로, 2킬로짜리 샴푸인데 파란 뚜껑이 딱 있고 꾹꾹 눌러서 쓰는 거예요. 세정력이 너무 세 가지고 때는 잘 벗겨지는데 머릿결을 다 망친다 이렇게 얘기가 돌았죠. 그러면 그냥 양 조금 해서 쓰면 돼요 (중략) 린스라는 것도 그때 해봤어요. 근데 린스를 쓰는 방법을 모르니까 그냥 그 장사꾼이 이야기 해주는 게 그냥 물 이렇게 조금 떠 놓고 얘를 한 10방울정도 이렇게 떨궈서 그걸 희석한 다음에 머리에 이렇게 끼었어라. 그 다음엔 나중에 씻어라. 그러더라고요. 그랬더니 별로 모르겠더라고요 그거는… 근데 샴푸는 정말 비누 쓰다가 그걸 쓰니까 기막히게 막 좋았던 그런 기억이… (윤지혜)

면담 대상자의 의견을 살펴보면, 샴푸와 린스를 판매하는 판매자조차 모발과 두피의 개념을 명확하게 구분하지 못한 채 그냥 물건을 팔았던 것 같다. 그만큼 각 용도에 따라 샴푸와 린스를 제대로 사용하는 방법을 정확하게 아는 사람이 많지 않았던 것으로 드러난다. 샴푸의 경우 비누처럼 두피와 모발 전체에 사용하는데다가 사용법이 편하기도 하고 세정력이 훨씬 좋으며 향기도 있다 보니 적당량 사용할 때 북한주민들 만족감이 아주 높았던 것으로 나타난다. 그러나 적정량 이상을 과다하게 썼을 경우에는 당연히 두피에 자극을 주었을 것으로 예상할 수 있다. 린스의 경우에는 사용법을 완전히 잘못 알고 있었던 면담 대상자가 많았다. 게다가 이미 샴푸의 만족감과 효과를 크게 경험했던 상태에서 추가로 린스를 구입하면서 이들의 기대치가 상당히 높아서 실제 만족감은 감소했던 것으로 추정해 볼 수 있었다.

2000년 이후 북한 장마당 뷰티의 면면은 다양하게 변모했다. 무엇보다 북한주민의 꾸미기 욕구를 충족시켜 줄 수 있는 새로운 품목이 장마당에 속속 등장하기 시작했다. 이렇게 장마당 뷰티시장이 급격하게 성장하면서 호황을 누리면서 아름답게 꾸미기를 원하는 북한 여성의 욕구를 상당히 높은 수준으로 만족시켜 주기는 했지만 그렇다고 해서 이들이 소비자로서 자기 권리를 누릴 수 있는 상황은 아니었다. 장마당 뷰티가 여성의 몸에 직접 닿는 상품이나 시술을 취급하고 있었지만 북한당국은 최소한의 보건 기준이나 관련 규제를 만들고 강제하려 하지 않았다. 결국 부작용이 발생하면 모두 제품을 구입해서 사용한 여성에게 오롯이 전가하는 현상이 나타나는 현상을 볼 수 있었다. 물건을 파는 상인도 소비자인 여성에게 최소한의 기초적 건강정보 또한 제대로 제공하지 않았다. 결국 북한당국은 장마당 뷰티 산업 자체에 큰 관심이 없었고 새로운 색조 화장품의 유입은 제대로 통제하지 않으면서 여성이 색조 화장을 짙게 하는 행위에 대해서는 강력하게 금지하는 정책을 시행하였다. 이렇게 북한당국이 특정한 머리단장을 단속하고 색조 화장을 진하는 하지 말라고 강력하게 규제해 왔지만 그 속에서도 북한 여성은 대부분 조금이라도 빈틈이 보이면 자신이 하고 싶은 스타일을 시도하면서 단속에 걸릴 때마다 적절한 협상과 순응 전략을 취하며 변화를 이끌어 나가기도 했다.

Ⅳ. 2010년대: 북한 여성 스스로 꾸미기 방식을 선택하기 시작하다

IV. 2010년대:
북한 여성 스스로
꾸미기 방식을 선택하기 시작하다

1. 화폐개혁과 주민의 태도 변화

1) 화폐개혁의 여파

2009년 11월 30일, 북한당국은 전격적으로 화폐개혁을 단행한다고 발표했다. 각 세대별로 소유하고 있는 구화폐 10만 원을 신화폐 1,000원으로 교환해 준다는 것이었다. 문제는 한 집안에 돈이 얼마나 많은지 관계없이 세대별로 구화폐 10만 원까지 한도를 정해 놓고 신화폐로 교환해 주겠다는 방침을 발표했다는 점이었다. 당연히 이 소식을 들은 북한주민은 누구나 큰 충격을 받았다. 고난의 행군 시절 이후 "아글타글" 장사로 돈을 모았던 북한주민은 그야말로 "하루아침에 날벼락을 맞은" 심정이었다. 어쨌거나 북한당국은 화폐개혁 시행 방침을 발표했고 우여곡절을 겪으면서 추진해 나갔다. 그런데 화폐개혁을 시행한 지 두 달도 채 지나지 않아 물가는 천정부지로 치솟았고 "조선 돈, 내화, 국돈" 등 다양한 명칭으로 부르던 북한 돈은 하루아침에 "물로 변하고" 말았다. 고난의 행군 이후 장마당에 나가서 수단방법을 가리지 않고 돈을 벌어 모아놓은 재산이 한순간에 "물로 만들어 버린" 화폐개혁을 지켜보는 북한주민에게 그 여파는 아주 강하게 남았다. 그동안 북한당국에 대해서 그나마 갖고 있던 일말의 믿음마저 화폐개혁을 겪으면서 완전히 잃어버렸다고 대다수 면담 대상자가 증언해 주었다. "이 나라는 도저히 안 되겠구나, 도무지 제 백성이 편히 사는 꼴을 못 보는구나" 하면서 원망과 분노를 쏟아냈다는 것이다. 화폐개혁 이후 북한사회에서 볼 수 있던 확연한 변화상을 회고하는 면담 대상자의 증언을 정리해보면 다음과 같다.

첫째, 화폐개혁을 계기로 사용가치가 거의 없어진 "국돈"을 대신해 외화가 실질적인 통화 수단으로 쓰이기 시작했다. 북중국경 지역에서는 중국 위안화를 주로 사용했고 평양과 그 주변에서는 미국 달러화를 주고받았다고 이들은 말한다. 심지어 장마당에 나가 두부 한 모, 파 한 단을 살 때조차 북한 돈으로 거래하지 않고 인민폐를 사용했다는 것이다. 물건 값을 흥정하다가 거래하기 전에 상인이 어느 통화로 결제할 것인지 물어보고 북한 돈을 낸다고 하면 가격을 더 비싸게 부르는 일이 많았다고 했다. 거래 액수가 큰 경우에는 물건을 파는 상인들이 아예 위안화나 달러로 값을 지불하라고 요구하는 경우가 많다는 것이 면담 대상자들 의견이었다.

> 일반적인 게 중국 돈… 중국 돈이 계산하기 쉽고 유통이 잘 되는데 달러는 갖고 있기 편해요. 중국 돈 600, 700원이 달러 100원이니까… 화폐개혁 전에는 확실히 북한 돈을 썼어요. 중국 돈도 많이 썼는데, 조선 돈도 많이 썼어요. 화폐개혁 이후에는 사람들이 조선 돈을 가지고 있는 것이 다 무용이 되어서 그 다음부터는 안 가지고 있어요. 시장에서 채소 살 때도 다 중국 돈 써요. 조선 돈을 쓰기는 하는데, 웬만하면 안 써요. 북한 돈 없어도 사는데 별 지장 없어요. 시장에서 채소가 중국 돈으로 얼마다 써 놓고 팔고… 농촌 사람들이 조선 돈 쓰기는 쓰는데 그래도 일반적으로도 다 중국 돈 가지고… 화폐교환 한 다음부터… (고영숙)

힘들어졌던 그때 사람들이 그 화폐개혁 딱 하고 나서 아… 이거는 국내에 희망을 두면 안 되겠구나 생각을 하고… (원관옥)

2010년도쯤에는 쌀이 기준이 아니라… 그 때는 인민폐가 기준이었어요. 2008-9년도에는 쌀이 기준이었는데 화폐개혁 때문에 인민폐가 기준이 되었어요. 북한 돈은 워낙 파동이 심해서 쌀을 기준으로 하는 거죠. 심지어 장마당에서도 북한 돈으로 팔고 사지 않으니까… 중국 돈으로 다 해요. 채소 장사는 그냥 북한 돈으로 하기도 해요. 그런데 쌀 같은 경우에는 4원에 1 키로 3원에 1키로 이렇게 인민폐로 받았던 것 같아요. 큰 돈 300만 원 정도 생기면 달러 바꿔놓고요. 그 전에는 몰랐는데 사람들이 달러 시세가 크게 올랐다 내렸다 하니까 너도 나도 달러 바꿔놓자 하고… (박옥경)

○○은 위안화를 많이 쓰는 것 같고 □□ 쪽은 달러를 많이 써요. 물건 계산할 때 가게에 물어봐요. 국돈도 받는지, 위안화 말고 달러로 할 것인지… 가게마다 국돈으로 받는 곳도 있고 달러로 하겠다는 하는 곳도 있고… (배금희)

북한 돈은 가끔…. 그것도 필요할 때가 있으니깐…. 북한 돈 5,000원이면 중국 돈으로는 한 4원 정도… 중국돈 10원 되려면 북한 돈 12,000원 정도 있어야… (김혜명)

국돈도 쓰기는 쓰지요. 근데 그게 너무 환율이 신뢰가 없으니까… (김철우)

둘째, 화폐개혁으로 인플레이션이 극심해지면서 평범한 주민들의 생활이 "한순간에 나락으로 떨어진" 경우가 많았던 것으로 나타난다. 각 세대별로 구화폐 10만 원까지 신화폐로 교환해 주었기 때문에 그동안 사람들이 열심히 노력해서 모아 두었던 10만 원 이상의 재산은 모두 휴지조각이 되어버렸

던 결과였다. 당시에는 물건 값이 "아침에 오르고 저녁에 오르고 또 그 다음
날 아침에 다시 오르니까 사람들이 올리 뛰고 내리 뛰고 아수라장 같았다"
하는 것이 이들의 증언이었다.

  집안에 국돈을 많이 가지고 있었던 사람들은 자루 채로 가지고 있기도
  했는데… 그 어디 이런 기업소나 회사 같은 데에다가 이렇게 하면 바꿔
  준다고 해서 저는 회사에 다 넣었어요. 그런데 다 떼였어요. (고영숙)

  화폐 교환을 하고는 돈이 너무 차이가 많이 나 가지고… 처음에는 같
  다가 그 다음에는 갑자기 막 이렇게 하고 그래 가지고… (리지영)

  그 사람들이 그냥 달러랑 인민폐를 대대적으로 쓰기 시작할 때부터…
  가격대가 벌써 다 달라졌고… (원관옥)

  그런가 하면 화폐개혁 직전에 북한 돈으로 물품을 대량으로 구매해 두었
는데 그 물건 값이 치솟아서 화폐개혁 이후 꽤 큰 이익을 거두었다는 면담
대상자도 있었다. 이 사람은 자신의 경험을 아래와 같이 들려주었다.

  금방 신 화폐 됐을 때, 그러니까 가치가 100대 1에서 오르지 않았을
  때, 월급을 850원 받은 거예요. 아…그 때 엄청 행복하더라고요. 그런데
  그게 딱 한 몇 달 주고는 나중에 준대요. 다음 달부터는 "돈 다음 달에
  줄게" 이렇게 말하고 축적만 하는 거예요. 돈은 안 나오고, 다음 달에 준
  다고 하고 안주고… 다 몰아서 그 다음해 한 5월인가? 예전의 그 화폐랑
  가격이 똑같아졌을 때, 3,000원인가 받았거든요. 의미가 없어져서 3,000
  원으로 쌀 한 키로 못 살 때였어요. 내가 너무 멘붕이 와 가지고… 화폐
  개혁 전에 내가 임금 620원 받았을 때 엄마가 그걸로 비료 샀어요. 그
  때가 비료 1 키로에 막 뭐 4원 50전, 뭐 5원 이렇게 할 때니까… 거의 8키
  로를 사 놓은 거예요. 그런데 화폐개혁 후 3,000원 받을 때가 2010년 5~6

월 달이었거든요. 보릿고개 딱 이 때였는데, 그 때 쌀이 없잖아요. 쌀이
랑 비료가 일대일 하던 때인데, 쌀이 5,000원 했으니까… 620원이 몇 만
원이 된 거예요. (원관옥)

면담 대상자들 증언을 정리해보면 고난의 행군을 겪고 각종 통제에 시달
리면서도 북한당국을 어느 정도 믿고 있던 대다수 북한주민도 화폐개혁을
겪으면서 심리적으로나 경제적으로 강력한 충격을 경험했던 것으로 드러난
다. 물가는 상승하고 모아뒀던 돈은 쓸모가 없어졌기 때문에 북한주민의 삶
은 피폐하고 힘들어졌다. 면담 대상자 박옥경은 대학에 합격한 뒤 입학을
기다리고 있었지만 화폐개혁으로 대학진학은커녕 기본적인 식생활도 어려
운 수준으로 떨어졌다고 그 당시 자신의 상황을 들려주었다.

화폐개혁 전까지 불법 장사도 하면서 잘 살기 시작했던 사람들도 어려
워졌어요. 그 다음 해에 입학하기로 했는데 화폐개혁을 해서 집에 먹을
것도 없고… 대학교 가려면 일단 대학교 교복도 맞춰야 하고. 책가방도
사야 되고… 그리고 대학교 먼저 들어가기 전에 회비인가? 뭔가 그것도
내고 해야 하는데 그것도 없고 하니깐… 답답한 거예요. (박옥경)

화폐개혁 직후 대다수 북한주민의 생활형편을 물어봤을 때 모든 면담 대
상자가 한 사람도 예외 없이 "정말 힘들었다" 하는 말로 당시 상황을 표현했
다. 심리적인 충격은 물론 경제적 충격도 아주 심각했다고 이들은 말했다.
면담 대상자 원관옥처럼 물건을 사 둔 경우는 그나마 나았지만 박옥경은 집
에 먹을 것이 없는 상황에 갑자기 맞닥뜨려야 했다. 장마당에서 혼자 소규
모 장사를 했던 김혜명의 경우도 하루 벌어서 하루 먹고 살다가 "날벼락을
맞았던" 시절이라고 말해 주었다. 장사 자체가 원래 일도 힘들고 비용 소모
도 큰 상황에서 화폐개혁까지 감내해야 하다 보니 그야말로 "엎친 데 덮친"
나날이었다는 것이다.

물건은 누가 가져다주는 게 아니라 내가 가지러 가야 하는 거예요. ○
○시 세관 근처에 가면 중국에서 공업품 가져다가 도매 비슷하게 넘겨주
는 집들이 많아요. 개인이 돈 좀 있으면 그런 걸 하거든요. 집을 크게 지
어서 도매장하는 거죠. 가서 내가 원하는 물건을 사서 시장 매대에서 팔
아요. 매대는 관리위원회에서 사거나 매대에서 그만 두는 사람 수소문해
서 그 사람한테 사요. 한 자리가 80~90cm 정도고 중국 돈 100원인데 동
네시장은 이렇고 ○○시장처럼 시내 시장은 중국 돈으로 1000원, 2000원
정도… (중략) 화폐개혁 하고 나니 하루 팔아 하루 먹고 살죠. 쉬지도 못
해요. 국가 명절 빼고는 매일 열죠. 토요일, 일요일 쉬는 게 없어요. (김
혜명)

셋째, 화폐개혁을 계기로 북한당국에 대한 주민들의 신뢰는 완전히 바닥
으로 떨어졌다는 것이 이들의 의견이었다. 뿐만 아니라 북한당국의 의도와
달리 화폐개혁은 주민들 가치관이 완전히 변화하는 계기가 되었다고 이들
은 주장한다. 당원이 되고 출세를 하는 것이야말로 누구에게나 인생의 목표
라고 여기던 북한주민들 속에서 "돈"이 최고의 가치로 자리 잡기 시작하는
현상이 나타났다는 것이다. 면담 대상자들 의견을 종합해보면 돈을 주고 입
당하는 일이 가능해지면서 예전보다 "당원증의 가치가 확 떨어지는" 현상도
나타났다. 그래도 "북한이 돈으로 움직이던 세상은 아니라고 생각해 왔는데
어느 날 갑자기 돈만 있으면 입당도 할 수 있고 출세도 할 수 있는" 곳이 되
었다는 것이었다. 이렇게 "사람들 눈이 트이고 사고방식에 변화가 일어나면
서" 시장에 나와서 장사하는 남성들 숫자가 확 늘어났다고 이들은 말한다.
또한 젊은 사람들 속에서 대학에 진학하는 것보다 장사능력을 갖추는 일을
높이 평가하는 분위기가 만들어졌다.

북한에서는 요즘 뭐 당원 안 중요해요. 예전에는 남자들 입당해야 한
다 이런 게 있었는데 요즘은 뭐 워낙 깨서… 아무나 다 입당할 수 있어

요. 중국 물을 너무 많이 먹어 가지고 (중략) 대학 나와서 뭐하냐… 공부만 한 애들은 사회성이 떨어지거든요. 중학교도 안 다니고 장사만 하는 애들보고 어른들이 말하는 게 저런 애들이 돈 계산을 더 빨리 한다. 너희가 암만 배워서 뭐하냐 이런 식으로 말해요. 돈이 최고죠. 남자한테도 돈이 최고예요. 입당을 하겠다고 해도 뭘 고여야 되고 입당 준비 하는 동안 주위에서 문제제기 하면 안 되니깐 또 뭐라도 먹여야죠. 그러니 다 돈이 필요하고… 남자들도 와이프가 많이 벌어서 그런 일을 다 밀어줘야 해요. 남자가 자기 힘으로는 입당을 못 해요. 부인이 밀어줘야 되는 거지. 솔직히 북한 남자들이 뭐 장사하는 몇몇 사람들 제외하고는 남자들이 생활력이 엄청 없어요. 그냥 자기 사는 것도 문제가 되요. 남자들도 장사하는 사람 생겼어요. (리지영)

일시적인 건 권력이지만 길게 보면 돈이죠. 그래서 지금 결혼 대상자가 갖춰야 할 게 권력이 아니라 돈이잖아요. 예전에는 제대군인 출신이면 좋은 신랑감이었는데 이젠 아니잖아요. 요새는 한라산 줄기가 짱이에요.[42] 짱. 평양이 아니라면 뭐 지방 군 지역에서 직장생활하고 초급당 생활하고 그래봐야 도진개진이잖아요. 초급 당 비서나 할 바에는 돈이 낫죠. "야… 남자가 배급표만 받아오면 되지" 이러면, 우리 큰 엄마가 "야… 그런 얘기는 어느 세월에 옛날 곰 학년 때 얘기냐" 하고… 옛날 이야기를 곰 학년 때 이야기라고 해요. (원관옥)

2010년에는 남자가 장사하시는 분들이 되게 많아졌어요. 한 2008~2009년에도 약간은 있었고 2005년, 2006년도에는 거의 없었던 것 같아요.

---

42 일명 토대라고 하는 출신성분을 중요하게 여기는 북한사회에서 최고의 성분은 단연코 김일성-김정일-김정은으로 이어지는 지도자 가계 출신이라는 의미의 "백두산 줄기" 집안을 말한다. 그런데 고난의 행군이 끝나갈 무렵부터 탈북한 북한이탈주민이 한국에 입국한 뒤 점차 북한에 남아 있는 가족과 친지한테 돈을 송금하기 시작하면서 이들이 최고의 성분인 "백두산 줄기" 못지않을 정도로 경제적으로 풍족하게 산다는 의미에서 "한라산 줄기" 집안이라고 풍자하는 표현이 널리 유행했다고 한다.

남자들이 꼭 직장생활을 해야 된다 이런 문화가 있었는데 화폐개혁하고 점점 나라가 먹고 살기가 힘들고, 뭐 백성들한테 뭘 해주는 게 없고… 먹고 살기가 힘들잖아요. 남편들도 이제는 그것을 아는 거지요. 직장생활을 해서 먹고 살기가 힘들다고 생각하기 때문에 자기들도 벌어야 되겠다는 생각이 들어서 이렇게 바뀌는 것 같아요. 남자들이 뭔가 가장으로 돈을 벌려고 하는 그런 책임감 같은 게 생겼어요. 제일 변화가 많이 오고 빠른 게 시장이거든요. 그런데 시장에 남자들이 옷 팔러 다니고 하는 이런 거를 봤어요. (박옥경)

면담 대상자 리지영이 말해준 것처럼 고난의 행군을 지나면서 북한에서 일반적으로 남성은 경제적으로 무능하고 어느 집안이나 여자가 장사를 해서 먹고 산다는 이야기는 2000년 무렵에도 이미 익숙하게 등장했던 내용이었다. 일부 "돈주" 집단을 제외하면 북한 전역의 장마당에 나와 장사를 하는 사람은 남자가 아니라 그 집안의 여성이었기 때문이다. "여자가 똑똑하면 그 집안 식구는 굶어죽지 않는다" 하는 것이 북한 내 어느 지역에서나 통용이 되는 상식이었다. 그런데 박옥경의 말을 들어보면 화폐개혁을 겪고 난 이후에는 북한 내부에서도 "그래도 남자는 남자이니 아무래도 남자는 직장에 적을 두고 바깥일을 해야 한다" 하는 고정관념에 균열이 나기 시작했다는 사실을 알 수 있다. "백두산 줄기나 빨치산 줄기보다 한라산 줄기가 짱"이라던 원관옥의 증언도[43] 시간이 흐를수록 북한에서 입당이나 간부가 되어 출세하는 것보다 돈을 추구하는 실리적 경향이 점차 높아지고 있음을 보여준다. 이 말은 곧 탈북한 가족이 한국에 정착한 "한라산 줄기" 집안 사람은 북한에서 상대적으로 풍족한 생활을 한다는 것을 의미한다. 원관옥은 2010

---

43 북한에서 김일성과 그 가족의 후손을 백두산 줄기로 부르는 반면 일본 강점기 시절 김일성과 함께 항일 빨치산 활동을 했던 사람의 후손은 빨치산 줄기라고 부른다. 이들은 당연히 북한사회에서 온갖 특권을 누리며 평범한 사람들이 꿈도 꿀 수 없는 삶의 기회를 즐기며 살아가는 것으로 알려져 있다.

년대 북한사회의 변화와 관련하여 새로운 부유층으로 떠오른 "한라산 줄기"
관련하여 다음과 같이 말해주었다.

> 감방 갔다 온 이혼남 집에 이 언니가 처녀 결혼을 한 거예요. 왜 결혼
> 했지 했는데 알고 보니 이 사람이 돈이 많은 거예요. 돈이 왜 많지 했는
> 데, 그 사람 누나가 여기(한국에) 4명이나 와있는 거예요. 한라산 줄기 돈
> 인 거죠. 그 사람들 사는 시리카트 아파트는 뭐 당위원회 조직비서, 책임
> 비서 뭐 아들이요 뭐 이런 사람들이 살거든요. 사람들이 쟤네는 한국에
> 서 돈이 오는 집이야 이렇게 말해요. 내 그 동네 살면서 한라산 줄기라고
> 불이익 받은 사람은 한 명도 못 봤어요. 물론 눈치를 보면서 쓰기는 하
> 지만 돈을 전하고 받으면서 바로 그 현장에서 딱 걸리고 그러지 않는 이상
> 은 문제없어요. (원관옥)

면담 대상자들 의견으로 미루어 볼 때, 2000년 이후 북한 전역에서 장마
당 경제활동의 영향으로 점점 더 돈의 위력이 커져오다가 화폐개혁 이후 그
힘이 더욱 강력해진 것으로 드러난다. 주민들 속에서 화폐개혁에 대한 반감
이 커지자 결국 북한당국은 당시 조선노동당 계획재정부장 박남기에게 모
든 죄를 덮어씌우고 그를 처형하는 것으로 다급히 면피하고자 했다. 이로써
화폐를 중앙으로 몰수해버림으로써 시장과 주민에 대한 지배력을 키우고자
했던 북한당국의 의도는 실패로 돌아갔다. 주민들의 생활은 통제할 수 없었
고 오히려 이들이 북한당국에 등을 돌리는 결과를 초래하였다. 이 과정에서
대다수 북한주민이 돈을 최고의 가치 항목이자 새로운 권력으로 인식하는
현상이 뚜렷하게 나타나기 시작했다.

2) 북한당국의 언설 변화

화폐개혁의 충격으로 북한사회 전반의 인식과 관행이 변화했다는 점은 부인할 수 없는 사실인 것 같다. 이렇게 돈이 북한주민의 일상생활에서 더욱 강력한 힘을 갖는 가운데 꾸미기 시장도 점차 세분화, 고급화를 거듭하며 변모해 가기 시작했다. 당연히 꾸미기 관행도 상당한 수준으로 달라졌다. 면담 대상자의 상세한 의견을 살펴보기에 앞서 2010년 이후 꾸미기 관련하여 북한당국이 발행하는 공간문헌에 어떤 내용이 나타나는지 대략적 흐름을 살펴보았다. 북한당국이 『조선녀성』 지면에 발표한 꾸미기 관련 기사 목록과 간략한 통계를 다음 표에 나타내 보았다.

[표 4-1] 2010~2016년 기간 동안 『조선녀성』 꾸미기 관련 기사 목록

게재 월호	기사제목	작성자	쪽수
2010-01	《사회주의적생활양식을 철저히 세우자》 (지상강좌). 겨울철옷차림을 시대적요구에 맞게 하자	오순기	54
2010-01	상식 : 얼굴형에 따르는 여성들의 머리단장		53
2010-03	상식 : 솜옷을 깨끗이 빨려면		46
2010-05	상식 : 잠자기 전에 머리를 감으면		49
2010-07	[상식] 살결을 부드럽게 하는 콩		42
2010-08	옷차림과 머리단장을 우리식대로	녀맹 통신원 김영실	54
2010-08	[상식] 여름철의 모자와 양말		38
2010-09	[상식] 샤쯔의 변색을 막으려면		41
2010-09	[상식] 가루비누로 머리를 감으면		41
2010-09	[상식] 옷의 해빛소독		53
2010-11	〈사회주의적생활양식을 철저히 세우자〉 -녀성들은 옷차림과 머리단장을 우리 식으로 하자(지상강좌).	박윤심	54
2010-12	〈사회주의적생활양식을 철저히 세우자〉 겨울철 옷차림을 선군시대의 요구에 맞게 하자(지상강좌).	박윤심	51
2011-03	《사회주의적생활양식을 철저히 세우자》 (지상강좌). 봄철 옷차림에서 민족적특성을 적극 살려나가자	본사기자 김홍석	54
2011-05	상식 : 피부를 이루는 단백질의 보물고-콩		54

2011-08	《사회주의적생활양식을 철저히 세우자》(지상강좌). 녀성들의 나븐옷차림	본사기자	53
2011-08	상식 : 꽃병의 꽃이 오래 피여있게 하려면		40
2011-10	《사회주의적생활양식을 철저히 세우자》(지상강좌). 가을철 녀성들의 옷차림	본사기자	55
2011-10	상식 : 화장을 잘 하려면		39
2011-11	《사회주의적생활양식을 철저히 세우자》(지상강좌). 옷차림과 몸단장을 민족적정서와 시대적미감에 맞게 건전하고 고상하게 하자	본사기자	50
2011-11	상식 : 겨울에 옷을 많이 입으면		51
2011-12	옷차림을 시대적미감에 맞게	녀맹 통신원 전남실	50
2012-02	《사회주의적생활양식을 철저히 세우자》 : (지상강좌). 녀성들의 몸매에 어울리는 옷차림	본사기자	55
2012-03	상식 : 타일을 어떻게 닦는것이 좋은가		45
2012-05	《사회주의적생활양식을 철저히 세우자》(지상강좌). 옷차림에서 주체성과 민족성을 적극 살려나가자	본사기자	55
2012-05	상식 : 혼솔부분의 실올들이 풀리지 않게 하려면		41
2012-05	상식 : 음식물에 의한 얼룩이 생겼을 때		45
2012-06	《사회주의적생활양식을 철저히 세우자》(지상강좌). 자녀들의 머리단장과 어머니의 역할	본사기자	54
2012-06	상식 : 가구의 색조화를 잘 맞추려면		48
2012-07	상식 : 방안의 색조화를 잘하려면		39
2012-07	상식 : 피부의 로화를 예방하자면		42
2012-07	상식 : 치마나 바지기슭단을 제때에 손질하는 방법		50
2012-08	《사회주의적생활양식을 철저히 세우자》(지상강좌). 가을철 녀성들의 옷차림	본사기자	51
2012-08	자녀들의 옷차림과 어머니의 역할	본사기자	52
2012-09	《사회주의적생활양식을 철저히 세우자》(지상강좌). 관혼상제를 간소하게 하자	정혜순	53
2012-09	상식 : 피부관리는 나이와 계절에 맞게		46
2012-09	상식 : 방안에서 선인장을 키우면 왜 좋은가		46
2012-10	상식 : 피부를 이루는 단백질의 보물고-콩		44
2012-11	《사회주의적생활양식을 철저히 세우자》(지상강좌). 겨울철옷차림을 선군시대의 요구에 맞게 하자	본사기자	53
2012-11	상식 : 혈색을 좋게 하는 영양식료품		42
2012-11	상식 : 천의 종류에 따르는 다리미온도		45
2012-12	상식 : 양복저고리를 잘 다리려면		39
2013-01	《사회주의적생활양식을 철저히 세우자》(지상강좌). 겨울철 화분관리를 잘하기 위한 몇가지 문제	본사기자	52
2013-02	상식 : 얼굴피부의 젊음을 보존시키는 미안방법		40

2014-12	사회주의적생활양식을 철저히 세우자 : (지상강좌). 겨울철옷차림을 선군시대의 요구에 맞게 하자	리금옥	52
2014-12	상식 : 밤에 방안공기를 맑게 하는 화로		44
2014-12	상식 : 세탁기사용에서 알아야 할 점		52
2015-02	상식 : 양털뜨개옷을 빨 때		52
2015-03	상식 : 화장으로 인한 부작용이 왔을 때		47
2015-04	사회주의적생활양식을 철저히 세우자 : (지상강좌). 관혼상제를 간소하게 하자	송은주	52
2015-04	상식 : 겨울옷보관방법		55
2015-05	상식 : 보관했던 구두를 신을 때		46
2015-05	상식 : 일상적인 피부관리		51
2015-05	상식 : 봄철옷차림과 몸단장		53
2015-06	사회주의적생활양식을 철저히 세우자 : (지상강좌). 민족은 자랑-조선치마저고리	본사기자	52
2015-07	상식 : 얼굴형에 어울리는 옷깃형태		53
2015-08	상식 : 나이에 따르는 녀성들의 머리형태		42
2015-08	상식 : 얼굴의 주름살과 건강		45
2015-11	상식 : 찬바람에 튼 피부를 치료하려면		48
2015-11	상식 : 몸매에 따르는 녀성들의 옷차림		55

기사 건수는 총 91건이지만 항목별로 분류하여 살펴보면 3건의 기사에서 두 개 항목이 함께 나타났다. 중복 3건을 고려하면 6년간 7개 항목에서 총 94건의 기사가 등장했다는 의미가 된다. 항목별, 연도별 기사 건수를 다음 표에 정리하였다.

[표 4-2] 2010~2016년 기간 동안 『조선녀성』 꾸미기 관련 기사 수량

	옷	머리	피부	집	화장	결혼식	기타	합계
2010	8	5	1					14
2011	6		1	1	1			9
2012	10	1	4	4		1		20
2013	12	1	1	5		1	2	22
2014	12	1	2	1				16
2015	6	1	3		1	1	1	13
합계	54	9	12	11	2	3	3	94

게재 건수를 기준으로 살펴보면 가장 많은 기사가 등장한 항목은 옷차림으로 나타났다. 전체의 57.4%에 해당하는 54건의 기사는 옷차림 관련 내용이었다. 이 도표는 결국 2010년 이후 북한주민의 꾸미기 문화에서도 옷차림은 여전히 중요한 지위를 차지한다는 사실을 보여준다. 옷차림에 이어 피부가 12.8% 수준으로 두 번째 자리를 차지했다. 그 다음으로 집 꾸미기 관련 기사는 11.7% 정도로 세 번째를 차지했고 근소한 차이로 헤어스타일을 다루는 내용은 9.6%로 네 번째 순위를 기록했다. 꾸미기 활동을 항목별로 구분해 보면 2000~2009년 기간과 다른 항목이 새롭게 등장하지는 않았다. 항목별 기사의 등장 빈도를 비교해 보면 다음 그림과 같다.

[그림 4-1] 2010~2016년 기간 동안 『조선녀성』 꾸미기 관련 기사 수량 분포

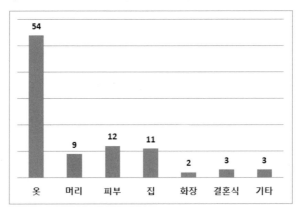

그렇지만 2000~2009년 기간과 비교했을 때 2010년 이후에는 『조선녀성』기사 중에서 꾸미기와 관련한 내용은 연평균, 월평균 건수에서 증가하는 추세를 보인다. 2000~2009년 기간에는 연평균 10.1건, 월평균 0.84건이었으나 2010년 이후에는 연평균 15.8건, 월평균 1.3건으로 수준으로 나타난다. [표 4-3]에서는 2010년부터 2015년까지 총 6년분만 계상했기 때문에 보정계수를 곱하고 2000년대의 10년간 기사 통계와 비교대조해 보았다.

[표 4-3] 2000년대와 2010년대『조선녀성』꾸미기 관련 기사의 평균수량 비교

기간		2000-2009			2010-2015	
분류	항목	건 수	비율	항목	건 수 (보정)	비율
1순위	옷	54	52.9%	옷	90	57.7%
2순위	집	16	15.7%	피부	20	12.8%
3순위	머리	13	12.7%	집	18	11.5%
4순위	피부	7	6.9%	머리	15	9.5%
5순위	결혼식	6	5.9%	결혼식	5	3.2%
6순위	화장	5	4.9%	기타	5	3.2%
7순위	기타	1	1.0%	화장	3	1.9%
합계		102	100.0%	합계	156	100.0%

2000년대와 2010년대 순위별 항목분표를 살펴보면 옷차림 항목은 양쪽 다 전체의 절반을 상회하며 절대적인 1순위를 차지하는 것으로 나타난다. 화장과 결혼식, 기타 항목은 6% 미만의 비율로 하위권에 분포한다는 점에서도 유사하다. 관련 기사의 수량 분포에 있어서 차이점은 크게 2가지로 나타난다. 먼저 2010년 이후에는 2000~2009년 기간과 비교해 볼 때『조선녀성』기사에서 피부 관련 언설을 하는 사례가 2배 정도 증가한 특징을 드러낸다. 반면에 집 꾸미기와 머리단장, 화장, 결혼식에 대한 언설은 대체로 4%p 이내에서 감소하는 양상이 나타나는 것을 볼 수 있었다. 또한 표에 기재하지는 않았으나 옷차림의 경우 조선옷차림을 강조하는 기사가 감소했다는 점에서 변화가 나타난다고 하겠다.

2000년 당시에는 전체 옷차림 기사 항목의 38.9% 정도가 전통옷차림을 강조하는 기사였으나 2010년 이후에는 전체 옷차림의 9.3%에 해당하는 5건으로 대폭 감소하였다. 이런 변화의 원인은 전통옷차림에 대한 북한당국의 강조가 이전보다 감소할 만큼 사회적으로 "조선옷차림" 비중이 줄어들었다는 것을 의미한다고 연구진은 해석하였다.

『로동신문』의 경우 꾸미기와 관련하여 25건, 항목별 중복을 허용하면 26건의 기사가 등장한다. 이 수준은『조선녀성』의 꾸미기 보도 분량의 27.7%

정도에 그쳐 여전히 꾸미기에 관해 크게 다루지 않는다는 점이 나타난다. 또한 『로동신문』 꾸미기 관련 기사의 73.1%에 달하는 19건이 옷차림에 관한 언설이라는 점에서 2000년 당시와 유사한 보도형태를 나타낸다. 한편 2010년 이후 『로동신문』 기사에서는 전체의 과반수를 상회하는 11건에 전통옷차림을 선전하는 내용을 나타내고 있다. 2015년의 경우 옷차림 관련 기사가 8건으로 최고치를 보이는데 그 중 7건이 전통옷에 관한 내용을 다루는 것으로 나타난다. 심지어 그동안 북한당국이 태도와 달리 남성의 전통옷차림을 칭송하거나 착용을 권하는 기사도 등장했다. 꾸미기 관련 『로동신문』 기사의 제목과 항목별, 연도별 수량을 다음 표에 정리해두었다.

[표 4-4] 2010~2016년 기간 동안 『로동신문』 꾸미기 관련 기사 목록

발행일	제목
2010.05.16	머리단장을 사회주의 생활양식에 맞게
2010.11.06	제8차 전국조선옷전시회 진행
2011.10.02	선군시대 옷차림문화발전을 적극 추동
2011.10.09	옷견본실에서 만난 사람들
2011.10.20	제 9 차 전국조선옷전시회 개막
2011.11.20	독특하고 우아한 조선옷무늬
2011.12.04	옷차림과 몸단장을 잘하도록
2012.03.18	누구나 즐겨찾는 우리 시대의 류행옷
2012.09.20	제 1 0 차 전국조선옷전시회 개막
2013.05.28	자외선피부보호제와 화장품공업의 발전동향
2013.11.10	불결한 화장품사용으로 피부병환자증대
2014.01.01	우리민족의 설명절옷차림풍습
2014.02.10	고상하고 단정한 머리단장
2014.03.02	옷차림을 시대의 요구에 맞게 잘하자면
2014.03.23	돋보이는 머리단장
2014.06.15	청춘의 기백이 넘치는 고상하고 단정한 머리단장
2014.09.11	옷차림과 머리단장을 선군시대 청년맛이 나게 하고있다
2015.03.29	우리 민족의 전통적인 옷색갈과 무늬
2015.04.06	절세위인들을 모시여 빛을 뿌리는 우리의 민족옷
2015.04.06	조선옷전시회의 연혁사를 펼치며
2015.05.03	우리 민족의 전통적인 남자옷차림
2015.05.17	조선옷발전을 위해 바쳐온 40여년

2015.08.10	옷차림은 도덕풍모의 거울
2015.11.05	제 1 3 차 전국조선옷전시회 개막
2015.11.08	당의 은정속에 날로 발전하는 아름다운 민족옷

[표 4-5] 2010년대 『로동신문』 꾸미기 관련 기사 수량

	옷	화장품	머리	합계
2010	1		1	2
2011	5			5
2012	2			2
2013		2		2
2014	3		4	7
2015	8			8
합계	19	2	5	26

2. 장마당 뷰티의 확장과 변화

1) 미백제품의 유행과 10대 연령층의 화장 현상

2009년 화폐개혁 이후 북한에서 어느 정도 시간이 지날 때까지 살다가 탈
북을 했던 면담 대상자 중에서는 "표백크림" 이야기를 들려주는 사람이 많
았다. 북한 장마당에서 표백크림이라고 불렀던 이 제품의 주요 사용자는 10
대 중후반에서 20대 초반인 학생이나 사회초년생 여성이었다는 것이 이들의
의견이었다. 2000년 이후 북한 내 화장품 시장의 규모가 커지는 가운데 2007~
2008년 무렵부터 10대 연령층에서도 화장을 하는 현상이 만연해졌다고 이들
은 말했다. 면담 대상자 다수는 10대 화장의 중심에 "표백크림"이 존재한다
고 말해주었다.

중학교 5~6학년 이때부터 화장을 해요. 표백크림이나 분도 바르고 눈
썹도 살짝… 눈썹을 그린다기 보다는 많이 다듬고 다녀요. 각각 따로 써

요. 저희 어릴 때 그 표백크림 진짜 유행이었어요. 중국에서 나왔는데 톤 업 크림 있잖아요. 얼굴만 밝게 하는데 파운데이션 같은 거는 아니고 맑게 하얗게 보이는 그런 거… 비비는 아니고 말갛게 되는 것 같아요. 삐야 나 파운데이션 바르면 화장을 했다는 느낌인데… 표백크림은 피부 톤만 약간 화사하게 해주는 거… 상표는 기억이 안 나는데. 50ml짜리도 있고 100ml짜리도 있고… 기본이 100ml로 많이 나온 것 같아요. 한 2-3만 원 하지 않았나 싶은데요. 북한 돈으로 2~3만 원… 쌀이 한 다섯 키로 정도 니까 많이 비싸지는 않았어요. (방성화)

중2때부터 표백크림을 발랐어요. 비비는 아니고 비비보다는 좀 약한 데… 썬 크림도 아닌데 썬 크림만큼 하얘지는 거… 그러니까 얼굴이 하얘 지는 크림이 있어요. 예뻐 보이려고… 북한에서는 하얀 피부를 선호하는 거 같아요. 북한 돈 10만 원이면 표백 크림 세 개 사는 데 미백크림 하나 사면 한 3~4 개월 쓰는 것 같아요. 1년에 많이 사면 세 개나 두 개… (배 금희)

중학교 5학년쯤에는 화장하지 말라고 해도 다 해요. 여기서처럼 스킨, 로션 이렇게 체계적으로 바르는 게 아니고 수분크림 하나 바르고…. 그 위에 그 표백크림이라고 있는데… 처녀애들이 가볍게 바르는 거 있었어 요. 약간 비비크림처럼 볼에 살짝 대는 건데 혼합이 덜 된 것 같아요. 어 릴 적에 애들이 피부가 좋으니까 그냥 이렇게 바르면 뭐…. 저도 화장은 안했지만 표백 크림은 사서 발랐어요. 많이 안 비쌌던 것 같아요. 통에 들었는데 약간 수분크림 같으면서 바르면 살짝 톤 업이 돼요. 중국에서 나오는 거지요. 화폐 교환하기 전에는 9,000원이었어요. 북한 애들은 대 체로 다 이렇게 해요. (리지영)

면담 대상자 의견을 종합해보면 표백크림은 중국산 크림으로 가벼운 화 장에 사용하는 용도의 화장품이었던 것 같다. 파운데이션이나 비비크림과 달리 결점을 커버해주는 효과는 없지만 피부톤을 밝게 하는 효과를 지녔다고 이들은 말했다. 이들의 이야기 속에서 "한 듯 안 한 듯" 만들어주는 것이 장점이라고 하는 표백크림의 가격은 2010년 기준으로 장마당에서 북한 돈 3만 원 전후인 것으로 추정해 볼 수 있었다.

10대 연령층이 화장을 시작하는 지점이 표백크림이라면 그 완성은 "보브분"이라고 이들은 주장한다. 표백크림을 바르고 난 뒤 표면에 "VOV"라고 쓰인 팩트에 담긴 파우더를 덧바르고 나면 10대 연령층의 피부표현은 사실상 다 완성한 것이라고 이들은 알려 주었다. 그 반면에 눈썹이나 입술화장은 개인에 따라 다르다고 면담 대상자 한 사람이 자신의 경험담을 털어 놓았다.

> 그 보브분이라고 있었는데요. 팩트를 분이라고 그랬어요. 그거 많이 썼어요. 표백크림 바르고 보브분을 발라요. (방성화)

> 보브분은 생각보다 엄청 양이 작아 가지고⋯ 하나 사면 뭐 그냥 1~2개월? 1년에 한 5~6개 사는 거 같아요. (배금희)

그런데 아무래도 학생이 화장을 하는 경우가 늘어나다 보니 학교에서 화장을 하지 못하도록 단속하는 일이 종종 발생했다고 한다. 단순히 피부 표현을 하는 수준에서 벗어나 눈썹과 입술 화장을 하는 10대 연령층이 그만큼 늘어났다는 뜻이었다.

> 저희 때부터 화장이 조금 심각했어요. 어떤 학생들은 심지어 눈썹도 살짝 하고 입술도 알릴랑 말랑⋯ 립글로즈 같은 거 중국에서 나온 거 있잖아요. 그것도 살짝 하고 다니고 그랬어요. 물론 학교에서 선생님이 뭐라고 해요. 애들 본인은 안 알리게 하는데 그게 알리잖아요. 그래서 사로청 지도원이 심각하게 화장한 애들 교단에 불러내고. 이게 학생의 몰골이냐, 왜 이렇게 하고 다니냐 이러고⋯ 그래도 그냥 했어요. (방성화)

비비 크림은 학교 학생들도 써요. 얼굴이 하얘졌다고 해서 선생님이 와서 얼굴을 찍어 볼 수도 없고… 그렇게 까지는 안 해요. 얼굴 하얘졌다? 요새 잘 먹나 봐? 좋은 거 먹니? 학교는 못하게 하지요. (원관옥)

면담 대상자의 증언처럼 당시 10대 연령층의 학생들이 화장하는 모습을 북한사회 곳곳에서 자주 볼 수 있는 현상이었던 것 같다. 이런 흐름은 한 번 시작이 되고 난 이후에는 강력하게 규제한다고 해서 줄어들거나 막을 수 없었다고 했다. 면담 대상자 방성화의 말처럼 아무리 잡아서 혼내도 10대 학생은 화장하는 일을 멈추지 않았다는 것이었다.

10대 연령층에서 표백크림이 가장 유행하는 화장품이라면 20대 이상 성인 여성 사이에서는 미백효과가 있다는 "돼지팩" 제품이 크게 유행했다는 이야기가 나왔다. 면담 대상자 고영숙과 김향란은 "돼지팩" 제품에 대해 다음과 같이 설명해주었다.

북한에서는 하얀색 피부를 좋아해요. 돼지팩이라고 150원? 그런데 그거 저녁에 바르고 나면 다음 날에 기차게 새하얘져요. 얼굴이… 돼지 껍데기로 만든 크림 형태인데 그것을 밤에 바르고 자요. 미백 관리하는 거 밤에 바르는 거 되게 많아요. 저는 돼지 팩 한 달 정도 발랐었는데 되게 좋은 거 같아요. 돼지 팩은 처음에 60원짜리가 들어왔었는데 크게 효과는 없었고 그 다음에 150원짜리가 들어 왔는데 그거는 좋았어요. (고영숙)

상해 화장품이라고 돼지껍질로 된 거… 내용물이 하얀 것도 있고 밤색도 있고 그랬어요. 통은 여신상 같은 그림이 나와 있는 화장품이었거든요. 돼지 팩이라고 그거를 쓰고… 그리고 비션이라고 얼굴 벗기는 거 크림이 있거든요. 각질 제거는 아니고 그거를 3일만 발라도 피부가 하얘졌어요. 크림처럼 이렇게 바르고 30분 있다가 팩을 벗기는 것도 있고… 또 마늘 크림이라고 아침, 저녁으로 일주일만 바르면 진짜 다 얼굴이 하얗게 되거든요. 밤에 바르는 거 있고 낮에 바르는 크림이 따로 있는데 이름이 여러 가지가 있었어요. (김향란)

하얀 얼굴을 미의 기준으로 삼는 인식은 바뀌지 않은 채 그대로 이어져 온 것으로 나타난다. 이런 상황에서 다양한 중국 화장품이 장마당에 등장하면서 북한 여성 사이에서 미백 제품에 대한 관심도 더욱 커졌다. 표백크림이나 돼지팩처럼 얼굴을 하얗게 만들어 주는 제품이라면 누구에게나 인기를 끌었다고 이들은 말한다. 면담 대상자 방성화는 크림이 아닌 다른 제형의 제품을 사용했다고 자신의 경험을 들려주었다.

> 표백술이라고 또 있었어요. 그게 이런 오일 같은 건데, 한 방울만 바르면 피부가 막 이제 하얘진다고… 그런 게 한 때… 그런데 그게 한국 거라고 해서 나왔었어요. 앰플 그런 것인데 그때는 몰랐으니까 그냥 표백술이라고 물로 된 거라고 했어요. 그런 것을 한 방울씩 해서 저녁에 발랐죠. 6만 원 정도 했어요. 진짜 작거든요. 그거 하나 사면, 한 방울씩 딱딱 쓰고… 좋다고 그러고 썼었어요. (중략) 화이트닝 파운데이션이라고 거기에다가 한글로 썼어요. 발랐을 때 좀 약간 커버가 잘 되는 거… 그런데 지금은 또 젊은 층들은 그런 건 안 바르고 약간 더 자연스러우면서 약간 더 하얗게 되는 거? 커버는 그 정도는 아니라도… 그런 것도 좋아하는 것 같아요. 하얗게 보이는 걸 일단 전체적으로 좋아해요. (방성화)

자신의 피부 톤에 맞게, 건강하게 화장하는 것보다 무조건 하얀 얼굴을 선호하다 보니 부작용을 빚어내는 사례도 많았다고 한다. 제품의 성분이나 안전성을 따지지 않고 무조건 하얗게 만들려고 하는 추세가 강하다 보니 이런 부작용이 나타나는 것은 당연한 결과라고 하겠다.

> 바르면 얼굴이 껍질이 한 꺼풀씩 벗겨지는 게 있었어요. 저녁마다 바르는데 나중에는 뭐가 막 피부에서 일어나요. 각질 제거제는 아닌데 밤에 바르고 아침에 세수해요. 한 번은 며칠 연속으로 바르니까 피부가 막 당기고 붓는 거 같아요. 보는 사람마다 너 왜 그렇게 부었어? 이렇게 물

어볼 정도로⋯ 나중에는 껍질이 다 일어나고 피부가 하얘졌어요. 그런데 자꾸 하면 피부가 안 좋아진다고 하더라고요. 그래도 써요. 예뻐지니까⋯ 근데 그렇게 하고 햇빛에 태우면 더 많이 타는 거지요. 두껍던 피부가 얇 아졌잖아요. 북한에서 피부 하얀 것을 좋아해서 일부러 썬팅(태닝) 같은 거 안 해요. (김진옥)

2) 화장품 시장의 변화: 한국산, 북한산, 중국산 화장품의 경쟁

2000년 당시에는 중국산 화장품이 시장에 많이 나왔다면 2010년 이후에는 중국산과 더불어 북한산이나 한국산, 일본산, 드물게 동남아산 화장품까지 들어오면서 꾸미기 시장에서 제품 간 경쟁이 치열해진 것으로 나타난다. 나 라별 제품마다 각각 장단점이 있기 때문이다.

면담 대상자 의견을 종합해보면 북한 여성이 가장 많이 사용하는 제품은 여전히 중국산 화장품이었다. 일단 장마당에 나가면 중국산 화장품이 가장 많았고 또 값도 적당한 수준이라 비교적 쉽게 살 수 있기 때문인 것 같았다. 게다가 북한당국도 중국산 화장품은 적극적으로 단속하지 않았기 때문에 판매원이 적극적으로 추천하고 회사 내 아는 사람끼리 정보를 공유하는 사 례도 많았다고 한다. 굳이 장마당에 나가지 않아도 화장품 판매원이 적극적 으로 상품을 추천하거나 홍보하는 경우도 볼 수 있었다.

판매원이 이거 인기가 있다고 화장품을 추천해 주거든요. 회사에서도 많이 쓰는 화장품을 알리거든요. 그래서 그것도 써 보고⋯ 이게 좋다고 중국에서 내오거든요. 그럼 그거 써보고 좋으면 판매원한테 부탁해서 이 것을 주문해 달라고 하고 그러면 또 그것을 가지고 오고. 봄향기보다는 중국화장품⋯ 조선 것은 많이 못 써 봤어요. 너무 비쌌어요. 조선 거 좋 다고 하는 거는 250원 정도가 되어야 한 세트를 사요. 똑같은 세트를 중 국 거로 사려고 하면 100원 정도. (김향란)

현실적으로 많이 쓰는 건 중국 화장품. 중국 것은 내놓고 팔 수 있거든요. 신의주 화장품도 좋은데 저희는 못 써 봤어요. 그게 다 수출된다고 하더라고요. 봄향기 화장품이라고 하는 게 거의 뭐 세트로 거의 10만 원대에 나온다고 들었어요. 좋다는데 못 써봤어요. 물건 생산량도 적고… (방성화)

화장품 파는 언니를 아니까 문자도 오고 전화도 와요. 요즘엔 이게 나오는데 되게 좋다 그렇게 홍보도 하고… 동남아 화장품 어떤 건 단속하고. 한국 것은 무조건 단속하고. 일본 거는 많지 않고 조금씩 있고… 화장품 가게 언니들이 단속한다고 숨겨놓고 많이 팔아요. (고영숙)

2010년 이후 북한에서 어느 정도 살다가 탈북했던 면담 대상자의 경우 북한에서 생산하는 "봄향기" 화장품을 언급하는 경우가 많았다. "봄향기"는 북한 신의주화장품 공장에서 생산한 화장품 브랜드 이름이다. 재미있는 사실은 봄향기 화장품에 대해 소문을 들어 봤다고 주장하는 면담 대상자 중에서 실제로 봄향기 제품을 직접 써봤다는 사람은 단 한명도 존재하지 않는다는 점이었다. 그 대신 봄향기 화장품의 품질이 매우 좋다고 강조하면서 그만큼 가격도 비싸기 때문에 "우리가 써볼 정도는 아니라고" 생각한다고 각자 자신의 의견을 들려주었다.

봄향기 화장품이 그렇게 좋다… 당 간부 자식이 쓴다, 연예인들도 쓴다 그 정도로 좋다더라… 사람들이 그렇게 이야기를 하더라고요. 궁금해요. 진짜 저도 써 보고 싶었거든요. 애들이랑 이야길 하면 그게 그렇게 좋다, 우리나라 제품이 좋은 건 진짜 좋대… 막 이러고 이야기하다가 왜 우리는 못 쓰지 이러다가… 생산량도 적고 워낙 비싸니까 다 수출되나 봐 이러고… 우리가 쓸 정도가 아닌가 보다 하고 이야기를 하지요. (방성화)

봄향기 화장품이 좋다고 강조하는 면담 대상자들 의견을 들어보면 그 근거로 "국산이라 신뢰할 수 있다" 하는 논리를 제시하는 경우가 많았다. 자신은 값이 저렴해서 중국산 화장품을 쓰지만 부작용 사례가 워낙 많다 보니 "국산 화장품을 쓰면 좋겠지만" 돈이 없어서 그렇게 하지 못한다는 것이 이들의 주장이었다.

제 주변에서 언니들이 중국 화장품을 바르면 다 트러블이 나 가지고… 제가 아는 언니는 얼굴에 트러블이 나다 못해 막 물집 같은 게 생기는 거예요. 그래서 언니가 화장품을 못 쓰고 녹두 가루를 바르고 있더라고요. 삼촌 어머니(숙모)도 계속 화장품을 바꾸는 거 보니깐 중국 화장품이 안 맞고… 그런데 봄향기를 쓰면 트러블이 생기지는 않는다고 친구들한테 들었어요. 봄향기는 트러블이나 여드름이 안 난다고. 국산이어서 믿는 거 같아요. 왜냐하면 중국 화장품을 쓰다가 얼굴이 다 이렇게 번진 사람이 많거든요. 중국 것이 부작용이 난다는 것은 사람들이 다 알아요. 대신 싸니까 국산품보다는 싸니까… (박옥경)

박순옥은 봄향기 화장품에 관해 자신이 들은 이야기를 전해 주었다. 이 사람의 이야기에 따르면 봄향기 화장품은 일반라인과 고급라인을 구분해서 생산한다고 했다. 일반라인 제품은 신의주에서 생산하는데 고급라인 화장품은 평양에서 생산한다는 것이었다.

일본 회사랑 합영해서 '너와 나' 화장품을 만들었어요. 나중에 투자한 재일교포 쫓아내버리고 기술만 빼앗은 거죠. 그 화장품 브랜드를 일본사람들도 북한에 와서 사가고 그랬었어요. 그러다가 브랜드를 바꿔서 은하수라고 했다가 지금은 봄향기라고 바꿨어요. 봄향기가 신의주 봄향기라고 보통 그러는데 신의주 봄향기가 아니고 평양 평천 구역에 화장품 회사가 있어요. 거기서 고급라인이 나온대요. 모란봉 구역에 가면 그 봄향기 화장품 상점이랑 전시장이 있어요. 그건 중국화장품에 비해서 거의 배가 비싸요. 북한 화장품은 그 인삼이 들어갔거든요. 세트로 사려고 하면 한 100불 정도는 있어야지 사거든요. 한국화장품은 한 30~40불 정도면 스킨, 로션 사니까 봄향기 고급라인은 비싼 거예요. (박순옥)

면담 대상자들 중에서도 "할 수 없어서 쓰기는 하지만" 중국산 화장품은 꺼려진다는 의견이 있는가 하면 그래도 북한산보다는 중국산 제품이 낫다고 평가하는 사람도 있었다. 가격과 상관없이 북한 제품의 품질을 믿지 않는 경우도 적지 않다고 리지영이 말해 주었다.

그래도 경제가 되는 애들은 북한 거 안 써요. 북한 것이 품질이 더 좋다고 막 그러는 사람도 있던데… 좋은 것은 일본 꺼가 제일 좋다고 하다가 그 다음에는 일본 게 별로 안 나왔던 것 같아요. 일본하고 관계도 안 좋고. 그 다음부터 중국 걸 많이 쓰는 것 같아요. 지금은 애들이 뭐 영화도 많이 접하고 하니까 주로 중국 걸 많이 쓰죠. 한국 거는 그 때 한후라고 전지현이 광고했었거든요. 한방 화장품 같은 건데 중국말로… 그것도 써 봤는데 한국 것은 하도 비싸가지고… (리지영)

면담 대상자 리지영은 "한후"를 한국 화장품으로 알고 있으나 조사해본 결과 한국산 제품이 아니라 중국의 자연주의 브랜드인 것으로 나타났다.44 이 브랜드는 한국 제품과 비슷한 느낌의 화장품을 생산하면서 전지현이나 김수현 같은 한류스타를 모델로 기용하는 마케팅 전략을 취했다. 북한 내에 있던 면담 대상자 리지영 입장에서는 딱히 의심해보거나 더 많은 정보가 없

---

44 『보건타임즈』 2016년 7월 21일 기사, 「아리바이오, 중 한후화장품에 연간 170억 규모 수출」, http://www.bktimes.net/detail.php?number=60549 (검색일: 2019년 4월 8일). 해당 기사에 따르면 한후 화장품은 중국 3대 브랜드 화장품 기업이며 기업가치가 110억 위안(한화 2조원)에 이른다. '자연주의'를 표방하며 전지현, 김수현, 중국배우 황샤오밍 등 유명 연예인과 전속 모델을 체결하는 등 공격적인 마케팅방법으로 시장 확대 중이라고 한다.

없으므로 이런 제품은 당연히 한국 브랜드로 한국에서 생산하는 제품이라고 생각할 수밖에 없었다고 했다. 제품명을 중국어로 표기해 놓기는 했지만 한국 연예인이 등장했으니 화장품 광고를 많이 접하지 못한 리지영의 입장에서 한국 화장품의 중국버전이라고 생각하는 것도 무리는 아니라는 느낌이 든다.

그런가 하면 아무리 품질이 좋다는 소문이 있고 싸게 팔더라도 장마당 물건은 가짜일 것 같아 쓰지 않는다는 면담 대상자 원관옥의 의견도 존재한다. 이 사람의 의견을 들어보면 대량으로 들여오는 장마당 제품은 믿을 수 없어서 잘 사는 친구가 쓰는 물건을 지켜보고 구입하거나 아는 사람이 추천하는 제품을 사서 쓰려고 했다는 것이었다.

> 좀 잘 사는 집 애들이 뭐 쓰는가에 따라서 아 저게 좋은 거인가 봐 이런 식으로… 좋은 거는 확실하다고 생각을 하고 나한테 맞는지 안 맞는지는 잘 모르고… 봄향기가 장마당에 가면은 많기는 해요. 중국 것, 일본 것, 한국 것도 많은데 전 장마당을 안 믿었어요. 저는 중국집에서 샀어요. 장마당은 가짜이거나 싸구려 그런 거 있잖아요. 뭔가 대량적으로 가져오고 하니깐 뭔가 그런 게 좀 싫었어요. 그 집에서도 권해주는 대로. 아니면 뭐 친구들이 써보고 야 이거 좋다고 하면 그게 뭐야? 이렇게 하면서… (원관옥)

원관옥은 장마당을 믿지 못해 중국에서 직접 물건을 가져다가 몇몇 사람에게 알음알음 물품을 파는 "중국집"에서 구매했다고 이야기해주었다. 화장품 자체가 북한에서는 고가의 물건인데 "장마당에 늘어놓고 파는" 물건은 값도 싸고 포장도 고급스럽지 못하다고 평가했다. 원관옥은 대다수 면담 대상자가 장마당에서 "고정(단골)"을 통해 아는 가게에서 화장품을 사는 것과 다른 양상으로 화장품을 구입하는 행태를 드러냈다.

장마당 화장품은 크게 안 비싸요. 중국집 것만 비쌌는데 그래도 고급
스럽죠. 포장이 고급스러워요. 비로도 같은 천에 끼워 넣고 상자에 하나
씩 들어있어요. 북한 것은 안 그랬어요. 세트 화장품도 이런 비닐 같은
곳에 그냥 뚝뚝 끼워 넣거나 그냥 종이 곽에 넣었어요. (원관옥)

한국산 화장품은 좋지만 2010년대에도 비싸고 구매가 쉽지 않다는 증언
이 존재한다. 시장에 상주하는 단속원에게 들키지 않게 사야 하며 산다 해
도 직장에서 검열할 때 걸리지 않게 조치를 취해야 한다고 이들은 말했다.
판매단계에서부터 판매자가 한국산임을 알지 못하도록 상표를 긁어내거나
구매자가 집에서 상표를 떼내기도 한다는 것이었다.

한국 화장품은 대놓고 못 파니깐 밑에 넣어 놨다가 아는 애들은 혹시
거기 제품이 없냐고 하면 있다고. 조용히 해서 팔고… 시장에 완장 차고
어떤 거 파는지, 불법하는지 관리하는 사람이 있으니깐 가만히 사 가지고
쓰고 했었어요. 처음에는 아주 심각하게 단속했어요. 한국제품은 절대
안 된다고… 나중에는 약간 좀 팔기도 하고… 좀 내놓고 팔았어요. 다른
일본 것이나, 한국 거 좋기는 한데 돈이 배로 비싸요. 중국 것보다… 그
래도 또 돈 있는 친구들은 쓰기도 해요. (방성화)

북한에 있을 때. 설화수가 한국 화장품인 것을 몰랐어요. 그 설화수 그
통을 잘사는 친척집에서 본 적이 있는데 중국 것 줄 알았어요. 아… 중국
의 조선족들이 생산한 제품인가 보구나 그렇게 생각을 했어요. 안전하다
고 생각을 해서요. (박옥경)

장사하는 사람들이 글자를 다 긁어 가지고 칼로 다 벗겨요. 간부들이
호실에 갑자기 검열 들어오거든요. 그냥 들어와서 다 뒤져서 갖고 가거
든요. 또 세간 옮길 때도 딱 보고 이거 긁었구나 하면 회수하고. 그런데
안 긁으면 (상황이)… 더 나빠요. 2015년부터는 그렇게 단속 안한 것 같
기도 해요. (김향란)

괜찮게 산다는 애들은 거의 한국 꺼 쓰거든요. 물론 사고팔지 못하게 되어 있는데… 담배처럼 화장품 매대 면 밑에서 다 꺼내줘요. 꺼내놓고 파는 것은 뭐 중국 것 또는 영어로 된 것도 놓고 팔고… 브랜드별로 다 있어요. 오휘, 아이오페, 샴푸 린스는 꽃을 든 남자, 케라시스, 미장센 이런 거 있잖아요. 한국 화장품이 일본 화장품보다 저렴하고 좋다고 그러죠. 일본 화장품은 엄청 비싸고, 중국 화장품은 제일 싼데 잘못 바르면 여드름 생기고 부작용이 일어나고 하니까… 중국 화장품에 대한 인식은 아예 안 좋아요. 젊은 애들은 대부분 향내가 나는 한국 화장품을 많이 선호해요. (박순옥)

2000년대 초반에 북한 전역의 장마당 뷰티가 중국 화장품을 중심으로 작동했던 것과 달리 2010년 무렵에는 화장품 원산지가 다양해졌고 여성의 선택지도 늘어났다. 북한 내 여성이 대부분 미백을 추구하는 가운데 제품의 원산지에 대해서는 개인에 따라 다른 의견이 많았다. 중국 화장품의 낮은 품질, 북한 화장품의 물량 증가, 한국 화장품에 대한 긍정적 인식이 맞물리면서 개인의 경험은 모두 다르게 나타난다.

3) 화장을 둘러싼 여성 소외 현상

면담 대상자 의견을 종합해보면. 북한에서 화장품을 고를 때 가격을 가장 중요하게 여기지만 그 이외에도 기능이나 생산지에 대해서는 크게 관심을 갖는 반면 성분이나 브랜드 등 꼭 확인해 봐야 할 상세정보는 크게 신경 쓰지 않는 것으로 나타난다. 특히 화장품 성분 정보를 직접 따져보기보다는 판매대 직원의 추천에 의존하는 경우가 많았다. 면담 대상자 중에서는 자신이 1주일 정도 직접 발라보고 특별한 부작용이 없으면 쓰고 어딘가 문제가 생기면 판매한 사람을 찾아가서 다른 물건과 환불하는 것이 관행이라고 이야기해주기도 했다.

상표나 브랜드를 잘 안 따져요. 워낙 브랜드에 대해서는 잘 모르니깐… 우리나라에서 하면 아… 이거는 어느 공장에서 생산한 뭐다 할 수 있는데… 해외에서 들어온 것이니깐… 처음 접한 거니깐… 그냥 이러이러 해서 좋단다. 피부를 뭐 하얗게 해준다. 피부 보습력이 좋다. 그냥 이게 중국에서 나온 좋은 화장품이라 하면 어 진짜 좋은가보다 이러면서 쓰고… 한국 거라면 더 말없이 와 신기하다 한국에서도 이런 거 나오네 이러면서 한 번 뭐 써보자. 실제로 한국 거 써 보면 브랜드는 잘 몰라도 진짜 좋은 거 같아요. 화장품은 인기가 되면 가격이 점점 올라가고 그러더라고요. (원관옥)

돼지 팩도 있고, 말 그림 있는 팩도 있고. 그냥 미백용 주세요 하면 중국 것도 많고 되게 많아요. 상표가 이름은 있는데 그런 것은 개의치 않고 그냥 좋으면 되니까… 한국처럼 뭐 어디 무슨 화장품 좋다고 그런 것은 없어요. 하도 이름이 많으니까… 매대에 가서 내가 미백을 요구하면 언니가 미백 기능 화장품 여러 가지를 꺼내 줘요. 내가 기름이 많으니까 그것을 피해 달라고 하면 그런 것을 피부에 맞게 구해주고… 발라본 다음에 부작용이 없으면 계속 쓰고… 살결물 같은 건 바른 다음에는 효과를 몰라요. 부드러운가 아닌가 보고 거기에 삐아스를 발라서 그게 잘 먹어 들어가면 좋은 것이고, 안 먹어 들어가면 안 좋은 거고. (고영숙)

화장품 살 때 기준은 가격하고 피부에 좋은지 일주일 발라보고… 그때는 뭐 브랜드라는 거나 성분은 안 봤어요. 그냥 발라보고 나한테 맞고 부작용이 없고 그 다음에 살결이 좋아지면 그거를 썼어요. 화장품도 단골로 고정해서 찾아 갔으니까… 이게 좋다고 써 보라고 하거든요. 색깔을 골라 가지고 집에 와서 써보고… 바꾸려고 하면 1주일 내로 가져가서 돈으로는 못 찾고 다른 걸로 바꿔요. (김향란)

면담 내용을 살펴보면 북한 여성에게 가장 시급한 정보는 어려운 성분명이나 무조건 무엇을 하지 말라는 금지의 언설이 아니라는 점이 드러난다.

무조건 많은 양을 사용하기보다 도구를 사용하거나 다양한 기법을 가르쳐 주는 것, 미 기준의 다양성, 자기에게 맞는 화장법, 기본적 화장품 사용법과 주의사항을 익힐 수 있도록 돕는 것이 지금 단계에서는 가장 중요한 일이라고 생각한다. 북한 여성이 전반적으로 화장품에 관한 지식에서 소외되어 있음을 보여주는 또 다른 사례를 면담 대상자 일부가 들려주었다.

> 세탁하기 전에 넣는 그 가루비누로 머리를 감았댔어요. 머리를 길렀는데 세수비누로 때가 안지는 거예요. 강변에 나가서 감았거든요. 대체로 그 때는 강물이 웬만한 비누는 다 때가 잘 지워졌는데 때가 잘 안지고 머리카락이 달라붙더라고요. 짜증이 나는 거예요. 거품은 많이 안 일어나는데 때는 잘 지더라고요. 상표가 중국산이에요. 비닐봉지에 들어 있는 거… 그리고 젖은 머리에 중국산 머릿기름을 발랐어요. 세탁비누로 머리를 감으면 영양이 빠진다고 해서요. (김옥별)

머리를 길렀던 김옥별은 북한 비누의 기능이 좋지 않아 2009년까지 "가루비누"로 머리를 감았다고 말했다. 가루비누로 머리를 감는 것이 비단 김옥별의 사례만은 아니었던 것 같다. 『조선녀성』 2010년 9호 지면에는 다음 기사가 나타난다.

> 가루비누는 일종의 합성세척제로서 피부에 대해 일정한 자극성이 있다. 또한 사람의 머리피부는 각종 물질에 대한 흡수기능이 다른 피부보다 4~6배 더 강하다. 때문에 가루비누로 머리를 감으면 머리피부에 알레르기아성반응을 일으킬 수 있으며 피부염이나 습진이 생길 수 있다. 이와 함께 가루비누는 머리카락이 꽛꽛해지게 하고 광택을 잃게 하며 지어 머리칼이 부서지게 한다. 그러므로 가루비누로 머리를 감지 말아야 한다. (「가루비누로 머리를 감으면」, 『조선녀성』 2010년 9호, 41쪽)

가루비누로 머리를 감는 여성이 증가하면서 부작용을 호소하는 사례도 나타났다. 북한당국은 『조선녀성』 기사를 통해 가루비누로 머리를 감지 말라고 했지만 대안은 제시해주지 않는다. 왜 가루비누로 머리를 감는지, 가루비누가 아니면 무엇으로 머리를 감을 수 있는지 설명해 주지 않는다. 무조건 가루비누가 나쁘니 쓰지 말라고만 하는 것이다. 이렇다 보니 가루비누를 대체할 만한 샴푸가 존재한다는 정보를 뒤늦게 얻기도 하고 중국산을 믿지 못하니 비싼 가격에 동남아 제품을 속아서 구매하기도 한다.

> 2011년도~2012년도 쯤 동남아 샴푸를 사겠느냐 하더라고요. 인도네시아인가 말레이시아인가… 그래서 다른 애한테 샴푸가 뭐지 물어봤더니 머리때가 엄청 잘 진다고 하면서 샴푸가 아니면 뭘로 머리를 감느냐는 거예요. 샴푸를 사서 감으라고 그게 되게 좋다 그러더라고요. 그래서 제가 동남아 샴푸를 한 통 샀어요. 8만 원인가 9만 원인가 쌀 10키로쯤 가격으로 엄청 비쌌어요. 다른 사람도 다 비싸다고 그랬던 것 같아요. 그래도 가격을 낮춰서 한 6만 원인가 그렇게 산 것 같아요. 한 달 월세가 4만 원인데… 450~500ml를 7~8개월 썼어요. 점점 덜 비싸져서 나중에 4만 5천까지 한 것 같아요. 마지막에 보니 시장에 그거보다 가격이 좀 저렴한 게 있었더라고요. 속았지요. 우리는 동남아에서 왔다고 하면 그걸 사요. 중국 거 안사요. 가품이 많다는 인식 때문에 비싸도 동남아 거다 해서… 저도 시장보다는 지인이 직접 가지고 왔다고 하니까 믿었죠. (김옥별)

한편 북한에서 사회 생활하는 여성은 반드시 화장을 해야 한다는 것이 대다수 면담 대상자가 동의하는 부분이었다. 직장생활을 하지 않는 가정주부라면 모를까 직장에 다니는 여성이 화장을 하지 않고 출근하면 예의가 아니라는 것이 이들의 의견이었다.

직장 다닐 때 아이라인 못 그리게 해서 그렇지. 비비 같은 거 바르고 눈썹 그리고… 직장 다니는 여성은 화장을 해야 해요. 안 하고 가면 어제 무슨 일 있니? 이렇게 묻고. 지금은 웬만한 사람은 스킨은 아니어도 로션이랑. 물크림(영양크림), 비비 크림, 분 정도. 그리고 뭐 립스틱이나 눈썹, 아이라인, 마스카라 이런 거는 안 비싸거든요. 그런 거는 다 해요. 기초 화장품이 비싸요. 아이 라인이나 색조 화장품은 대부분 중국 것이고… (원관옥)

여자는 밖에 나갈 때 화장하는 게 예의라는 말이 있어요. 굶어도 나갈 때 립스틱은 바르고 나가야 한다 사람들이 그렇게 말해요. 농활에 가보면 벼 묶는 아주머니를 보면 땀이 비 오듯 흘러가지고 화장이 범벅이 돼서… 그런데도 화장을 꼭 하세요. 얼마나 피곤하겠어요. 저녁 밤 10시에 막 불 켜놓고 하는데 그런데도 다음 날에 나올 때도 보면 화장하고 나오는데. 땀에 다 젖고 이렇게 뭉쳐지고 그런데도… (배금희)

경제적으로 어려워도 화장은 해요. 그 삐야 좀 싼 거 사 가지고 그냥 바르고… (방성화)

학교를 졸업했을 때는 스킨, 로션 바르고 삐야스만 바르고. 그 다음 22-23살 그때부터 눈에 발랐어요. 직장 다니면 언니들이 화장하는 것을 보니까요. (고영숙)

직장에서 무조건 화장을 하라고 해요. 손님 맞대는 일을 하는 사람들은 반드시 해야 해요. 립스틱이라도 발라야 해요. 밑에 화장을 살결물하고 크림 바르고 그 다음에 BB크림 바르고. BB크림은 삐야스하고는 다르고 중국 거 써요. 그리고 눈썹 그리고 아이섀도, 아이라인. 립스틱이랑 그 위에다가 광택이라고 립밤 발라요. (김향란)

북한 여자들은 눈썹은 가늘게 하는 것을 좋아해요. 가늘면서도 둥그스름한 것도 좋아하고. 나중에는 뭐 앞에 넓고 뒤에는 가늘게 그런 것도 유행하고. 그게 약간 해마다 약간씩 바뀌는 거 같아요. 시기적으로 유행 맞춰서 눈썹을 다듬고 살짝 그리는 정도는 해요. (중략) 여기는 립스틱을 그냥 이렇게 입술을 심플하게 바르는 게 유행인데… 북한에서는 다 채워서 진하게 바르는 게 추세였어요. (리지영)

문제는 북한에서 화장품이 전체적으로 값이 비싼 물품이라는 점이다. 화장품에 소요하는 비용은 사람에 따라 격차가 크다. 면담 대상자 의견을 종합해보면 한국 돈 기준 1년에 최소 6만 원에서 최대 약 90만 원까지 소요한 것으로 보인다.

> 많이 쓰는 친구는 한 달에 인민폐 300, 400원 정도 썼거든요. 저는 스킨로션 세트 한번 사면 8개월 정도 쓰니까 한 달 평균으로 따지면 뭐 한 30~40원 정도. (김향란)

> 표백크림이랑 보브분만 해도 1년에 구화폐로 15만 원에서 25만 정도 드는 것 같아요. (방성화)

> 쌀 1kg이 비싸게 4천 원일 때 한 달에 (북한 구화폐로) 5만 원에서 6만 원… (리지영)

면담 대상자 박옥경은 립스틱의 경우 저렴한 북한산이 많다고 이야기해주었다. 수공업이 많은 북한에서 뻬야스나 눈썹연필은 몰라도 립스틱 정도는 개인이 쉽게 만든다는 것이다. 대다수 면담 대상자가 기초화장품이나 뻬야스가 비싸지만 립스틱 가격은 크게 부담스럽지 않다는 점에서 의견을 모았다.

한편 화장품 가격에 대한 면담 대상자의 대답은 혼선을 주는 경우가 많았다. 화폐개혁 이후의 상황도 구화폐로 이야기하거나 중국 위안화로 대답하는 등 개인에 따라 차이가 극심하게 나타났다. 정확한 가격을 가늠하기 어려운 이런 현상은 면담 대상자 개인이 혼동을 한 경우도 많지만 북한의 시장 상황이 그만큼 심한 변동성을 내포한다는 것을 말해준다.

> 그게 민폐(인민폐)가 예를 들어서 어느 날 중국 돈 100원이면 북한 돈 한 20만 원이라고 해요. 며칠 있다가는 그게 25만 원이 되면서 민폐가 막 오르고 내려요. 그럴 때마다 화장품 가격도 막 오르고 내리고 해요. 그러니까 원래 가격이 높아졌는지 낮아졌는지 알 수가 없어요. 인민폐 가격이니까… 한국은 시장에서 동일한 가격에 어느 정도에서 팔아야 된다는 기준이 있다고 들었어요. 그런데 북한은 그 기준을 세우긴 세웠는데 실천되는 게 없어요. 거기서 시장에 들어가면 입구에다가 가격 기준을 쌀 얼마, 돼지고기 얼마 이렇게 써 놨어요. 그런데 판매하는 사람들이 지들끼리 이렇게 몇 명이 가격을 얼마로 하자 이렇게 하면 그게 얼마가 될지는 몰라요. 시장 들어가는 입구에 쌀이 1키로에 오백 원 이렇게 써 놔도… 아무도 신경을 안 써요. 형식상 하는 거예요. 북한에서 뭘 해 놓아도 실행하는 것이 없는 것을 사람들이 다 아니까. 안 해요. 신경을 안 써요. (박옥경)

박옥경의 증언을 살펴보면 북한 시장은 고정가격이 없고 상인의 담합이 자유로우며 중국 환율에 따라 시세가 오르락내리락 하는 것으로 나타난다. 형식적으로는 장마당 앞에 가격을 고시해두지만 아무도 그것을 지켜야 한다고 생각하지 않는다는 것이다. 면담 대상자 방성화가 말한 것처럼 완장을 찬 단속자가 시장 내에서 물품의 종류를 살펴보기는 한다고 했다. 그러나 물품 가격을 단속하진 않는다는 것이었다. 이런 현상은 북한당국이 주민의 민생경제를 돌보는 일보다 체제에 위협이 될 만한 물품을 단속하는 데 더 중점을 두고 있는 현상을 보여준다. 게다가 환율이 불안정하고 환율을 고시하지도 않기 때문에 상인은 언제든 환율을 빌미로 상품의 위안화 가격을 높일 수 있다. 무책임한 북한당국과 이를 간파한 시장상인 간의 담합, 위안화에 비해 가치가 낮은 북한 화폐가 총체적 난국을 만들어내는 것이다. 물론 이런 상황에 따른 피해는 소비자인 북한주민이 고스란히 떠안는다. 그렇다고 여성이 화장을 하지 않을 수 있는 환경도 아니다. 화장하는 것을 좋아하지 않아도 직장에 다니는 여성이라면 화장을 해야 한다는 사회적 관행과 고정관념이 작용한다. 직장 생활하는 여성이라면 턱없이 비싼 화장품을 구매할 수밖에 없는 것이 북한 사회의 한 단면이다.

직장 여성에게 화장이 필수이지만 또 "과하게" 하면 곧바로 지적을 받게 된다는 것이 면담 대상자의 전언이었다. 사회적 인식이 여전히 화장을 진하게 하는 행위에 대해서는 정숙하지 못하고 도덕적으로 문제가 있다고 본다는 것이다. 한편 화장을 진하게 하지 말라는 방침도 내려오고 청년동맹에서 단속도 하지만 옷차림이나 머리스타일과 비교해 보면 그래도 약하게 단속했다는 증언도 존재한다.

화장을 좀 하고 립스틱 새빨간 것을 바르고 하면 바람났다고 하고… 그 바람이 났다는 게 진짜 바람이 났다는 게 아니에요. 대체로 보면 남자 없이 이렇게 과부들이 있잖아요. 그런 분들이 그렇게 꾸미고 다녀요. 내가 나를 꾸미는 거잖아요. 그런데 그런 모습을 보고 남자가 없으니깐 저렇게 하면서 꼬리치면서 온 데 다니면서 그렇게 한다고 해요. 젊은 애들은 딱 붙는 옷을 입어도 그런 거 입지 말라… 왜 그런 거를 입느냐 이렇게는 말하고 봐주는데. 30대만 되어도 나이가 그렇게 많은 게 아닌데 그렇게 좀 막말 하고… (리지영)

아빠가 화장을 못 하게 해서 몰래 했어요. 아이라인이나 마스카라도 그리고 싶은데 못 그리고…. 그게 여자애가 예쁘게 하고 나가면 낭패 본다고… 혹시 나쁜 일 당할까봐… 너무 이렇게 하고 다니는 것을 아빠가 욕했던 이유가 너무 발랑 까져 보인다고… 집에서 가정교육 못 한 거 같고… 직장 다닐 때도 화장을 아예 못하게 하는 것은 아닌데 진하게 못하게 해서… (원관옥)

이렇게 진한 화장은 하지 말라는 방침이 와요. 한 번씩 지나가는 소리로. 단속하기는 하는데 엄청나지는 않아요. 머리나 옷차림이 제일 심해요. 눈썹 진하게 그리는 정도는 괜찮아요 (고영숙)

화장품 시장이나 사용 관행에서 여성 소외가 일어나는 주요 원인 중 하나가 북한당국의 무관심이다. 북한당국이 발행하는 공간문헌을 살펴보면 언설의 내용은 대부분 여성의 현실과 상당히 동떨어져 있는 방식으로 나타난다. 『로동신문』 언설을 살펴보면 해외에서 발생한 화장품 부작용이나 연구동향을 소개하는 기사가 등장한다.

일부 나라들에서는 초기에 여러 가지 유기자외선방지제가 첨가된 자외선피부보호제들을 개발하였다. (중략) 우리나라에서도 오래전부터 자외선피부보호제에 대한 연구가 진행되어 황금, 은행, 메밀, 나노재료들을 이용한 제품들과 나노재료, 유기자외선방지제를 리용한 제품들이 개발되였다. 화장품 공업부문의 과학자, 기술자들은 우리나라의 풍부한 자원에 의거하는 여러 가지 자외선피부보호제품들에 대한 연구와 개발을 더욱 심화시킴으로써 인민생활향상에 적극 기여하여야 할 것이다. (「자외선피부보호제와 화장품공업의 발전동향」, 『로동신문』 2013년 5월 28일)

일본에서 화장품생산업체인 가네보회사의 미백화장품을 사용한 후과로 피부병환자가 급격히 늘어나 물의를 일으키고 있다 (중략) 화장품을 사용한 사람들의 얼굴과 손에 흰 얼룩점이 생기는 등 부작용이 나타났는데 얼룩진 부위의 직경이 적어도 5cm 정도 되는 사람도 있다고 한다. 이러한 환자는 지금 해외에서도 많이 나타나고 있다. 회사 측이 판매했던 화장품들을 회수하는 등 소동이 일어났다고 한다. (「불결한 화장품사용으로 피부병환자 증대」, 『로동신문』 2013년 11월 10일)

인용문에서는 해외의 자외선피부보호제 연구개발 동향을 설명한 후 북한 내부에서도 제품을 개발했다고 하지만 제품에 대한 설명이나 상세 사용법은 기사에 나타나지 않는다. 만약 이 제품을 상용화 했다면 "봄향기" 사례에서 볼 수 있듯이 브랜드를 명시하고 지면을 통해 선전했을 것이다. 면담 대상자 중에서는 북한에서 자외선차단제를 경험해 봤다고 대답하는 사람이 전혀 없었다. 일본의 화장품 부작용 사건을 소개하는 기사에서도 무엇을 조심해야 한다는 조언조차 제시하지 못하고 단순히 일본 미백화장품에 대한 경계만 던져준다.

그런가 하면 "청동거울, 청동화장품 통, 분, 연지, 눈썹먹, 머릿기름, 향료" 등 "우리 민족의 전통화장품" 품목을 설명하는 기사도(『로동신문』2015년 3월 8일) 나타난다. 그러나 이 기사 또한 현재 북한 여성의 화장품을 개선하거나 개별 여성이 쉽게 따라할 수 있는 제조법을 소개하지 않는다. "사회주의적" 화장법을 실천하라고 강조할 뿐 북한당국은 화장품 가격을 안정시킨다거나 건강한 화장품 사용 같은 부분에는 전혀 관심을 표명한 일이 없었다.

4) 성형·시술 시장의 유지와 변화

2010년 이후에 들어서자 북한사회에서 성형과 시술이 성인에 국한하지 않고 중학교 6학년 졸업반 학생들 사이에서도 퍼져 나갔다. 2000년 당시만 하더라도 사람들 사이의 입소문으로 시술과 수술할 곳을 알음알음 찾아갔다면 2010년 이후에는 아예 무면허 시술/수술자를 소개시켜주는 전문 업체가 등장했다. 2009년 11월 화폐개혁이 실패로 돌아간 이후 북한사회에서 의사는 병원에 출근해서 월급으로만 먹고 산다는 것은 아예 불가능한 상황이었다. 이런 상황에서 다양한 방식으로 병원에 출근하지 않고 아예 집에서 시술만 하는 의사도 나타났다. 전공진료 과목과 상관없이 손재주만 좋은 의사라면 충분히 가능하다는 것이 면담 대상자 대다수 의견이다. 눈썹문신이

나 쌍꺼풀 정도는 많은 여성이 원하기 때문에 수요가 많아 병원 근무보다 훨씬 수입이 좋다고 했다.

안과 의사였다가 돈벌이 안 되니깐 쌍꺼풀도 해주고… 의사 안하고 그런 사람으로 전향을 한 거예요. 북한에서 한 2011년인가? 돈이 없으니깐 중국에다가 이렇게 식당을 많이 지어놨나 봐요. 그래서 대대적으로 국경에 있는 20대 여성한테 하고 싶은 사람은 지원서를 내게 했어요. 국가에다가 얼마씩 바치고 중국에 가서 돈 벌수 있다. 그 유경식당 종업원들처럼 하는 거예요. 면접 보면서 쌍꺼풀 하면 좋겠다 그런 얘기도 하고… 그때는 중국에 공식적으로 돈 벌러 나가는 그런 거는 큰일이었으니깐 빨리 쌍꺼풀을 해서 돈 벌러 나가야겠다고 하는 사람들이 많았죠. 그리고 눈썹 문신 이런 거는 거의 열 명 중에 한 절반 이상은 해요. 여자들이 이렇게 화장도 다 하고 해야 하는데 그런데 귀찮고 또 비싸기도 하니깐… 다 해버리는 거죠. (박옥경)

졸업반 10명 중에 8명 했어요. 처음이니까 무섭기는 한데 다 해요. 나도 찍어봐야지 이러고 방학되면 눈썹 찍고 몇 년 있다가 또 다시 해… 시간이 지나면 조금 연해진다고 하기도 하고요. (방성화)

문신 하는 사람 많아요. 고등학교[45] 때 문신한 애들 있었어요. 문신한 것을 그 책임 지도원이 단속해야 하는데 아빠니까 아무 말도 못 해서… 문신도 꽤 예쁘게 했더라고요. 병원 가서 하는 거 같아요. 새까만 것으로 하면 촌스러우니까 천연색에 가까운 색으로 회색보다는 약간 진한 색으로… 그게 원래 눈썹 색깔하고 다르잖아요. 그러니깐 아는 거죠. 그리고 입술 선도 다 이렇게… 20대쯤이 되면 많이 해요. 왜냐하면 매일 화장해야 하는데 그게 귀찮으니깐… 눈썹이랑 입술만 해도 화장한 거 같으니

---

[45] 앞서 각주 5에서 설명한 것처럼 이 부분에서 면담 대상자가 고등학교 시절이라고 말할 때 그 내용은 북한의 6년제 중학교나 고급중학교 시절을 의미한다고 해석해야 할 필요가 있다.

깐… 해주는 업체가 있고 의사는 아닌데 잘 한다고… 부작용은 잘 없어
요. 쌍꺼풀에 눈썹문신에 방학 하고 나오면 다 달라져 있어요. (중학교)
5~6학년 겨울 방학 때 많이 하는 거 같아요. (배금희)

입술이 두꺼운 여자들도 있잖아요. 줄이는 수술하고 개인한테서 입술
을 크게 하는 주사 맞는 사람도 있고… 자격증이 없어도 그런 거 했어요.
개인들이 더 잘했어요. (김향란)

아파요. 근데 그게 유행이고. 바쁜 일 있으면 뭐 화장 할 새가 없잖아
요. 눈썹 문신 하면 일단 화장을 안 해도 괜찮은 거예요. 편하죠. 장사할
때도… 눈썹문신거나 입술 문신거나 그냥 웬만한 여자들은 다 한 거
같아요. 여자는 그런 거해야 한다 그러고… 문신은 편리한 점이 더 많아
요. (김혜명)

미를 위해서라면 아픈 것도 참아야지 하면서 참더라구요 (중략) 쌍꺼
풀이니 문신이니 하는 개인들 있어요, 이 사람 소개시켜 주고 저 사람 소
개시켜 주고 하니까 잘해 주는 것 같아요. 경쟁을 하지요. 더 잘해 주고
더 이쁘게 해 주고, 누가 더 세련되게 해 주고… 문신하고 그런 것도 옛
날에는 엄청 뭐 이렇게 새파랗게 찍었는데 지금은 연하게 약하게 하고
그 부분 올라오지 않게 하고요. (한은경)

면담 대상자 의견을 종합해 보면 2000년대에 쌍꺼풀 수술이나 눈썹 문신
이 종종 있는 일이었으나 2010년 이후에는 "체감상 북한 내 여성이 대부분"
수술과 시술을 받는 것으로 나타난다. 눈 부위뿐만 아니라 입술 부위도 미
용 관심 영역으로 부상했다. 입술을 도톰하게 만들거나 반대로 입술을 줄이
는 수술이 등장했고 입술라인을 따라 하는 문신을 하는 것도 유행했다. 특
히 문신의 경우 화장시간과 화장품 비용을 줄여준다는 점에서 많이 했다는
것이다. 미용을 위한 수술 및 시술 행위가 워낙 빈번하다 보니 중국보다 북

한의 수술/시술 실력이 더 좋고 비용도 저렴하다고 한은경이 의견을 말해주었다.

> 눈썹 하나 찍는 거 같은 것은 중국 돈으로 10위안… 쌍꺼풀 수술 200
> 위안. 북한에서 한 게 더 이뻐요. 가격은 훨씬 싸고 기술이나 손재간이
> 중국보다 북한 사람들이 더 높다고 하더라고요. 쌍꺼풀 수술 진짜 잘하
> 는 거 같아요. (한은경)

그런가 하면 자연미를 추구하는 추세가 젊은 층 일부에게서 나타난다. 대도시에서는 이제 눈썹 문신을 하지 않고 수술도 병원에서만 한다고 면담 대상자 손소연이 자신의 의견을 말해주었다.

> 지방은 아직도 눈썹(문신)… 찍는 게 많더라구요. 탈북하면서 그런 거
> 를 왜 하냐고 하니까 평양은 안 찍어? 그러면서… 예전에는 찍어 가지고
> 퍼렇게 되고 번지고 그랬는데 이제 촌스럽다고… 그 자연스럽게 하는 걸
> 선호하죠. 아무리 연해도 자기 눈썹이 낫다고… 진짜 눈썹이 없어서 절
> 반이 뚝 잘린 사람들이나 할 수 없어서 문신으로 찍구요, 대부분 안 찍어
> 요. 예전에는 블랙으로 찍었다면 이제는 그래도 밤색으로 찍어주고 그러
> 지요. (중략) 쌍꺼풀, 콧날수술까지는 해요. 여기서 정형외과, 뼈 부러진
> 거 맞추는 건 북한에서 사지외과라고 그러고 용어가 조금 틀려요. 정형
> 외과는 얼굴 이 뭐 이런 거를 보고… 북한은 정형외과 쪽에서 미용을 많
> 이 해요. 공식화 된 것은 아니고 구강병원…46 그런 곳에서 쌍꺼풀도 많
> 이 보고 그래요. 쌍꺼풀을 제일 잘하는 게 구강병원에서 쌍꺼풀을 제일
> 잘 해요. 사람들이 쌍꺼풀 어디가 잘해 그러면 무슨 구강병원 그 무슨 과
> 장 선생님이 잘 해 이러는 거예요. 손재주가 있어서 굉장히 잘하시는 분

---

46 북한에서 구강병원이라 함은 치과를 말하며, 구강과 의사는 당연히 치과 의사를
  의미한다. 따라서 면담 대상자 손소연의 말은 북한에서는 치과 의사가 쌍꺼풀 수
  술을 하는 사례가 많다는 상황을 전해주고 있는 것이다.

들이 있어요. 그래서 그런 분한테 가서 하는 거지요. 쌍꺼풀은 비싸지 않고 100불 200불이면 한다 그러더라고요. 평양 의학 대학 병원 아니면 그 김만유 병원에서 굉장히 잘한다고… (손소연)

젊은 사람들은 자연미를 한다고 하면서 화장도 진하게 안 하고 눈썹도 진하게도 안 그리고 문신도 안 해요. 젊은 사람들은 안 해요. 한 3~4년 전부터… 나이 드신 분들은 화장하는 거 귀찮아 가지고 그런 분들은 하는 거 같아요. 어떤 사람들은 화장이랑 하는 그런 기술이 없어 가지고 눈썹 잘 그리지 못하는 분들 있잖아요. 그런 분들은 거기 가서 찍더라고요. (한은경)

다만 2010년대에는 성형수술의 경우 문제가 되지 않도록 개인이 알아서 조심해야 하는 경우가 발생했다고 일부 면담 대상자가 말해 주었다. 북한당국이 방침을 전국적으로 "포치"할 때만큼 조심해야 한다는 것이다. 또한 위신을 챙겨야 하는 교원은 수술한 붓기가 가라앉을 때까지 출근하지 않는다고 했다. 미리 간부에게 알리고 눈감아 달라고 나름의 사전 신고를 하는 것도 한 방법이라고 김향란이 일러 주었다.

쌍꺼풀하고, 눈썹을 찢는 것은 다 몰래 하고… 했다면 간부들한테 먼저 알리고서리… 내가 이런 거를 했는데 봐 달라고 말하죠. 원래 교원들은 그런 거 하면 교원 생활을 못했어요. 그러니까 쌍꺼풀 하고 집에서 석 달 동안 놀다가 다 가라앉으면 다시 나오고… 남들이 알고 문제시 안 되면 괜찮았어요. (김향란)

눈썹 찢고 이런 거 거의 하는데 단속해요. 붓기가 다 가라앉은 다음에 나가야 해요. 쌍꺼풀 하지 말라는 법보다는 그냥 뭐 포치 같은 그런 게 내려오니까…. 그런데 방침 내려올 때는 쟁개비 끓듯이 와~하다가 그냥 또 사라지고… 그냥 그래요. (고영숙)

면담 대상자 증언을 종합해 보면 북한에서 이뤄지는 쌍꺼풀과 눈썹·입술 문신은 대체로 무면허 의료행위가 많은 것으로 드러난다. 의사에게 수술을 받는다 하더라도 부작용도 많다. 면담 대상자 배금희는 북한에서 쌍꺼풀 수술은 물론 의료사고 자체가 빈번하다고 말해 주었다.

쌍꺼풀은 병원에서 많이 하는데 부작용도 많이 봤어요. 그런데 신고하지 않아요. 신고해도 그게 법적으로 처벌이 가능하지 않아서 방법이 없어요. 그냥 내 눈을… 그냥 내가 망친 거예요. 의료사고가 많이 생기는데 웬만한 집에서도 이기기 힘들어요. 신고를 한다고 해도 방법이 없어요. 의대 자체가 실습도 열악한 조건에서 배운 것도 얼마 없고 하니깐… 의료사고가 있기는 한데 별 문제가 되지는 않아요. (배금희)

면담 대상자 다수가 북한에서 성형 수술의 부작용을 개인의 체질 문제로 치부해 버리는 경향이 있다고 말해 주었다. 부작용은 개인 체질의 문제라는 의견을 지닌 면담 대상자도 만날 수 있었다. 시술자가 이전 고객이 사용한 기구를 충분히 소독하지 않은 경우에도 크게 문제제기하지 못한다고 했다. 특히 시술자가 지인일 경우 조용히 넘어간다.

모두가 다 괜찮다고 해서 저도 하라고 하는 거… 저는 그냥 라인만 했는데 부작용이 일어나서 입술부터 시작해서 습진처럼 얼굴에 퍼지는 거예요. 한 달 동안 너무 고생을 했어요. 아마 내 하기 전에 그런 증상 있는 여자를 해준 거 같아요. 그러니깐 나한테 그게 퍼진 거 같아요. 얼굴 절반에 그게 퍼져 가지고 한 달 동안 밖에도 못 나가고… 근데 아는 집이라 뭐라 못했죠. 그냥 미안하다고만 듣고… 주사도 엄청 많이 맞고… 두드러기 가라앉는 주사를 의사한테 처방받아서… 병원이 아니고 개인 의사한테 하루에 두 대씩 맞았거든요. 문신해도 부작용 안 생기는 사람도 많아요. 체질에 많이 관계 되는 거 같아요. (손소연)

문제는 북한당국이 성형수술이나 문신하는 여성은 단속하지만 제대로 의료인을 양성하려고 노력한다거나 불법 의료행위가 횡행하지 않도록 방지·통제하지는 않는다는 점이다. 공정한 규제를 가하기보다는 현실을 방치하거나 의사를 특별히 눈감아주는 식으로 반응하는 것이 의료사고에 대한 북한당국의 태도인 것으로 나타난다.

부작용나면 자기 탓이지 말입니다. 누가 거기다 얼굴을 들이밀라고 했나요. 몸이 기차게 좋은 친구가 있었는데 그 친구가 쌍꺼풀을 집었는데 풀려가지고 두 번 집었어요. 실밥을 잘못 풀어가지고 이렇게 만져 보면 단단해요. 부작용이 나서 붓는데 그것은 본인 부담입니다. 소염제 맞든가 주사를 맞든가 부작용 나면 자기가 부담하면 됩니다. 항의 그런 것은 해서 필요도 없어요. 제 친구가 자기가 알아서 항의하겠다고 갔는데 그 집이 국가에서 보호해주는 집이란 말입니다. (백영미)

화폐개혁을 금방 해 가지고… 60원인가에 했어요. 신 화폐로 60원… 엄청 비싼 거지요. 쌍꺼풀 수술을 했는데 풀렸어요. 광산병원 안과 의사였어요. 저는 원래 할 생각 없이 갔는데 친구가 해야 해서 데리고 갔어요. 올 때 혼자 못 오잖아요. 자전거로 태워서 오려고 했는데… 쌍꺼풀을 하고도 눈 뜨고 다닐 수 있다는 거예요. 여름이어서 염증이 생겼어요. 그래서 여기 흉터 하나 남아 있어요. 항생제 먹으면 괜찮을 줄 알았는데. 그 때 쉬었어야 하는데 내가 일을 해서 그래요. 일을 안 했으면 염증이 안 생겼을 텐데… 땀을 흘려서 이렇게 되었죠. (원관옥)

시장에서 귀걸이를 할 수 있도록 뚫어주는 것도 북한당국이 총으로 쏘아 뚫지 못하게 하자 바늘로 찢는 경우가 등장했다. 소독을 하지 않은 상태에서 시술을 하다 보니 염증이 오래 가지만 특별한 치료 방법도 존재하지 않는다고 면담 대상자 김향란이 말해 주었다.

귀찡도 시장에서 그걸 총으로 쏴주는데 단속 하니깐 바늘로 이렇게 저 절로 찢기도 하고… 고름이 나지요. 한 달 동안 고름이 나는 것 같아요. 자기들이 막 알콜로 닦는대요. (김향란)

상황이 이렇다 보니 다들 부작용은 자기 탓이라고 생각하거나 크게 문제 삼지 않는다고 한다. 아주 드물게 항의하려고 마음먹는다 해도 통하지 않는 다고 면담 대상자 다수가 이야기 해주었다. 북한당국은 정말 통제하고 관리 해야 할 영역에는 관심을 쏟지 않는 것으로 보인다. 결국 주민의 건강을 크 게 중요하게 여기지 않는다는 의미가 아닐까?

이런 상황에서도 북한 여성이 나름대로 꾸미기 욕구를 충족시킬 수 있었 던 것은 결국 '장마당 뷰티' 영역이 활성화 되면서 그 길을 어느 정도 제시해 주었기 때문이라고 생각한다. 그러나 북한당국이 위생적 여건을 갖추고 여 성의 건강을 보호하는 방면에 필요한 규제와 관리를 전혀 시도하지 않는 상 태에서 장마당 뷰티는 각종 부작용의 폐해를 고스란히 소비자가 감당하는 방식을 그대로 유지해 온 것으로 나타난다. 결국 장마당 뷰티의 주인이어야 할 북한 여성이 자신의 권리를 제대로 누리지 못한다는 점에서는 2010년 이 후 오늘날 북한의 현실이 달라진 점이 없다고 하겠다.

3. 옷차림 유행의 진원: 이설주와 김정은의 등장

1) 이설주의 등장과 평양여성

2000년 이후 북한에서 남성이 김정일 옷을 따라 입고 김정일의 옷차림이 유행한다는 증언이 많았다. 그러나 여성의 유행에 대해서는 딱히 모델이 없 고 한국영화에 나오는 차림새가 중국에서 들여온 중고 수입품이 북한 여성의 옷차림에 영향을 미치는 것 같다는 대답이 많이 나왔다. 그런데 2010년 이후 유행에 관한 면담 대상자 다수의 증언 내용을 살펴보면 김정은의 부인 이설주의 등장으로 여성 옷차림은 유행의 결이 달라진 것으로 나타난다.

이설주는 조선중앙TV의 2012년 7월 25일 저녁 뉴스를 통해 그 존재를 북한주민에게 알렸다. 능라인민유원지 준공식 현지지도에 김정은의 팔짱을 끼고 나타난 장면이 방송에 보도로 나왔다. 북한 외부는 물론 내부에서도 이설주의 등장은 파급 효과가 컸다. 그 이전에는 최고지도자의 아내가 나타나는 일 자체가 상당히 드물었기 때문이다.47 특히 이설주의 차림은 파격적이었는데 북한당국이 평소 여성에게 착용을 권고했던 "조선옷차림" 모양새가 아니었다. 이설주는 짧은 헤어스타일을 하고 무릎 위로 살짝 올라오고 몸매가 드러나는 투피스 스타일의 원피스 차림새에 브로치와 손목시계를 하고 굽이 있는 힐 차림으로 등장했다. 다음날인 7월 26일, 『로동신문』 1면에도 이설주의 모습이 컬러 사진으로 실렸다. 여러 명의 면담 대상자가 이설주의 등장이 북한 여성의 꾸미기 욕구와 활동에 어떠한 영향을 미쳤는지 자기 경험과 의견을 들려주었다.

> 목걸이랑 귀걸이 못하게 했었는데 이설주 나오면서 다 하고 미니스커트도 입고… 옛날에는 무릎 아래를 다 가려야 했었는데 이제 그거 단속

---

47 북한 내부에서 최고지도자의 아내 자리는 오랜 기간 공석이었다. 김일성의 아내 김정숙은 1948년 사망했다. 그 자리에 들어간 김성애는 1994년 방북한 카터 접견에 배석하거나 1970년대 후반 『조선녀성』에 "존경하는 김성애 동지"로 몇 차례 등장했고 북한사회 내부적으로 대단한 위력을 지닌 것으로 평가를 받기도 했지만 김정숙과 달리 장기간에 걸쳐 공간문헌에서 김일성의 아내로 추앙을 받지는 않았다. 게다가 김정일의 아내는 단 한 차례도 공식적으로 등장한 적이 없다. 오히려 외부 세계에서는 김정은의 생모 고영희가 등장한 영상을 입수하거나 김정일의 여러 아내에 대해 밝혀냈지만 내부의 사정은 달랐다. 북한이탈주민 대다수가 북한에 거주할 당시 김정일의 아내가 몇 명인지, 누구인지 하는 점에 대해 전혀 들어본 적이 없다고 답한다. 면담 대상자 중에서는 한국에 입국하고 난 이후에야 그 실상을 접했다고 대답하는 경우가 많다.

안 해요. 무릎 위까지도 괜찮고… 원피스도 괜찮아졌고… 좋아진 거지요. 근데 그게 이설주 때문이라고 생각하지는 않는 것 같아요. 이설주를 보고 먼저 깬 사람들이 일단 하는 거예요. 평양이나 그 측근이나 어쨌든 그 사람들이 하는 거예요. 평양에서 머리가 깨면 전국으로 그 바람이 오지요. 평양의 거리가 저녁마다 그 티비로 나오잖아요. 그러면 그거 보고는 따라 해요. 그러니까 층계별로… 평양 거리 풍경을 보면 아랫사람들이 그것을 보고 또 하고… 이렇게 층계별로 유행도 내려와요. 일반 주민이 직접 이설주를 보면서 바로 딱 느끼지는 않는 것 같아요. 이설주가 중요한 게 아니라 먼저 깬 사람들이 주도하는 게 중요한 거 같아요. 사람들이 이설주를 보고 저 여자를 따라해야겠다 이런 생각은 안 해요. 감히 위대한… 그래서 생각이 거기까지는 못 가요. 이설주를 보고 따라하는 사람들은 일부인데 그 사람들이 이렇게 확산이 되면서 그럼 나도 해도 되는구나 이렇게 생각을 하지. 그리고 본인이 해놓고도 이게 내가 이설주를 따라했다고 생각하지 않는 거 같아요. (배금희)

이설주가 입으면 그게 유행이 되죠. 근데 그게 똑같이 만들어 입으려면 비싸요. 재료 자체가 옷감도 비싸고 수공비도 비싸. 그래서 북한에는 옷 만들고 수선하는 사람들 돈 많이 벌어요. 야금야금 많이 벌고 그런 집은 사는 것도 좀 괜찮게 살아요. 이런 유행이 나오면 몇 명씩 무리지어 가서 우리도 해달라고 하고. 그러면 시세가 막 올라가는 거예요. 처음에는 5~6만 원 하다 며칠 있다간 한 7~8만 원 이렇게 하고… 안 하겠으면 말아라! 이러고 그러면 또 우린 입어야 하니까 할 수 없이 해주세요. 똑같이 해 입고… 몇 명이 가서 맞춰 입는 거를 좋아해요. 이설주처럼 맞춰 입는 거 있잖아요. 그 스커트에 이런 정장 같은 거 입으면, 컬러는 좀 다르게 할 수 있는데… 모양은 똑같이 해 입으려고 해요. 색감만 다르게… (방성화)

이설주는 여자들 속에서 유행했던 게 확실하구요. 그 모란봉악단 옷차림도 유행했어요. 무대 복장 이런 거 말고 평상시 이동할 때 입는 그 군복 같은 옷도 많이 유행이 퍼졌구요. 재단사들이 그것을 보고 만들어요. 손색없이 몇 명이 입으면 매일 반응이 척척 달라지지요. 중심지일수록 빨라요. 유행에 시차가 있는 거 같아요. 일단 대도시나 국경 쪽에서 쫙 퍼지면 지방 기층 도시들에서 또 퍼지고… 하향식으로 유행을 선도하는 여러 소스들이 있는데 중국 드라마, 한국드라마, 이설주도 그 중에 하나 같아요. (김철우)

이설주 한 때 위에 새파랗고 밑에 새까만 그 원피스 입었던 적이 있었는데 그거 보면서 이제 그런 게 나왔어요. 옷 가공하는 사람들이 모방해서 가공해서… 바로 다음날 나오고 그런 건 아닌데 옷의 질이나 색깔은 상관없이 그냥 그 모양대로 만들어내면 되니까… 옷감은 중국에서 들어와요. 가공하는 사람들이 옷을 만들어 시장에서 팔고요. 원피스는 제일 싼 게 인민폐 150원부터 500원까지 있어요. 모양이 똑같고 가공 모방한 거라고 해도 여기서 파는 게 다르고 저기서 파는 게 달라요. 이설주의 영향이 크죠. 그게 또 추세로 나오기도 하고… 머리도 이발소에 아는 언니나 이발사한테 조용히 가서 쎄게는 말하지는 않고 그 스타일로 해달라고 해요. (고영숙)

또 이설주가 옷을 입고 나오면 그거 또 평양에서 모방한다 그런다 말입니다. 그거 모방하면 그거 다 한참 있어야 지방에 또….평양에서는 쎄까닥 무는 것 같습니다. 그런데 지방은 뜹니다. 한 1년씩… (허명희)

이설주가 물놀이장 현지지도 할 때 입은 거… 그 초록색깔 짧은데 레이스 있는 치마… 스커트인데 조금 더 긴 치마 이거 나왔거든요. 그거 비쌌는데 엄청 많이 입었어요. 약간 다르게 해서… 그 레이스가 여기 있다면 빼서 다른 데로 넣고… 아니면 색깔은 조금 다른데 똑같이는 안 만들고 이런 식으로 해서… 재봉하는 사람들이 만들어서 파는 것 같아요. 그게 그해 여름에 ○○에서 크게 유행했어요. 아무튼 그 사람이… 뭔가 옷을 바꿔 입으면… 그 옷이 길에서 흔치 않게 봤어요. 뭐 비싸도 뭐 여자들이 입을 만하면 다 입으니까. (원관옥)

대다수 면담 대상자는 이설주의 차림새가 유행에 큰 영향을 미친다고 공통적으로 대답해주었다. 다만 평범한 북한주민이 이설주의 차림새를 보고 "저렇게 해야겠다" 하는 일은 그다지 많지 않고 이설주 차림새가 유행이 된 후에야 시장에서 사거나 옷가게에 맞추러 간다는 것이다. 그런가 하면 고영숙의 증언처럼 헤어스타일을 따라 한다 하더라도 대놓고 말하지 못하고 "조용히" 말한다. 면담 대상자 배금희는 이설주의 차림새를 유행으로 이끌어내는 집단이 최상위 계층을 비롯한 평양 여성이라고 자기 생각을 말해주었다. 개인에 따라 응답에 차이가 있었지만 이설주를 '직접' 혹은 '대놓고' 따라 하지는 않는다는 것이 면담 대상자가 공유하는 생각인 것 같다.

한편 면담 대상자 김혜명은 이설주 옷차림이 일상을 사는 북한 여성에게는 매우 불편하다고 지적하였다. 하루종일 장사하느라 짐을 지고 이리저리 뛰어다녀야 하는 평범한 여성에게는 이설주의 옷차림은 실용성이 매우 낮다는 것이다.

> 솔직히 이설주가 입고 오는 건 스커트 입고 원피스 입고 나오고 이러니깐… 사는 게 급하고 바쁘고 하면 바지가 편하지. 치마 입으면 도저히 움직이지 못 하고… 북한은 치마라는 게 무릎길이 스커트 밖에 없거든요? 얼마나 불편해요. (김혜명)

연구진은 의도적으로 북한당국이 이설주를 따라한 복장을 규제하거나 단속하지는 않는지 질문해 보았다. 면담 대상자 원관옥은 다음과 같이 답해주었다.

> 이설주 동지 입은 거 입지 말라는 거 없잖아요. 상관없어요. 특별히 입지 말라고 하는 것은 없어요. 김정일이 있을 때에 그 장군님 잠바는 다 입었잖아요. 그런 거는 누가 뭐 말을 안 해요. (원관옥)

'평양 여성' 또한 유행의 선두주자이며 세련의 표상으로 나타났다. 유행의 중심이 큰 도시지만 궁극적 유행의 발원지는 평양이라는 것이다. 면담 대상자 방성화는 평양 여성이 세련된 옷차림을 하는데다가 예술영화와 드라마의 배경이 평양이기 때문에 유행의 발원지가 되는 것이라고 대답해주었다.

> 평양 여자들은 세련됐어요. 생긴 건 진짜 안 이뻐요. 오죽하면 100미터 미인이라고 그렇게 하겠어요. 멀리서 보면 다 이뻐요. 50~60대 할머니도 20대인 줄로 착각하고… 옷 입는 자체가 다른 거 같아요. 옷도 다르고… 학교 때 발레하는 친구들도 있고 기계 체조 하는 친구도 있어서 걔네가 평양 가서 한 6개월 8개월씩 훈련하고 오면 옷 자체가 달라져요. 왈랭끼도 엄청 높은 가죽 왈랭끼 빨간 색으로 신고 오고… 코트도 막 털이 있는 거 그런 거 입고 다니고… 진짜 옷 입는 스타일이 달라요. 평양 그림이나 사진 나온 걸 보면 아… 저렇게 입어야겠다는 그런 생각이 들어요. 확실히 유행의 중심은 평양이고… 평양을 배경으로 하는 그 무슨 우리의 향기인가 그런 영화 나왔을 때 여자 택시 운전사 나왔어요. 털모자 그런 거 쓰고 나왔는데 그거 보고 학교가면 하루 종일 그 얘기만 하고. 그 모자 너무 이쁘다 하면서… (방성화)

그런가 하면 추세가 특정 집단이나 인물에서 시작한다는 증언도 존재한다. 면담 대상자 배금희는 다음과 같이 이야기해 주었다.

> ○○에 예술전문대학교가 있어요. 거기에서 유행이 많이 나와요. 거기는 여자애들이 특히 많은데 돈 많은 집 딸들이니까… 부모는 걔네 시집은 잘 보내야겠고 그래서 그 학교 보내는 게 최고의 방법이에요. 다 거기서 뽑아서 평양음대가고 뭐 미대가고 해요. 중간에서 뽑아 가는 경우예요. 해마다 그런 방침이 좀 내려와요. 근데 거기 애들이 추세나 이런 것에 좀 민감했던 거 같아요. 평양이나 ○○나 거기 다들 재벌 집이니깐… 어디서 갖고 오는지는 모르겠지만 잘 꾸미고 다니더라고요. 특색 있고

예쁜… 그런 곳 같아요. 걔네는 생머리도 내리고 다니는데 규찰대도 예술전문학교 애들은 좀 포용을 해줘요. 이렇게 예술 하는 애들은 조금 더 포용이 되는 거예요. 좀 더 자유로웠어요. 몸뻬 바지 입어도 괜찮고… 왜 그러니? 이러면 공연 때문이라고 하더라고요. 청년동맹에서도 대단한 집 딸이랑 붙어봐야 자기네가 질 걸 알아요. 걸려서 잡아넣어 봐야 자기만 욕먹어요. 그래서 그냥 지나갔던 거예요. (배금희)

면담 대상자의 의견을 종합해보면 2000년 무렵과 달리 2010년 이후에 들어서면 유행의 진원지가 보다 다양해진 것으로 보인다. 또한 2000년대 추세의 시작점이 한국 드라마였다면 2010년 이후에는 이설주와 평양의 상류층 여성 일부 등 북한 내부에서 출발한 추세가 점차 다른 지역으로 번져나가는 현상이 나타난다. 유행을 선도하는 부류는 평양 거주자이거나 대도시 부유층 여성이라고 면담 대상자 다수가 대답했다. 재력과 권력을 가진 집의 아내나 딸이 시도하는 차림새는 단속에도 크게 구애받지 않는다고도 했다. 규찰대나 청년동맹 단속반이 알아서 피하기 때문이다. 결과적으로 평양 일부 상류층에서 시작한 유행이 대도시에서 중소도시로 점차 퍼지며 북한 전역에서 추세로 자리 잡는 것이 2010년대 북한의 추세현상이라 하겠다.

2) 김정은과 남자 옷차림

2000년대 북한 내 상황을 살펴볼 때 다수의 면담 대상자가 북한 남성의 옷차림이나 유행이 김정일을 따라 간다고 말해준 바 있다. 그렇다면 김정은 등장 이후 북한 남성의 옷차림 유행은 어떠한 모습으로[48] 나타난 것인가 의

---

48 2009년 2월, 북한 조선중앙TV가 "척척척 척척 발걸음" 하는 가사의 노래를 방송했다. 노래 "발걸음" 가사가 예고한 것처럼 2009년부터 젊은 지도자 김정은은 북한주민 앞에 존재를 드러내기 시작했다. 2010년 9월 인민군 대장 칭호를 받은 김정은은 2011년 12월 17일 김정일이 사망하자 2012년 4월 11일 노동당 제1비서 지위에 올랐다.

문이 아닐 수 없다. 이 질문에 대한 면담 대상자의 답변을 종합해보면 여전히 북한 남성의 옷차림은 최고지도자를 따라가는 것으로 나타난다. 새롭게 등장한 김정은 스타일에 대해 어떤 반응을 보이는지 여러 면담 대상자가 다음과 같이 자기 의견과 경험을 제시해 주었다.

김정은 옷차림을 많이 따라가는 것 같아요. 간부들이 다 그렇게 하고 다니니까요. 위엄도 느껴지고 말 한 마디도 안 하고 손만 그냥 툭툭 하는데 진짜로 멋있죠. 김일성 머리잖아요. 김일성은 잘생겼다고 하더라고요. 저희 아빠도 봤는데 잘 생겼다고 하더라고요. 김정일은 쬐끄만 하고 못생겼대요. 그런데 김정은은 할아버지 닮아서 잘 생겼다고 해요. 대놓고 못 생겼다고 말은 안 하고요. 김정은은 키가 큰 거는 아닌데 큰 거처럼 나오잖아요. 덩치가 크니깐… 거기 사람들은 진짜 잘 생겼다고 그렇게 생각해요. (배금희)

최근에는 또 김정은이가 옆으로 째긴 옷 입는다 말입니다. 몸이 좋으니까… 그 전엔 김정일이 이렇게 뒤로 째긴 옷 입더니 김정은이 옆으로 째긴 옷 입으니까 다 옆으로 쨌다 말입니다. 머리숱도 그렇게 비슷하게 깎고… (허명희)

한 때 군대들이 김정은 머리까지 유행해서. 시장에 앉아 보면 젊은 사람, 군대들이 그렇게 많이 하거든요. 근데 여자들은 그 머리를 다 싫어하는 거예요. 이상하다고… 하지 말라고 해도 다 그렇게 따라 한대요. (김혜명)

남자들은 진짜 최고로 멋있다고 생각하고 있어요. 남자 옷은 그거예요. 그 김정은 검은 정장에 여기 목 카라 단 그거… 그게 유행이에요. 저희 아빠도 그렇게 잘 입었었는데. 저희 친구들도 졸업반 때 항상 목 카라 하얗게 달아서 그거 입는 거 유행이었어요… 그리고 구두도 나왔어요. 지금 일반인들이 많이 신는데 약간 에스테틱한 거 비슷한 거 그런 것인데 가품이겠죠. 인조가죽으로 나와서 컬러도 비슷해요. 그런 게 나와서

한 (6년제 중학교) 5~6학년 남자 학생들은 그런 거 신고 다녔어요. 사회생도 그런 거 신고. (방성화)

요즘은 김정은 그 옷이 단순히 검은색 위아래 쯔메르, 쯔메리 양복이라고 하거든요. 북한에서 그 양복을 정장으로 많이 해입죠. 비슷하게 해입어요, 그러니까 북한에서는 남자들옷이 여기처럼 다양하지가 않아요. 여기에 하얀 카라 아니면 와이셔츠 넥타이 양복이거든요. 여기처럼 뭐 여러 가지 청바지 찢어진 거… 이렇게 밖에서 입고 다니는 남자가 없어요. 그러다 보니까 심플하지요. (손소연)

면담 대상자 이야기를 살펴보면 이전 시기와 마찬가지로 북한 남성의 옷차림 유행은 여성의 경우보다 단순하고 대체로 김일성·김정일·김정은의 복장을 따라가는 것으로 나타난다. 김정은은 김정일에 비해 호감도가 높다는 증언도 존재한다. 김정일보다 그래도 평이 좋았던 김일성을 닮았다는 면담 대상자 증언도 존재한다.

김정은이라는 인물에 대한 호감이 얼마나 효과를 미쳤는지는 명확히 알 수 없으나 허명희가 말한 대로 김정은의 양복차림이 남성 옷차림에 새로운 유행으로 등장한 것은 부인할 수 없는 사실로 보인다. 김정은이 "제낀깃 양복" 차림새로 나타나자 『로동신문』 2012년 5월 6일 지면에도 "남자제낀깃양복차림"을 설명하는 기사가 등장했다. 기사의 내용을 살펴보면 "체격이 보통이거나 큰 사람인 경우에는 모든 형태의 제낀깃양복이 다 어울린다" 하며 양복의 색깔과 셔츠, 타이와 어떻게 어울리게 입는지 설명하고 있다. "원수님 옷" 같은 표현을 쓰지는 않았지만 누가 봐도 이 기사는 "원수님 옷" 스타일 관련 정보를 제공한다.[49] 재미있는 사실은 김정은 등장 이전에 "제낀깃양복" 차림새를 다룬 지면을 통일부 북한자료센터 데이터베이스에서 검색해

---

[49] 일반적으로 북한사회에서 김일성은 수령님으로 부르고 그 아들인 김정일은 장군님으로 호명하는 반면 손자인 김정은은 원수님으로 지칭하는 것으로 나타난다.

보면 결과가 나타나지 않는다. 김정은이 등장하기 전에는 북한당국 입장에서 "제낀깃 양복" 차림새가 특별히 권할만한 남성 옷차림은 아니었던 것으로 보인다.

김정은의 옷차림을 신문지면에 등장시킨 것을 보면 북한당국 입장에서도 최고지도자의 이런 차림새를 적절하게 활용하는 측면이 있는 것 같다. 마치 북한당국과 최고지도자가 "인민생활향상"에 관심을 갖는 것처럼 보여줄 수도 있기 때문이다. 또한 김정은 옷차림이 유행하는 현상을 주민의 긍정적 반응을 이끌어 내는 통로로 해석했을 가능성도 있다. 북한 남성 옷차림이 김일성과 김정일, 김정은을 따라가는 현상이 북한당국 입장에서는 굳이 금지할 필요도 없고 딱히 손해 볼 것이 없다는 의미로 읽힌다. 북한 남성이 김정일과 김정은 옷을 따라 입는 현상과 관련하여 다음과 같은 내용의 언설이 신문에 등장하기도 한다.

> 닫긴깃옷과 잠바를 동시에 맡기는 사람들도 적지않다 (중략) 생각해보면 이 옷들에 얼마나 가슴뜨거운 사연이 깃들어 있는가. 어버이수령님께서와 경애하는 장군님께서 한평생 즐겨입으신 인민복, 야전복이 아닌가. 닫긴깃옷의 목깃부분만 보아도 한평생 인민을 위해 모든 것을 다 바쳐오신 (중략) 사람들 속에서 이 옷들에 대한 사랑의 감정이 날로 커가는 것도 바로 그때문인 것 같다. (「누구나 즐겨찾는 우리 시대의 류행옷」, 『로동신문』 2012년 3월 18일)

"닫긴 깃옷"이란 면담 대상자가 말한 "쯔메리 양복", 일명 인민복을 뜻한다. 『로동신문』은 이렇게 인민복을 입는 유행을 누가 선도했다거나 "수령님, 장군님 옷"을 따라 입었다고 해석하지 않는다. 독특한 옷깃이 김일성, 김정일을 떠올리게 한다고 설명하지만 그렇다고 그 옷을 따라 입으라고 딱히 권고하지도 않는다.

김정은과 북한 남성 옷차림의 관련성을 알아보면서 연구진은 의도적으로 면담 대상자에게 북한주민이 정말 김정은의 복장을 멋있다고 생각하는지 물어보았다. 이 질문에 대해서 면담 대상자 상당수가 "여기 와서 보니 영 아닌데 그 땐 진짜 김정은이 멋있어 보였다" 하는 의견을 말해 주었다. 한국에서 다시 본 김정은 모습이 멋지진 않지만 북한에서는 그렇게 생각했다는 것이다. 다만 면담 대상자 배금희는 "그 옷을 입었다고 해서 충실성을 인정하지는 않지요. 그 패션이 유행이니 그냥 따라 입는 거지요" 하는 의견을 주었다. 북한당국이 요구하는 정치적 "충실성" 때문에 입는 건 아니란 뜻이다. 그저 제한된 조건 속에서 나름대로 유행을 추구하고 소비하고자 하는 욕구와 행위성을 발현했을 따름이라는 것이 그녀의 의견이었다.

4. 웨딩산업의 등장과 평양 결혼식 USB

2010년 이후 북한사회를 경험한 면담 대상자는 그 무렵부터 북한 내 결혼식 관행이 뚜렷하게 변했다고 일러주었다. 상차림과 신랑신부의 옷차림, 식을 진행하는 장소 등 결혼식 구성요소에 많은 변화가 나타났다는 것이다. 면담 대상자가 들려준 의견을 중심으로 주요 내용을 정리해보면 다음과 같다.

첫째, 결혼식 장소가 집에서 식당이나 결혼식장으로 바뀌었다. 식당은 결혼식 하루는 개인 손님을 받지 않고 결혼식 손님만 받는다. 신랑과 신부는 식당에 미리 일정 인원만큼 식대를 지불하고 계약하는 것이 관행이다.

> 집이 아니고 회관 같은 곳에서 큰 곳에서 했어요. 여기처럼 웨딩홀 같은 곳에서 드레스 입었어요. 어, 저렇게도 하는구나… (원관옥)

예전에는 집에서 상을 차리고 했는데 요즘에는 그렇게 안하고 결혼식 식당이 생겼어요. ○○원에서도 하고 그 ○○○○ 결혼식장에서도 하고… 개인들이 지금 식당 상점을 많이 열었다고 그러잖아요. 그런 곳에서도 하고 식당만 크게 여는 사람들도 많아요. 100평이 넘는 식당을 하면서 거기서 결혼식도 하는 거죠. 그러면 하루 영업을 안 하고 결혼식만 하는 거예요. 100명이나 150명, 200명… 작게는 50명도 있고… 신랑신부 쪽에서는 결혼식 손님을 몇 명 받는다 해서 그렇게 미리 의뢰를 해요. 그러면 100명이면 얼마, 200명이면 얼마 이렇게 식당에서 요구를 한대요. 1인당 한 20불 정도씩 돌아가게… (손소연)

호텔 결혼식 식당도 있고, 통신회사도 있고, 뭐 해양관도 있고. 일반 식당은 아니고 크다고 하는 식당에서 결혼식 상차림을 해요. 손님들 인원수에 따라… 아는 언니가 맨 처음에는 40명 했는데 6,000원 들었다고 했어요. (김향란)

식당가서 결혼식 하고요. 이젠 결혼식 집에서 하는 거 극히 드물고… ○○시에서는 ○○원이랑 □□원이랑 그런 곳 가서 해요. ○○원은 광산 종업원들을 위한 시설인데 설비도 낡고 그래서… ○○각이라는 게 역전에 새로 생겼대요. 그런데 가보니까 별로예요. 겉 위용은 멋있는데 안에 보니까 ○○원보다 못해요. □□원도 많이 낡았어요. ○○원이 제일 낫죠. (한은경)

결혼식은 다 식당가서 해요. 돈 있는 사람은 식당에서 하고 노래방도 가고… 평양에서는 마차 그런 것도 타고. ○○시는 마차가 없으니까 안 하고… 이런 멋있는 호텔에서 하고 바다에도 가고…

회사 언니들은 다 식당가서 했어요. ○○같은 곳은 인민 수영장이나 해양관, 그런 문화시설들이 많아요. 그런 식당을 하루 반나절 빌려 가지고 하고 사람들 많을 때는 시간을 정해서 하고… 결혼식 할 때 옷을 한 벌만 입는 게 아니거든요. 처음에는 이런 드레스 같은 거 공개적으로 입으면 안 되니까… 집에서 몰래 식구들만 있을 때 집에서 입고 사진을 찍고, 그 다음에 남자는 정장을 입고, 여자는 한복으로 다른 것으로 갈아입고… (고영숙)

둘째, 상차림 관행에 커다란 변화가 일어났다고 했다. 2000년대 중반에는 닭을 올려놓고 먹을 것을 풍성하게 하던 식사 위주의 상차림이었다면 2000년대 말부터 2010년 이후에는 닭과 음식을 올리지 않고 꽃이나 과일 장식, 케이크를 올리는 것이 유행이 되었다.

결혼식을 할 때 신랑신부 상에 음식 같은 것은 안 놓고 꽃으로 장식을 하고 케이크 놓고… (손소연)

저희 친척이 2005~2006년에 결혼했을 때에는 떡도 막 이만큼씩 크게 해서 차려 놓는 거… 상을 잘 차렸어요. 그런데 한 2009년인가? 동네 언니가 결혼할 때 보니깐 과일을 예쁘게 꽃처럼 깎더라고요. 수박이나 바나나, 파인애플로… 그 전에는 떡이랑 순대 이런 거 위주였다면 동네 언니네 상차림은 과일로 예쁘게 꾸미는 차림이었어요. 어차피 그 과일도 중국에서 다 수입해 오는 과일들이니깐 가격은 비슷할 것 같아요. 전에는 먹을 것 위주로 풍성하게 배부른 거 했다면 이젠 예쁘게… (박옥경)

예전에는 과일 바나나 모형이었는데 이젠 모형 아니고 중국 상차림 하는 거 봐서 떡이랑 과일 올리고… 장미 생화를 이렇게 하트모양으로 놓고 어간에는 흰 거 이렇게 장식을 해 가지고… 결혼식 상에다 꽃 커다랗게 해놓고… 케이크 놓고, 그거 놓고 꽃을 멋있게 놓았어요. 옛날엔 그냥 먹을 것만 가뜩 채워놓고 막 그랬었는데 그런 것은 다 없어지고… 빛깔 좋은 걸로 보기 좋은 거, 사진에 잘 나오는 거… (원관옥)

닭이 원래 있는데 나중에는 닭이 없었어요. 원래 닭은 무조건 올라가야 했고 사탕도 올렸어요. 그 사탕 애들이 먹고 다 혀가 다 빨개서 돌아

다니고 그랬었는데…. 과일이나 국수도 있었던 거 같아요. 상만 빌려주는 집도 있어요. 사탕은 놓아도 실제론 안 먹고 상에 올려놓기만 하는 거… 그 상차림이 비싸 가지고 그날 하루 쓰고 다시 반납해요. 가짜음식은 아니고 진짜 음식인데 다시 포장해서 가져가요. 다른 결혼식에도 쓰는 것 같아요. 음식이라 해봐야 사탕이고 또 대부분 겨울에 결혼식을 많이 하니까 상하지 않나 봐요. (배금희)

상차림에 장식을 많이 신경 쓰다 보니 결혼식 상차림 전문가도 등장했다. 면담 대상자 방성화는 요리학교를 졸업한 전문가에게 상차림을 의뢰하는 것이 새로운 유행이라고 말해주었다. 신랑 신부 측에서 원하는 스타일과 인원 규모를 알려주면 전문가가 요청받은 대로 꽃과 떡으로 화려한 장식을 해준다는 것이다.

○○에 요리전문학교 3년제가 있어요. 그 학교 나오면 ○○ 호텔이라든지 금강산 이런 데 가서 전문 요리를 하고 상차림을 해주는데… 상을 진짜 예쁘게 차려요. 막 꽃 상같이 차려주고, 떡으로 별의별 수박을 만들고 토끼도 만들어 주고 별거 다 만들어 놔요. 상에… 꽃 장식할 때 꽃잎도 앞에다가 놔 주고… 그런 식으로 전체를 해 가지고 상만 차려 주고 20~30만 원씩 받거든요. 북한 돈으로 그럼 그게 솔직히 작은 돈이 아니에요. 쌀을 사면 뭐 20~30kg도 살 수 있잖아요. 요리 전문학교 나온 사람들은 그렇게 돈을 벌어요. 결혼식 상차림 그런 거 한창 유행했었어요. ○○에서 유행하고 입소문이 나면서 ××쪽에도 오고 어디 군 쪽에도 요즘 간부들이 찾아서 가고… 이전에는 집에서 다 했었어요. 그런데 중국에서 그런 요리 책이 쭉 나오거든요. 그렇게 신식으로 차리면 중국을 모방하고 중국 음식들이 많이 올라왔어요. 다는 아닌데 ○○에는 태반이라고 보면 돼요. 걔네들 초청해서 재료를 사고 돈 다 주고… 요리학교 나온 애가 어떤 식으로 하겠냐고 물어보면 이런 정도의 규모를 원한다고 해요. 그리고 애가 뭐뭐 필요하다고 하면 결혼하는 쪽에서 사주고 애는 상차림만

딱 해 주고 마지막에 돈을 딱 받고… 그 친구들은 돈을 쏠쏠하게 버는 거 같아요. (방성화)

면담 대상자 고영숙의 의견을 들어보면 2015년부터 결혼식과 관련한 서비스 산업이 확대된 것으로 나타난다. 상차림뿐만 아니라 신부에게 첫날 옷을 챙겨주고 머리장식까지 도와주는 '토털 서비스' 사업도 등장하기 시작했다고 한다.

처음엔 진짜 음식을 올려놓고 했는데 2015년 정도부터 꽃 상을 차렸거든요. 케이크 하나만 올라가고… 상차림 하는 사람을 데리고 오거든요. 그러면 그 사람이 처음부터 마지막까지 다 맡아서 해요. 음식은 집에서 하고 결혼식 상은 상차림 하는 사람이 자기 재료로 다 해주거든요. 결혼식 날 하루 해주고 끝나면 다 가져가는 거예요. 꽃도 생화 안 쓰거든요. 아는 언니는 그 상차림만 320원 들었어요. 그런데 이제 상차림만 해주는 게 아니고 신부 옷차림, 머리에 이렇게 다는 거 다해주니까 더 비싸겠죠. (고영숙)

셋째, "첫날 옷"으로 웨딩드레스가 등장했고 결혼식에서 한복을 3~4번씩 갈아입는 유행이 생겨났다고 했다. 신랑도 신부와 함께 넥타이와 양복의 색깔을 계속 다르게 갈아입고 나온다는 것이었다. 보통은 비싸서 한 벌을 입지만 부유할수록 많이 갈아입어서 5번까지도 갈아입는다는 것이 2010년 이후 북한주민의 결혼식 관행으로 나타난다.

북한은 옷을 여러 번 갈아입어요. 치마저고리도 여러 가지 컬러로 3번~4번 정도는 갈아입거든요. 웨딩드레스도 입어요. 좀 괜찮게 사는 사람들이 그렇게 하지요. 돈이 많이 드니까… 사회자가 신랑신부는 몇 월 며칠에 어디에서 만났고 설명을 해요. 옆에서는 그 신랑신부 사진을 편집해서 비데오도 돌리거든요. 그러다가 잠깐 신랑신부 나가서 옷 좀 갈아입고 오겠습니다 하면 나가서 한 10분 정도 있다가 다시 돌아와요. 그럼 신랑도 다른 옷, 신부도 다른 옷을 입고 들어 와요. 신랑은 양복을 입는데, 컬러를 그레이 입었다가 블랙 입었다가 흰색을 입었다가 이렇게 여러 번 입거든요. 넥타이도 여러 가지로 컬러를 바꾸고. 대부분은 3번 4번이고 잘사는 사람들은 네다섯 번 정도도 바꿔 입는데 그래도 대부분 한 3번 정도는 갈아입더라고요. (손소연)

첫날 옷은 저고리인데… 짧아졌다 길어졌다 개량 한복처럼 이렇게 계속 바뀌더라고요. 드레스 입은 결혼식도 봤던 거 같아요. (배금희)

옛날에는 그런 게 없었는데 2005~2006년 정도 평양에서부터 그런 게 점차적으로 퍼져왔어요. 요즘에는 웨딩드레스를 입는다는 거죠. 그런데 일반화는 아니에요. 그게 워낙 비싸 가지고… 진짜 고위급이나 이런 집 딸들만…. 아니면 집에 경제적으로 워낙 좋은 집들 딸은 입고요. 대부분 다 한복을 입어요. (방성화)

저고리 4벌씩 갈아입어요. (고영숙)

비싼 한복 아니면 흰 웨딩드레스 같은 거 입지요. 우리 직장 언니 결혼식 할 때 그거 입었어요. 웨딩드레스는 한 2012년도부터 나왔을 걸요? 그 드레스 입은… 그런데 여기처럼 엄청 길지 않고 흰 것인데 그냥 밑에까지 내려오고… 딱 떨어지는 그런 거였어요. 그래서 오… 저런 것도 있냐고 하고… 그리고 좀 있으니깐 우리 직장에서도 결혼을 했거든요. 그 언니가 그거 입었어요. 흰 드레스로 입었어요. 대여해 주는 집이 있어요. 결혼식 옷 대여… 첫날 옷은 사고 드레스는 대여해 줘요. 사진 찍는 집에서 빌렸다고 들었거든요. 사진은 씨디알이나 유에스비로 받고… (원관옥)

이게 조금씩 바뀌는 것 같아요. 드레스 입고 화관을 쓰는데 꽃으로 한
게 아니라 망사 천으로 한 거… 한복은 한복인데 옷고름도 없고 드레스
비슷하게 만든 것도 있어요. 평성에서 만들었어요. (김혜명)

면담 대상자 박옥경은 첫날 옷으로 많이 입는 한복의 경우 중국에서 들어
오는 한복이 고급이라고 말해주었다. 중국에서 만들어오는 한복이 북한에
서 만드는 한복보다 더 예쁘다는 것이다. 중국에서 수입하는 한복은 점점
수가 화려해지고 컬러는 연하게 바뀌면서 유행을 탄다. 중국에서 만들어 들
여오는 중국식 한복을 선호하는 것이 전반적 경향이라고 면담 대상자 리지
영이 말해주었다.

오전에 결혼식하고 사진 찍을 때는 머리에다가 꽃 같은 거 올려요. 저
녁에는 손님이 많은데 꽃 같은 거 다 떼고 그냥 평범하게 머리 묶고…
2005년도인가 저희 친척이 결혼했을 때에는 언니한테 맞춘 한복이 아닌
그냥 평범한 한복이었어요. 그런데 다음에는 중국에서 한복이 들어와서
유행했는데 치마가 이렇게 옆으로 퍼지고 컬러도 예쁜 진달래 핑크 이런
되게 예쁜 옷이었어요. 더 화려해지고 뭔가 더 자연스럽게 예쁜 거 이런
거를… 전에는 아주 빨간색을 입다가 최근에는 자연스러운 핑크, 자연스
러운 자주색 이런 연한 옷을 입어요. 요즘도 빨간색을 입는데 대신 수가
더 화려해져서 노란 금색 실로 수놓고. 이렇게 퍼진 치마에 그 노란 꽃이
있는데 되게 멋지게 보이더라고요. 첫날 옷 자체가 비싼데 북한 것도 비
싸고 중국 거는 더 비싸고… 그런데 일반 사람들이 만들어서 파는 것은
그렇게 안 비싼 거예요. 그래도 쌀 한 20키로 값은 된다고 들었거든요.
어차피 요즘은 북한에 그런 신흥 부자들이 많이 생겨서 중국에서 들여
온 치마를 많이 입어요. (박옥경)

면담 대상자 이야기를 들어보면 신부가 한복을 계속 갈아입다 보니 구매
하기에는 가격이 비싸서 몇 벌은 대여하기도 한다고 말했다. "공단 치마 빌

려주는 건 500원, 사는 건 2,000원이었다" 하고 면담 대상자 고영숙이 말해주었다. 여성이 첫날 옷으로 입거나 행사에 착용해야 하는 한복 가격이 높다 보니 웃지 못 할 에피소드도 등장한다. 면담 대상자 원관옥은 옆집 신혼부부가 자신에게 첫날 옷을 빌려주었다가 부부싸움 했다는 이야기를 들려주었다.

> 남자 첫날 양복은 여자가 해주고 여자 옷은 남자가 해 주고… 그렇게 하거든요. 옆집에 새색시가 살았는데 구화폐 때 50만 원짜리 한 벌을 받았대요. 그 집이 좀 잘 살았거든요. 그 때 학교에서 춤추는 행사가 있는데 제가 커서 어른들 한복을 입었어요. 노래 행사였는데 그게 아래가 둥 그렇고 불어나는 것 있잖아요. 꽃 장식 화려하고… 그거 빌려 입었는데 행사 갔다가 제가 밟아서 치마 밑 둥그런 줄이 꺾인 거예요. 엄마가 나중에 돈 줬다고만 하고 말더라고요. 다행히 첫날 옷은 많이 안 입어서 다듬었대요. 그런데 부부 간에 몇 번 싸웠대요. 첫날 옷 빌려줬다고… 남자가 해 준 건데 빌려 줬으니까. (원관옥)

넷째, 이전에는 신부만 한복을 입었던 것과 달리 신랑도 한복을 입는 현상이 등장했다는 것이었다. 2015년 즈음부터 꽃으로 결혼식 상차림을 하면서 남성도 한 벌 정도는 한복을 입는 것이 유행하기 시작했다는 증언도 존재한다.

> 남자가 처음에는 와이셔츠에다가 정장을 입잖아요. 그 안에 조끼가 또 있거든요 그거를 입고… 세 번째는 남자가 또 한복을 입고, 여자도 다른 한복을 입고 사진을 찍어요. 2015년 정도부터 우리는 다 입었어요. 꽃 상 나오면서부터…. (고영숙)

면담 대상자 고영숙의 증언은 다른 면담 대상자에게서 듣기 어려웠던 내용이다. "한복은 여자만 입는다" 하는 것이 대다수 면담 대상자의 의견이었다. 그러나 면담 대상자 고영숙이 말해준 내용처럼 2015년 『로동신문』 지면을 살펴보면 남성의 민족옷차림을 강조하거나 신랑이 바지저고리를 입었다는 기사가 등장한다.

> 슬기롭고 문명한 우리선조들은 오랜 기간에 걸쳐 민족의 감정과 기호, 체질적 특성과 생활양식에 맞는 독특한 남자옷차림을 창조하고 발전시켜 왔다. (중략) 남자들의 바지 역시 그 연원이 매우 오래다 (중략) 의례행사와 명절, 실내생활을 할 때 남성들은 대체로 흰 저고리와 흰 바지를 즐겨 입었다. 이 때 나이가 지숙한 남자들은 연한 풀색이나 밤색, 진한 황색이나 재색 등 무게 있어 보이면서도 젊어 보이는 색깔의 짧은 겉옷인 마고자, 등거리 등을 저고리 우에 덧입었다. (「우리 민족의 전통적인 남자옷차림」, 『로동신문』 2015년 5월 3일)

> 이즈음 모란봉과 평양민속공원을 비롯한 수도의 경치 좋은 곳들에서는 우아한 조선치마저고리를 입은 신부들과 더불어 조선바지저고리차림을 한 신랑들의 모습이 사람들의 눈길을 끌고 있다. 평양민속공원 강사 리명옥동무는 올해에 들어와 조선바지저고리차림을 하고 이곳을 찾는 신랑들의 수가 급격히 늘어났다고 하면서 말했다. (중략) 어찌 새 가정을 이루는 청춘들뿐이랴. 당창건 70돐을 맞으며 진행한 열병식 및 평양시군중시위에 참가한 조선바지저고리차림의 군중들도, 1만명 대공연에 출연한 조선바지저고리차림의 배우들의 모습도 그 얼마나 멋이 있었던가. (중략) 대체로 조선치마저고리가 많이 전시되였던 지난 시기와는 달리 남자들의 기본민족옷차림인 바지저고리와 조끼, 두루마기와 같은 여러 가지 민족옷들이 많이 출품되여 인기를 모았던 것이다. 오늘 각지에서 전통적인 조선바지저고리를 민속명절이나 국가적기념일, 생일날이나 결혼식날은 물론 일상생활에서도 즐겨입을수 있도록 새로운 도안들을 창작하기 위한 사업이 활발히 벌어지고 있다. (「독특한 멋을 자랑하는 조선바지저고리」, 『로동신문』 2015년 11월 26일)

면담 대상자 증언과 『로동신문』 내용을 살펴보면 2015년을 기점으로 이러한 관행에 일정한 변화가 일어난 것으로 보인다. 다만 이러한 "조선바지저고리 차림"이 크게 유행했다거나 여성의 치마저고리를 강조하는 만큼 빈번하게 권하는 분위기도 아닌 것 같다. 신랑이 한복을 입는다고 증언해 준 사례가 많지 않고 『로동신문』에 등장한 기사도 2건에 지나지 않기 때문이다. 이전과 달리 남성의 한복차람을 권하는 현상이 나타났다는 점에서 관심을 갖는다고 해도 보다 장기적인 관점에서 이 흐름의 변화를 지켜볼 필요가 있다고 하겠다.

다섯째, 혼수와 집 마련 관행에서는 여러모로 여성의 부담이 더욱 커졌다는 증언이 나타났다. 남성이 집을 마련하면 여성이 혼수를 마련하던 예전의 공식이 깨져 여성이 집값의 반과 혼수까지 해야 한다는 의견이 존재한다. 그런가 하면 집을 남성이 마련하되 그런 만큼 여성의 혼수부담이 증가해 갖추어야 할 혼수용품이 늘어났다는 것이다.

집은 남자가 사요. 이전에는 남자가 무조건 집을 사고 여자가 살림살이를 사야 하고 그랬는데 이제는 바뀌어 가고요. 2008년 이후부터 반반씩 돈을 내서 집을 사고…. 언니들도 똑같이 돈을 내고 똑같이 사서 들어가자 이런 입장인 것 같아요. 돈 많은 사람이 산다기보다는… 그래도 살림살이는 대부분 여자들이 많이 사니까 여자들이 훨씬 손해죠. (손소연)

남자들이 집을 사고, 여자들이 가정 집물 사는 사람도 있고. 여자가 집도 사는 경우 있어요. 싸웠을 때 그 집이 남자 집이면 여자를 나가라고 그래요. 안 살겠다고 나가라고 그러면, 여자가 집 없이 쫓겨나잖아요. 요즘은 여자가 집을 많이 사는 게 많더라구요. (김혜명)

가전제품, 5장 6기 다 해요. TV, DVD 같은 거 다 해가죠. 예전에는 냉동기, 세탁기 해가면 잘 해갔거든요. 그런데 요새는 컴퓨터는 다 해가요.

그거를 왜 해야 하느냐고 하면 애들 영어공부 시키는 거 한다고⋯ CD플레이어도 하고 데스크 탑⋯ 젊은 사람은 노트북도 하고. 노트텔이라고 노트북은 아니고, 그냥 DVD플레이어만 있는 거 그거 많이 해 가요. 그건 300원에서 400원? 딱히 비싼 건 아닌데 조금씩 더 여유 있으면 그런 것도 해가고⋯ (원관옥)

혼수품은 이것저것 상대가 요구하는 걸 하죠. 남자가 당연히 집을 해 결해야 하고 여자들은 혼수품을 해 가고⋯ 근데 많이 해 가요. 시부모님 속옷부터 시작해서 자켓에 한복은 기본이고⋯ 예단으로 다 챙겨 가더라고요. 시동생이나 시누이라든지 있으면 다 한 벌씩 해 가지고 가고⋯ 요즘에는 18k반지나 다이아도 한다고 하는데 급이 어느 정도인지는 모르겠고요. 그렇게 좋은 거 같지는 않은데 워낙 비싸서⋯ 18k, 24k는 좀 잘 사는 집들이 하고 없는 집들은 실버로 그냥 하고. 5장 6기는 그냥 있는 거 만큼⋯ 여자 집에 있는 거만큼 다 챙겨가는 거 같아요. 그래서 막 어머니들이 코를 베다가 젓가락 꽂는 통 만든다고 그래요. 그 정도로 딸들은 많이 해간다고⋯ (방성화)

이전에는 5장 6기면 "그쯤하게" 혼수를 갖춰갔다고 하던 관행이 2010년대 들어서 변화했다. 시부모와 시댁식구가 원하는 것, 속옷부터 귀금속까지 챙겨가거나 컴퓨터와 같은 고가의 가전을 갖춰가는 경우도 존재한다. 그만큼 여성의 혼수는 점점 부담스러워진 상황인 것이다.

옷장과 이불장 기본적인 거는 다 있어야 되고 피아노도 있는 집이 있고⋯ 삼성 티비, 스마트 티비 있었구요. 엘지도 괜찮았어요. 냉장고는 되지요. 세탁기는 있어도 그냥 손세탁하지요. (김철우)

문제는 가전제품을 해가도 전기수급사정이 나빠 실제로 쓰는 일이 없는 가전도 존재한다는 점이다. 그럼에도 불구하고 혼수를 갖춰가는 건 타인의 시선과 평가를 의식하기 때문이다.

전기가 오던 안 오던 간에 세탁기, 냉장고를 다 사 가지고서 가더라구요. 북한은 다른 사람이 집에 많이 드나들어요. 그러니까 들어가서 신혼집이면 전자제품이 다 있어야 아 이 집은 그래도 괜찮네? 잘 사네. 이런 느낌을 주려고 그냥 형식상 다 넣는 거 같아요. 세탁기 같은 것도 전기가 안 와서 빨래 한 번도 안 돌린 새 거예요. 갖출 거 다 갖췄네? 이런 느낌을 주려고… (김혜명)

여섯째, 결혼식을 둘러싼 유행의 중심에는 "평양결혼식" 동영상이 존재한다. 이 동영상은 2000년대 한국 드라마가 유행한 것과 다소 다른 측면이 존재한다. 외부에서 들어온 형태가 아니라 평양에서 만든 컨텐츠가 북한 전역으로 퍼진 것이다.

결혼식은 실물 상품이 아닌 일회성 행사이다. 직접 목격하지 않으면 다른 사람이 어떻게 결혼식을 치르는지 알 수 없는 일이다. 게다가 평양은 쉽게 드나들 수 있는 곳이 아니기 때문에 평양의 결혼식이 어떤 형태인지 직접 관찰할 수 있는 사람의 숫자도 많지 않다. 이런 환경에서 유행이 나타날 수 있었던 것은 USB와 CDR 등 휴대가 간편한 영상기록 재생장치의 역할이 크다. 덕분에 이전에는 모두가 집에서 유사한 방식으로 결혼식을 했지만 2010년 이후 북한에서는 결혼식 상차림과 옷차림에 유행이라는 것이 확고하게 퍼져나갔다.

2014년에 평양에서 결혼식 하는 그런 동영상이 2015년도에 나왔어요. 평양 시민인데 집이 잘 살고 아빠가 간부하고 그런 경우… 14년도 평양에서 그 녹화물이 나온 그 다음부터 꽃장식이 나오고 결혼식은 방침에 그냥 뭐 간단하게 하라고 하는 그렇게 하는데 그 사람도 결혼식 화려하게 했었는데 아마 그게 문제가 돼서… 결혼식 동영상이 USB로 전달되고 전달되고 유행이 되어 가지고. 신랑신부 이름은 나오는데 우리랑 상관은 없어요. USB는 그냥 뭐 아는 친구들에게 복사하면서 보면 되니까… 그 아무리 다른 도시가 개방돼서 발전이 되었다고 해도 평양이 아무래도 더 발전되었으니까 결혼식 하는 사람들이 그것을 되게 많이 찾아보고 그대로 따라 해요. (고영숙)

DVD로 잘 치루었다고 하는 결혼식 장면이 돌아다녀요. 못 보게 하는 케이스도 있어요. (배금희)

제가 어떻게 알았냐면 그 웨딩 CDR이 한 번 돌았었거든요. 결혼식 CDR이 돌았어요. 평양결혼식이지요. (원관옥)

연구진이 고영숙과 원관옥이 본 동영상 속 인물과 상차림을 상세히 물어본 결과 두 사람이 본 결혼식 동영상은 각각 다른 사례였던 것으로 보인다. 다만 이러한 결혼식 동영상의 수가 적지 않으며 결혼을 앞둔 신랑신부에게 본보기가 되고 유행을 선도한다는 점에서 크게 영향을 미친다는 것을 확인하였다.

여섯째, 유행과 더불어 결혼식의 외주화 현상이 뚜렷해지고 관련 시장이 더욱 확대되어 나갔다는 사실을 알 수 있었다. 상차림 전문가나 촬영기사와 같은 새로운 일이 나타나고 결혼식과 결혼식이 가능한 식당, 웨딩드레스 대여점 같은 외주업체가 등장했다. 면담 대상자 방성화는 이런 현상의 중심에는 "머리가 깨고 눈이 돌아가는" 일부 북한주민이 존재하며 북한사회가 변해간다는 것을 보여준다고 자기 의견을 들려주었다.

옛날에는 요리학교 나와도 당에서 배치하면 무조건 그런 곳에 가서 시키는 일 하는 걸 행복으로 알았는데 사람들이 점점 머리가 깨면서 '아 이렇게 해서 상차림 해주고 돈을 벌어야 겠다' 생각을 하고… 그 친구들은 상차림이 유행해서 돈을 많이 벌었어요. 그리고 이런 사람들은 직장에 배치를 안 받으려고 하는 거예요. 직장에 들어가 봤자… 자기 부모들이 약간 돈이 많다거나 당 간부라거나 하면 자식이 배치 받는데 제일 선호하는 곳은 묘향산 호텔? 평양 옥류관… 이런 곳에 가서 상차림 해 주고 돈 벌고… 또 그런 것을 보고 자기가 뛰어난 축에 들면 그냥 지시만 하고 관리만 할 수도 있고… 그런 방향으로 가는 걸 선호해요. (방성화)

웨딩촬영을 맡아 해주는 젊은 사진관 기사도 등장했다. "웨딩촬영은 해야 한다" 하는 관행이 생겨났다는 것이다. 혼수나 신혼집 꾸미기를 담당해주는 인테리어 업체도 생겨났다. 벽지와 바닥 추세는 상류층부터 시작해서 새로운 추세를 따르는 일이 많다고 한다.

웨딩 촬영은 해야 된다고 젊은 기사들이 사진관에서 맡아서 해 주고 하루에 한 200불 정도 받아요. 그 결혼식에 관한 촬영, 사진, 일체 세트로… (중략) 신혼집 꾸릴 때 벽지를 안 하는 추세였어요. 물니스라고 하는데 무색 페인트를 이런 벽에 굴대로 싹 바르고 또 페인트를 칠하는 거지요. 그럼 만져 봐도 산뜻하게 나와요. 잘사는 집은 톱밥을 압착해서 만든 목재를 바닥에 깔고 보통 사람들은 여전히 그냥 레자를 깔지요. (김철우)

음식점이나 편의봉사 시설을 이용하면서도 소속 사진사 외에 별도의 사진사를 쓰려면 돈을 따로 더 내야한다는 증언도 들을 수 있었다. 한마디로 외주업체와 협업을 하는 방식도 존재한다는 것이다.

직원 아니어도 돈만 내면 돼요. 근데 거기 사진 촬영하고 하는 것을 반드시 □□원 그 사진사를 써야 해. 그 사진사 안 쓰고 자기가 사진사를 데려다 쓸 경우에는 또 돈을 내야 돼요. □□원 사진사를 쓰면 돈을 따로 안 내고… (한은경)

5. 의류시장의 세분화·등급화: 7개 등급의 "기성/가공"

1990년대 북한에서 일상을 영위했던 면담 대상자는 대부분 "옷 중에 제일은 기성 옷이며 기성 옷이란 일본 옷이다" 하고 이야기해 주었다. 2000년대의 경우 "기성 옷이 가공 옷보다 좋으며 일본, 중국, 한국 기성을 목격했다" 하는 정도로 증언했다. 2010년 이후 북한사회를 경험한 면담 대상자는 대부분 기성이나 가공은 물론 그 각각의 하위 항목을 명확히 구분해 주었다. 또한 기성에도 지역 이름을 붙인 평성 가공, 청진 가공 등이 있는데 그 사이에도 우열이 존재한다고 말해주었다. 같은 기성 옷이라도 북한 내 생산지가어느 도시인가 하는 점에 따라 등급이 다르다는 것이었다. 이제 북한주민스스로 옷에 대한 자체적 등급기준을 세분화하고 등급을 매기는 현상이 나타났다고 연구진은 판단했다.

> 기성이야 그러면 원단도 좋고 오바로크 예쁘게 치고 원단 보면 척 알리죠.50 가공은 오바르크 제대로 안치고 실이 들어 간 자리 자국 다 나있고 뭐… 기성품이라는 개념은 우리한테는 여기서는 진짜랑 가짜의 느낌이에요. 기성은 진짜이고 가공은 모조, 가짜 같은 느낌이에요. 일단 가공은 따라 한 거니까 북한에서 만들었다는 건데… 기술력을 못 따라 가니깐 그랬던 거 같아요. 일본에서 옷이 이렇게 중고로 오면 일본 애들 옷은 우리가 봐도 진짜 잘 만들기는 했다. 그런 옷은 안 입으려고 이렇게 찢으려고 하면 잘 안 찢어지거든요. 그런데 가공은 한 번 찢으면 찢어져요. 평성 가공이 조금 더 더 비싸고 청진 가공은 진짜 싸고… 가공 중에서는 평성 가공 물품이 많이 나와요. 그거 보고 더 저렴한 걸 요구하는 사람이 있으면 청진에서 더 그것을 만들어서 더 대량적으로 나오고… 신의주는 나오는 게 없어요. (원관옥)

---

50 북한주민의 언어사용 관행을 지켜보면 한국사회에서 사용하지 않는 수동태 표현을 볼 수 있다. 면담 대상자 이야기에 나오는 "척 알린다" 하는 표현이 바로 그런 사례에 해당한다.

청진에서 가공 만들어서 파는 게 많거든요. 기성 나오면 빠른 사람들은 그 모양을 따 가지고 가공 만들어 팔거든요. 가공은 잘한다고 해도 어딘가 많이 부족하고 한두 번 빨면 그냥 알렸어요. 기성 중국옷… 그러니까 중국에서 비싸게 산 옷은 괜찮은데 가공은 나중에 모양 변형이 많이 갔고 좀 서글프다는 게 느껴졌어요. 그 사람이 입은 것이 처음과 달리 너무 허물스럽다고 할까. 중국에서 들어오는 옷은 다 기성이에요. 기성 옷이 추세라고 들어오고 2~3일이면 다 돈이 있는 사람들이 많이 사 입고 청년들이 회사 다니면서 입고… 겨울에 털이 있는 거 추세가 알려서 그거를 사 입으면 가공하고 기성을 입었을 때 차이가 분명 있어요. 기성 옷은 멋진데 가공을 입었을 때는 털이나 옷 품질이 딱 차이가 나요. 가공은 그게 한 해 밖에 못 입거든요. 한 해 입고 장에 넣어두면 모양이 틀어지거든요. 그런데 기성은 한 2~3년 입어도 괜찮았어요. (김향란)

처음에는 개인이 만드는 정품이 나오기는 하는데 그거는 비싸서 못 사 입고… 백만 원짜리는 정품이면 나중에는 만드는 것은 3~4만 원… 정품은 도강하는 사람들한테서 나오지요. 그게 기성이에요. 화교들이 많이 들고 나와요. 기성이라고 하면 정품… (중략) 중국에서 몽신 정품이 나왔는데 그게 나오면서 저희도 막 이제 가공품이 나왔어요. 모방해 가지고… 정품이 한 7~8만 원 했는데 ○○가공은 막 2만 원? 1만 5천 원? 가공은 발 아파서… 못 신어요. 중국 제품이었어요. 그게 봤을 때에 그냥… 다 너도 나도 입고 신고 다니니까. (방성화)

기성은 개인이 가공한 것이 아니라 중국에서 만들었거나 우리나라 공장에서 직접 만든 거… 가공은 기성을 모방한 거예요. 그냥 가공 옷은 보기 촌스러워요. 겉을 보면 몰라도 안에 보면 바느질 한 것도 보기가 참 안 고와요. 그 지퍼나 천의 질 다 별로… 하여간 안에 보면 알려요. 다 나쁜 것은 아닌데… 셔츠 기성이 300원 정도 하면, 가공은 50원… (고영숙)

평성이 모방의 고장이에요. 신발이나 옷, 뭐든지 모방해요. 북한사람이 원래 손재주 많은데 그쪽 사람들이 유독 손재주가 많나 봐요. 왜냐하면 평양이랑 인접해 있는데다가 바다를 끼고 있지 않으니 한마디로 수공업이라도 해야 하는 고장이니까… (중략) 예를 들어서 중국 패딩이 동복이 이런 게 나왔다고 하면, 평성에서 그 비슷한 것이 나와요. 그러면 사람들이 평성 것을 사게 되는 거지요. 모방 옷이라는 것을 알지만 모양이 비슷하면서도 많이 싸니까…. 기성 패딩이 20만 원인데 가공은 5~6만 원? 저렴하면 한 2~3만 원… 생각도 못할 만큼 많이 차이나요. 같은 가공이라도 평성 가공 옷은 좀 더 비싸요 (박옥경)

평성이 물건 훨씬 더 많고 잘 만들고 비싸고… 싼 걸 가져다가 시장에서 팔아 이윤이 남으려면 청진 물건이 낫죠. 가공품 시장도 평성이랑 청진 두 개죠. (김혜명)

딱 보면 벌써 알려요. 청진 가공이랑 평성 가공은 질 자체도 틀리고 모양도 평성 게 더 이쁘고… 청진 가공은 막가공이라 해요. 혜산 거 비싸요. 기성이거든요. (한은경)

면담 대상자 의견을 정리해보면 중국에서 수입하는 옷은 무조건 "기성"으로 가장 좋은 옷이라고 했다. 면담 대상자 배금희는 기성이라고 하면 "기성 옷은 좋은 옷, 해외에서 나오는 옷. 기성 입었다고 하면 달러 쓰는 애" 같은 이미지가 떠오른다고 했다.

중국에서 들여오는 기성에 이어 두 번째로 좋은 옷은 북한에서 만든 기성이고 그 다음으로 북한에서 만든 가공으로 평성 가공이 가장 좋고 청진 가공이 그 뒤를 잇는다는 것이 면담 대상자들 의견이었다. 모든 면담 대상자가 북한에서 "기성은 진짜, 가공은 기성을 모방한 가짜"라는 인식을 갖고 있다는 점에서 의견을 모았다. 가격 차이는 가공 대비 기성이 약 2배에서 최대 6배에 이를 정도로 비싼 가격에 육박하는 것으로 보인다.

기성과 가공의 구분 방법에 대해 질문하면 2000년대 경험자 집단과 2010년 이후 경험자가 대부분 "탁보면 기성인지 가공인지 알린다"라고 대답해주는 현상이 나타난다. 다만 2000년대 경험자는 더 상세한 구별법을 답변해 달라고 하면 대답을 머뭇거리거나 금방 설명하지 못하는 경우가 많았던 반면 2010년대 경험자는 바느질, 옷감, 마감처리 등이 다르며 가공은 1년밖에 입지 못한다고 답변해 주었다.

이전 시기인 2000년대와 비교해서 "가공" 개념이 변화하는 지점도 존재한다. 2000년대 당시에는 북한 내 공장에서 만든 옷을 기성이라고 불렀다는 의견이 지배적이었다. 반면 2010년 이후에 탈북한 면담 대상자는 대부분 "북한에서 만든 기성" 제품의 내용이 이전과 달라졌다고 말해 주었다.

> 북한에서 만든 기성이면 엄청 비싼 것이거든요. 개인들이 만드는데 그게 엄청 비싸요. 품을 많이 들이거든요. 개인이 만드는 가공은 대체로 100원이면 싸고 보통 100원부터 200원 사이에 팔아요. 그런데 만드는 사람이 진짜 기간을 오래 해서 바느질 같은 걸 잘 했다면 그 때는 500원 이상… 중국에서 온 기성 옷은 700~800원 사이거나 500원부터 1,000원 사이였어요. 한국 옷은 정장 하나 했는데 상표를 다 뗐거든요. 중국인이 팔면서 한국 옷이라고 한번 입어 보라고… 질은 엄청 좋았어요. 상표가 없어서 왜 뜯었나 하고 물어 봤더니 이게 한국 옷이라서 상표를 다 뜯었다고 그러는 거예요. 가공 같은 건 움직이기 불편하고 좀 그렇거든요. 그런데 한국 옷은 편안하고 질이 너무 좋았어요. 중국인한테 상의만 320원인지 주고 샀댔거든요. (김향란)

면담 대상자 김향란에 따르면 옷을 잘 만든 개인이 만들었다면 공장에서 만들지 않았어도 가공이 아니라 기성으로 인식한다. 옷 한 벌을 만드는데 많은 시간과 노력이 들기 때문이다. 유행에 민감한 편이었던 면담 대상자 배금희는 한 걸음 더 나간 이야기를 들려주었다. 배금희는 기성이란 말은 이제 촌스러워서 쓰지 않는다고 했다. 시장에 나가 공장에서 이미 만들어 나온 "옛날식 기성" 제품은 유행이 지났다는 것이다. 대신 개인적으로 옷을 제작하는 전문가에게 가서 샘플 사진을 보고 디자인과 색상을 정하고 자신의 몸에 맞게 맞추는 맞춤형 옷을 입는 것이 가장 고급스럽다고 했다.

> 지금은 기성이라는 말 안 써요. 지방에 사는 이모랑 같이 시장 가면 이모는 이거 기성복이에요? 그러는 거예요. 아니 이모 촌스럽게 그런 말을 왜 쓰냐 그러지요. 예전에는 공장에서 나오는 기성복이 좋고 개인이 만드는 옷이 나쁜 옷이었잖아요. 지금은 바뀌어 가요. 가격이 가공이라고 해서 안 좋았는데 지금은 오히려 공장에서 막 다라로 나오는 옷은 싸구려 옷이라고 좀 질이 안 좋은 옷이라고 생각하고… 지금은 개인들이 집에서 한복도 만들고 정장 옷을 만들어 주거든요. 그 집을 가면 이 카달로그가 다 있어요. 사진보고 이렇게 똑같이 해 달라고 하면 그대로 똑같이 해 주거든요. 중국에서 그 카달로그를 들여와요. 일본에서도 들어오고 그러는데 일본에서 들어오는 카달로그는 옛날 스타일의 옷이 많아서 중국에서 많이 들어오더라고요. 똑같이 만들어주니까 그게 오히려 비싼 옷이에요. 기성도 가공도 아니고 맡겨서 한 옷이라고 해요. 시장에 나가서 똑같은 옷을 사면 한 20불 30불이면 사거든요. 만들어서 맡겨서 딱 몸에 치수를 재서 하면 거의 100불 정도 해요. 한복도 시장에서 파는 건 한 100, 200불 정도면 괜찮은 것을 사고 그 한복 집, 저고리 집 가서 자기 마음대로 재가지고 자기 마음대로 안에는 무슨 컬러로 그러면 그 사람이 멋지게 뽑아 주지요 진짜. 그러면 막 500불, 600불씩 하지요. 개인이 만든 옷이 훨씬 좋죠. 2007~2008년부터 그런 현상이 시작되었어요. (배금희)

면담 대상자 배금희의 의견을 살펴보면 2000년대 후반부터 일부 북한주민의 인식 속에 대량생산한 옷보다 자기 체형과 취향에 맞게 만든 옷이 훨씬 고급이라는 관념이 생긴 것 같다. 전문가가 시간과 정성을 들여 내 몸에 맞춘 옷이 획일적으로 제작해 낸 공장 옷보다 좋다는 것이다. 다만 면담 대상자 배금희가 표현한 "기성이란 말이 촌스럽다" 하는 인식이 다른 면담 대상자에게서 나타나지는 않았다. 배금희의 사회경제적 지위나 거주 지역에서 오는 특성 때문에 두드러지는 예외적 측면이 있다고 하겠다.

배금희와 달리 대다수 면담 대상자가 중국에서 들여온 옷은 무조건 기성이라고 대답해 주었다. 특히 면담 대상자 원관옥은 중국에서 들여오는 기성옷에 관심이 많았던 사람이라 상세한 경험을 들려주었다.

> 애들이 이런… 중국이나 일본 애들 옷 많이 입거든요. 그것을 사사여행자들이 많이 가지고 와요. 중국 친척집 갔다 온 사람들이 진짜 좋은 건 싹 뽑아서 두고 안 좋은 건 다 이렇게 장마당에서 팔거든요. 장마당에 그것을 선별해서 파는 사람들이 있어요. 그런데 좀 좋은 옷을 보면 상표가 다 붙어 있는 옷이에요. 아주 좋은 옷은 아니겠지만 내가 보면 중국 시장 옷은 아닌 거 같고 상설 매장 그런 옷일 것 같아요. 다 새 태그가 붙어 있고 비닐봉지도 다 붙어 있었어요. 그런 집들이 7-8집 있었는데 저는 그런 곳에서 사 입었어요. 저 집은 주로 물건을 어디서 가져 오는지 이런 것을 다 아는 거죠. 그런데 비싸 가지고… 저는 옷에다가 돈을 많이 쓰기는 했는데… 한 달 한 두 번 가고 한 번 가면 한 두 벌 사요. 위아래 맞춰서 사요. 중국 돈으로 한 벌 아래 위 사면 100원은 넘게 들어요. 옷이 좀 비싸요. (원관옥)

면담 대상자 원관옥이 말한 "중국 돈 100원 가치는 당시 북한 내 시세로 일반적으로 4식구가 사용할 보름치 식량값" 정도에 해당한다. 연구진도 면담 대상자도 이 정도의 시세 수준과 면담 대상자가 구매한 옷의 평균 가격이 저렴하지 않다는 점에서 의견을 모았다. 면담 대상자 개인의 구매 패턴이었는지, 아니면 일반적인 다수의 패턴이었는지 질문해 보았고 면담 대상자 일부가 다음과 같이 말해 주었다.

저희 직장에서는 대부분 다 그런데 사실 다른 집 애들은 그런 집에 안 가요. 그런 중국집이 상품도 적게 있거니와 가는 사람도 이렇게 한정되어 있거든요. 대신 한 번 가면 많이 사고 비싸게 파는 거죠. 그래서 많이 가지 않아요. (원관옥)

옷차림이 중요했어요. 그래서 진짜 못 사는 사람들도 옷만은 잘 입었어요. 옷은 너무 잘 입어서 잘 살겠다고 생각했는데 집에 가보니 국수를 하루에 두 끼 먹고 불도 없이 사는… 옷만 잘 입는 사람들이 있다는 거죠 (김향란).

옷을 입은 것을 보면 저 사람이 세련되게 입고 돈이 많다고는 생각해요. 일단은 옷이 기본 다 차지해요. 보면 사는 거 보면… 월급 많이 타도 다 옷 사는데 제일 많이 들어가요. 화장품은 하나 사면 몇 달 쓰지만 옷은 한 벌만 입고 다닐 수도 없고… 그 중년여성들… 돈 많은 아줌마들은 더 비싼 것도 잘 입어요. 옷에 제일 신경을 쓰고. 집에 뭐 가산을 갖추어 놓았다고 해도 모르는 사람이 집은 볼 수 없는 거고… 그렇다고 자가용 차도 없고 하니까 그냥 튀어나오는 것이 옷에서 튀어 나오고. (고영숙)

한편 시장에서 중국물건을 팔았던 김혜명은 가공과 기성을 완벽히 구분하지 못하더라도 속여 팔 수 없다고 이야기해 주었다. 처음에는 속아도 알아보면 다 드러난다는 것이다.

처음에는 정품이 들어오는데 비싸니까… 그러면 그것을 모방을 해서 개인이 옷을 만드는 거예요. 북한 안에서 그렇게 만들면 그게 보기에는 딱 진짜 정품이거든요. 모방을 얼마나 신통하게 하는지… 일단은 값이 싸면 웬만한 사람들이 다 입을 정도로 판매를 하니깐… 평성이라고 완전 그것을 완전 신통하게 만드는 곳이 있는데 진짜 잘 만들거든요. 그래도 그게 뻥치면 나중에 다 들통 나죠. 그 사람들이라고 해서 멍청하지 않으니깐… 예를 들어서 가공인데 기성처럼 만들어서 기성이라고 팔았잖아요.

그 사람들도 비싼 옷 사면 다 수소문해서 알아보잖아요. 어차피 다 들통
이 나지요. 들통 나는 게 오늘인가 내일인가 하는 그 차이지. (김혜명)

흥미로운 것은 이렇게 중국물품을 파는 "중국집" 상인은 단골 고객에게
홍보 전화를 한다는 점이다. 앞에서 이미 다루었던 경험과 유사하게 새로운
물건이 들어오면 상인이 휴대전화를 이용해서 구매 촉진을 한다는 것이다.
그런데 똑같은 중국물품이어도 중국 어디에서 왔는가 하는 점이 중요하다
고 원관옥과 김철우가 이야기해주었다.

(중략) 때 되면 전화가 와요. 야, 이번에 갔다 왔는데 새 거 봐. 그럼
가자가자 해서 친구들 다 같이 가요. 가서 이번에는 별로네. 어디 갔다
왔어? 이렇게 물어보면 단동 갔다 왔다 그래요. 아 단동은 별로네 하죠.
그런데 심양 갔다 오면 우리 느낌에는 더 좋게 느껴져요. 심양은 한국 사
람이 많이 온다고 생각했고 단동은 북한이랑 더 가깝다고 생각했고…
(원관옥)

혜산 쪽은 중국 쪽도 후졌지만 신의주는 단동이 동북에선 대도시에 속
하니까… 그 쪽이 유행도 거리도 더 빠르고요. 중국 쪽 상대방 도시가 어
딘지 따라서 반응이 다르다는 거예요. (김철우).

중국에서 들여 온 기성 제품은 가격이 상대적으로 비싸기 때문에 기성 옷
을 입을 수 있는 인구는 정해져 있다고 이들은 말한다. 따라서 북한사회 곳
곳에 추세가 편만하게 나타나는 배경에는 기성을 베끼는 과정이 존재한다
는 것이 이들의 의견이었다. 기성 제품을 보고 가공을 생산해내는 과정이
없었다면 추세가 퍼져나갈 수 없었을 것이라고 이들은 주장한다. 면담 대상
자 박옥경은 가공을 만들었던 지인 이야기를 들려주었다.

중국에서 어떤 물건을 들여오는가에 따라서 유행이 되어 버리거든요. ○○ 같은 경우에는 딱 국경지역이잖아요. 중국에서 어떤 물건이 확 들어오면 유행이 되고 다 모방을 해서 그렇게 파는 거예요. 양복도 하면서 여자들 바지 같은 것도 팔았거든요. 그 유행하는 바지를 하나 가지고 와서 그것을 다 뜯는 거예요. 그래서 본을 떠 가지고 다시 만들어서 그것을 팔고 이런 식인데… 그게 가공이에요. 이게 어떻게 생겼구나 하고 본도 뜨고 이렇게 다 해서 팔고… (박옥경)

한편 한은경은 중국 기성보다 평성 가공이 여러 면에서 낫다고 의견을 들려주었다. 평성 가공이 중국 기성보다 디자인이나 사이즈 측면에서 북한 실정에 훨씬 적합하다는 것이다.

북한에서 만드는 옷, 신발, 음식, 간식 보면 이제 거의 북한 걸로 하려고 해요. 이제는 품질이 좋아졌어요. 평성 가공이라고 해서 더 싼 것도 아니고, 중국 거라고 다 비싼 것도 아니에요. 평성 가공도 2,000~3,000위안 정도 나가는 옷 있고… 평성 가공이 기성보다 나을 때도 있어요. 중국에서 나오는 옷은 중국 사람 표준에 맞추어서 사도 내 몸에 맞게 수선이 많이 들어가요. 평성 가공은 중국 거보다 손댈 게 없죠. 북한 스타일로 만드니까 크게 입지 말라는 형태도 없고… 여러모로 수선할 게 크게 없지요. (한은경)

면담 대상자의 경험을 정리해보면, 2010년 이후 여전히 기성이 가공보다 좋은 물품이지만 기성과 가공 모두 하위 항목이 많이 생겼다. 같은 기성이나 같은 가공이라도 어디에서 왔고 어디에서 만들었느냐 하는 점이 중요해졌다. 면담 과정에 등장하는 기성과 가공의 세부 항목을 포함하여 면담 대상자가 인식하는 해당 상품의 수준을 아래 그림에 나타내 보았다.

[그림 4-2] "기성, 가공"의 상세 분류

고급, 고가 ←						→ 저급, 저가
심양 기성	단둥 기성	개인 기성	공장 기성	평성 가공	청진 가공	개인 가공
중국 기성		북한 기성		북한 가공		

그림을 보면 왼쪽으로 갈수록 고급이며 가격도 비싸다. 중국 기성 중에서도 심양에서 들여온 제품이 가격이 가장 비싸고 품질이 좋다는 평가를 받는다. 반면 북한 내부에서도 전문가 아닌 개인이 만든 가공은 가장 저렴하고 급이 낮은 편에 속한다. 표의 왼쪽에서 오른쪽으로 갈수록 추세가 편만하게 퍼지는 과정과 맞물린다. 중국에서 들여 온 기성 제품이 들어온 뒤 공장 가공과 개인 가공으로 생산범위를 확대하면서 가격은 낮아지고 상품은 대중적으로 퍼져 나간다는 것이다.

시간이 지나면서 최근에는 북한 내부에서도 개인차는 있으나 자기 취향과 체형에 맞춘 옷이 훨씬 좋은 옷이라는 관념이 등장한 것으로 보인다. 예전에는 기성과 가공이라는 두 가지의 분류기준만 있었으나 2010년 이후에는 훨씬 세분화 한 기준으로 물품의 등급을 분류하는 현상이 나타났기 때문이다. 장마당을 통해 시장 기준에 익숙해진 북한주민의 인식체계가 점차 정교해지고 있는 상황이라고 하겠다.

6. 김정은 등장 이후의 북한, 여성의 선택

1) 2013년: 단속의 심화와 여성의 대응

면담 대상자는 대부분 2012년에서 2013년 사이에 특히 청년동맹을 중심으로 옷차림에 대한 단속이 심해졌다고 말해주었다. 이 시기에 김정은이 집권하면서 청년층에 "자본주의 바람이 들지 못하도록 하라" 하는 지시를 내렸기 때문이다.

> 청년동맹 단속이 점점 심해졌어요. 2012년은 그냥 뭐 그런대로 견딜만했는데 2013년부터 점점 더 심해지고… 김정은이 한 다음부터 청년동맹이 쎄게… 청년들 속으로 해서 이렇게 나쁜 사상이 들어온다고… 불순 뭐 그런 게 들어온다고. (고영숙)

집권 초기부터 청년층에 대한 지도와 통제를 강화했던 젊은 지도자 김정은은 다양한 공식적 자리에서 청년의 "생활풍조" 관련하여 금지의 언설을 내보냈다. 2012년 2월 15일 『로동신문』 6면에는 김정일 생일을 맞아 청년에게 "적들의 악랄한 사상문화적 침투책동과 심리모략전을 단호히 짓부셔버리며 온갖 이색적인 생활풍조를 뿌리뽑기 위한 투쟁을 드세게 벌려나가겠다" 하는 다짐을 요구하기도 했다. 청년층을 대상으로 "제국주의적 생활풍조를 버리라" 하는 언설은 2012년 청년절을 맞아 정점에 이른다. 2012년 8월 27일 청년절 경축행사에서 김정은이 발표한 연설은 얼마 지나지 않아 『로동신문』 기사에서 다음과 같이 나타났다.

> 경애하는 김정은동지께서는 다음과 같이 말씀하시였다. 《반동적인 사상문화침투와 심리모략전은 오늘날 적들이 침략책동에서 쓰고 있는 기본수법이며 여기에서 주되는 대상은 청년들입니다》 (중략) 제국주의자들은 다른 나라들에 수출하는 설비와 상품들에 자본주의를 선전하는 글과 추잡한 그림들을 넣어 사람들의 눈길을 끌게 하고 있다. (중략) 민족문화를 발전시키고 민족의 우수성을 살려나가는 것은 청년들로 하여금 민족적 자존심과 긍지를 가지고 혁명과 거설사업에 적극 떨쳐나서게 하는데서 중요한 역할을 논다. 자기 것을 좋아하고 자기식으로 살아가는 것이 민

족의 고유한 풍습과 생활방식을 지키는 것이다. ("청년들에 대한 사상문
화침투에 각성을 높여야 한다", 『로동신문』 2012년 9월 7일)

김정은의 이러한 "말씀"은 『로동신문』 기사를 통해 북한 전역에 퍼져 나
갔다. 북한당국은 청년층을 대상으로 차림새 규제를 강화했다. 북한당국의
단속은 특히 바지에 관해 매우 까다로웠는데 그렇다고 해서 유행이 멈춘 것
은 아니었다. 이미 "머리가 깨여" 단속에 대처할 방법을 잘 알고 있는 여성
은 대부분 자기 나름대로 유행을 추구했다는 것이었다. 예를 들어 청년동맹
이 주로 오후 2시 이후에 활동하기 때문에 그 전 시간에 입고 돌아다닌다거
나 청년동맹 간부 얼굴을 기억해뒀다가 걸릴 것 같으면 택시를 이용해 도망
간다는 면담 대상자도 있었다.[51]

> 2012년이나 2013년에 그 때 청바지가 유행을 했었는데… 청년동맹에서
> 너무 쎄게 그런 단속을 해 가지고, 청바지 자체를 다 없애라고 해서, 아
> 마 회사에서 뺏었던 것 같은데… 유행할 때 청년동맹이 오후 2시부터 6
> 시까지나 8시까지 그 때 단속을 많이 하니까… 그 전인 오전에 입고 오후
> 에는 안 입고… 엄마들은 쫑대바지 입고 여맹규찰대 조심하고. 규찰대
> 있으면 택시 타고 전동차 그 앞에다 세워놓고 쑥 도망치고… 아는 택시
> 불러서 그 시장 안에 들어와 주세요 하고 그거 타고 쑥 빠지고…. 택시 안
> 은 못 열어봐요. 청바지나 쫑대 바지를 입어도 단속만 피하면… (고영숙)

> 대학생들이 2시에 수업을 끝나고 나오거든요, 청년간부들도… 2시 전
> 에는 단속이 없으니까 하고 다니거든요. 그런데 간부들이 이렇게 다니다
> 가 잡아 가는 것도 많아요. 간부 얼굴을 우린 그거 다 파악했어요. 앞에
> 서 오면 다시 뒤로 가거든요, 골목에 숨지 않으면 다시 그것을 피해 가거

51 택시를 타고 단속을 피하는 현상은 이전 시기에는 일반적이지 않았고 2010년대 들
   어 만연해진 것 같다. 북한에서 택시가 등장한 과정을 설명하는 일은 연구 범위
   밖이라는 점에서 다음으로 미룬다.

든요. 택시 탔다가도 이렇게 툭 내리면 간부 있잖아요. 그런데 내가 무슨 주름 바지를 입었다든가, 주름이 없는 바지…. 옷차림이 아니다 싶다 할 때에는 다시 택시타고 도망쳐요. (김향란)

몸에 붙는 바지와 무릎 위로 올라오는 치마길이를 집중 단속했던 시기가 존재한다는 증언도 나왔다. 2000년대 말부터 한동안 바지착용을 허용했는데 2000년대 말부터 갑자기 금하더니 여름철 여성의 출근 복장으로 치마를 지정했던 시기도 있었다고 한다.

치마를 짧게 입는 거… 약간 자르고, 밑 선을 예쁘게 다듬어 입는 친구도 있는데 그렇게 하지 말라고 해요. 무릎 위로 올리지 말라고 해요. 바지 딱 붙는 거하고 치마를 단속하고… (방성화)

무릎 위에 올라오는 치마도 못 입고… 무릎을 살짝 덮으면 되거든요. (김향란)

김정은이 말해서 한 1년 정도 겨울에는 바지 입어도 여름에는 직장 출근할 때 치마 입으라고 했어요. 치마 안 입고 바지 입으면 정문 자체에서 들여를 안 보내요. 근데 치마가 여기서처럼 차를 타고 다닌다던가 그러면 괜찮은데 북한에서는 거의 다 자전거를 많이 타잖아요. 엄청 불편하니까 바지입고 가다가 단속하는 사람이 있으면 치마를 재까닥 바꿔 입고… 장마당 들어갈 때도 치마 입고 장사하는 사람들도 다 치마를 입어야 하는데. 그 사람들은 장사하려고 짐 들고 왔다 갔다 하고 복잡한데 그 치마를 입으라고 하니까 엄청 불편하죠. 1년 그리고 다음에는 치마를 입으라는 소리를 안 했어요. (한은경)

이외에도 민소매, 시스루(그물옷), 뒷단이 길거나 동그랗게 마무리된 셔츠, 펑퍼짐한 셔츠, 깃이나 장식이 없는 티셔츠도 입으면 안 된다고 했다. 바지나 치마만큼은 아니지만 팔이 다 보이는 옷, 안이 훤히 들여다보이는 옷도 규제 대상이라는 것이다.

> 팔이 없는 드레스도 못 입어요. 팔도 보이면 안 되거든요. 그물 옷은 안 돼요. 반팔은 괜찮아요. 와이셔츠도 뒷단 둥그렇게 하면 엉덩이 가린다고 안 되고 다 잘라서 입었었거든요. 그게 2014년도부터 추세여서 나왔는데… 청년동맹은 그거 못 입게 했거든요. 위에 옷인데 치마처럼 이렇게 퍼졌잖아요. 끝이 넓게 퍼진 와이셔츠, 안에 보이는 옷 다 안돼요. (김향란)

> 허리 이렇게 짧은 옷도 긴 옷도 안 되고, 민소매, 그물 옷, 안에 들여다보이는 옷, 티셔츠 다 안돼요. 에리 있다든가 단추 있다든가 자크 있다든가 딱 그래야만 돼요. (고영숙)

이와 같은 "방침, 단속" 기준에 대해 불만이 없었는지, 북한에 있을 때 단속하는 사람에게 그 이유를 물어보지 않았는지 질문해 보았다. 면담 대상자 김향란은 이것이 "방침"이라고 말하는데 더 이상 토를 달 수 없으며 여성이라면 누구에게나 공통적으로 적용하는 규정이기 때문에 어쩔 수 없다고 대답했다.

> 진짜 너무 하다 그래도 할 수 없어요. 방침이라고 대답하니까. 우리한테만 적용이 되는 것이 아니고 다른 데서도 다 적용이 되잖아요. 김정은이 언제 방침을 정했는지, 여자들은 뭘 하면 안 된다고 했는지 이런 거를 딱 읽어 주거든요. (김향란)

한편 면담 대상자 고영숙은 평양여성이 흰색 바지 입는 것은 허용해 주면서 다른 지역 여성에게는 허용해 주지 않았다고 이야기하였다. 가장 모범이 되어야 할 "혁명의 수도 평양"에서 오히려 단속이 덜하다는 것은 이해할 수 없는 일이라고 했다. 지역에 따라 규제가 다른 것이 옳다고 생각하지 않았다고 한다. 그는 바지에 대한 청년동맹 단속이 심했던 2013년 당시 자신이 단속에 걸렸던 경험을 들려주었다.

> 평양은 입는데, 나진은 하얀 바지를 못 입게 해요. 회색 바지까지는 괜찮은데…. 수도가 제일 하지 말아야 하는데 평양은 안 그래요. (중략) 그것도 청년동맹 간부들이 오전에 나왔다가 눈에만 띄면 그냥 잡아가요. 해 볼게 없으니까 핸드폰 있으면 핸드폰 뺏고 그 다음에 기업소 다 적고… 백 있는 사람은 뭐 아는 간부한테 전화를 해서 저래 이름 말해가지고 나올 수도 있지만 아니면 기업소 이름 적고… 나중에 기업소에서 비판을 받고 일 시킬 것 있으면 잡아서 일 시키고 비판서도 쓰고… (고영숙)

옷차림 이외에도 김정은 집권 이후 여성의 머리스타일을 단속하는 방침이 몇 가지 나왔다고 면담 대상자 다수가 말해주었다. 앞서 언급했던 것과 같이 2000년대 후반부터 영화 "한 여학생의 일기" 장면에 등장한 주인공 수련이의 "직발" 스타일이 선풍적 인기를 끌었는데 북한당국이 직발기 사용을 아예 금지해버린 것이다. 면담 대상자 김향란은 당시 북한당국이 강하게 단속했지만 이미 대세에 접어든 직발기 사용을 멈추지 않았다고 이야기해 주었다. 전기 공급이 원활하지 않아 못쓰다가도 밤에 전기가 들어오면 직발기를 사용했다는 증언도 존재한다.

> 여기서 매직기라고 하는데 북한에서는 직발기라고 해요. 머리를 직선으로 펴는 거 칼머리한다고 해요. 머리는 어차피 묶어야 하지만 그래도 묶었다가 풀면 직선으로 예쁘게 떨어지잖아요. 그게 예뻐서 매직기를 사요. 전기도 잘 안 오는데 밤중에 불(전기)이 와 있으면 혼자서 앉아서 머리 하고 있어요. 어 뭐야 전기가 와 있네? 이러면서 매직기 하고… (원관옥)

김정은이 옷차림에서 규정한 게 신발하고 매직을 하지 못하게… 우리
는 많이 하고 싶으니까 매직을 많이 하는데 매직기를 일체 못 가지고 다
니게 했거든요. 몰래해 가지고 시내에 나가면 무조건 단속 당해서 들어
가야 하거든요. 이게 직발기라고 부르는 거예요. 대체로 다 매직을 하거
든요. 그냥 알리까요. 너 했지? 이러거든요. 그래서 엄청 사람들이,…
잡히는 사람들이 너무 싫은 거예요. 거기 갔다가 맨날 욕먹고, 회사에서
도 욕먹고 해서… 잡히면 중국 돈 100원이면 다 통했어요. 곱슬머리는 많
지 않고 대체로 묶고 다니는데 또 매직하고 싶으니까… 매직을 하는데,
7, 80원? 매번 미용실 가기가 그러니까 약 파는 거 있거든요. 호실에서
약을 발라 가지고 서로 해 주고 또 아는 어머니가 몰래 많이 해 줬어요.
(김향란)

『로동신문』 기사에도 머리 길이를 규제하는 내용이 등장했다. 남녀를 불
문하고 머리를 기르고 풀어헤치는 것은 편의성과 아름다움 모든 측면에서
어긋난다는 것이다.

남성들 속에서 머리를 길게 하고 다니는 것은 우리 식이 아니다 (중략)
지나치게 긴 머리는 보기에도 좋지 않을뿐 아니라 건강에도 나쁜 영향을
준다. 그렇게 대문에 남성들뿐 아니라 녀성들도 머리를 간편하면서도 활
동성이 있게 단장하여야 한다. (「고상하고 단정한 머리단장」, 『로동신문』
2014년 2월 10일).

이전에는 남성의 머리길이에 대해 규제하는 언설을 찾아보기 어려웠다.
그러나 면담 대상자 증언이나 공간문헌을 모두 살펴보았을 때 2010년대 중
반에 접어들면서 남성의 헤어스타일에도 일정한 변화가 나타난 것으로 보
인다. 변화만큼 규제도 강해졌다. 북한당국은 특히 청년동맹 연령대 여성의
머리 길이를 매우 까다롭게 단속했다. 면담 대상자 중에서도 복잡한 단속
규정에 대해 설명해 주는 사람이 많았다.

방침 특히 머리… 여자는 머리가 너무 짧아도 안 되고 꽁지 매서 요만큼 짧아도 안 되고… 그냥 토끼꼬리 매도 안 되고… 머리 매서 25센치 이상도 안 되고 틀어도 안 되고 중간 머리도 안 되고… 풀어 헤쳐도 좋은데 짧지도 길지도 말고…. 꽁지를 매도 길지 말아야 되고 짧지 말아야 돼요. 어깨까지 괜찮아요. 그런데 일단 머리 긴 거는 못 풀어요. 어깨까지 오는 머리는 풀 수 있고 그 이상 되는 것은 못 풀고 중간에 묶어도 안 되고… 약간 길다고 하게 되면 다 데리고 가요. 청년동맹으로… 회사에다가 통지해 가지고 비판을 하고… 청년동맹 단독회사라면 단독회사들 모인 청년동맹 앞에서 사상투쟁을 하고 그런 식으로… (고영숙)

청년들은 앞머리도 못 내리게 하고 머리를 내려서 25센티 이상 못 기르게 했거든요. 자를 딱 대거든요 묶은 데서부터… 좀 길어 보이면 딱 재거든요. 30 정도가 되면, 바로 자르라고 해요. 안 자르면 가위 들고 가서 바로 잘라요. 아침에 독보[52] 8시에 하는데, 손톱 검열을 하고 손톱이 뾰족하면 바로 깎아요. 또 머리가 눈썹 가리면 안돼요. 다 보여야 한다는 규정 있어요. (김향란)

장신구의 경우 반지와 목걸이는 상관이 없으나[53] 귀걸이의 길이를 단속했다는 증언이 존재한다. 제한 길이 기준이 면담 대상자에 따라 1.5cm라는 경우도 있고 2cm라는 경우도 있다. 다소 차이는 있지만 귀걸이 크기가 2cm를 넘지 못하도록 단속한 것으로 나타난다.

---

[52] 북한에서는 직장이나 학교마다 매일 아침 일과를 시작하기 전에 정성사업과 독보를 한다. 정성사업이란 건물 내 각 방에 걸어놓은 김일성과 김정일 사진을 닦는 일을 의미한다. 한편 독보란 전날 로동신문에 나온 자료나 김일성·김정일 "말씀" 자료를 큰 소리로 낭독함으로써 여러 사람이 그 내용을 공유하는 시간을 갖는 것을 말한다.

[53] 돌이켜 보면 북한사회에서 목걸이도 단속하는 시절이 있었다는 것이 몇몇 면담 대상자들 의견이었다. 그런데 점차 시간이 지나면서 목걸이도 할 수 있게 되었고 더 나아가 귀걸이를 착용해도 단속하지 않게 되었다는 것이었다.

귀찡은 맨 처음에는 안 된다고 했었는데 이제 찡은 되고 귀걸이는 2센
치보다 길면 안돼요. 찡 크기는 상관없는데 일단 크게 끼고 다니는 사람
이 없어요. 반지랑 목걸이도 다 돼요. 기독교 그런 표시가 아니면… (고
영숙)

귀찡하고 귀걸이 1.5cm는 되는데 그 이상은 안 되고… 반지 목걸이는
해도 괜찮아요. 귀걸이만 의견을 피우거든요. (김향란)

면담 대상자 의견을 종합해보면 귀걸이를 착용하는 행위를 단속하면서도
특별한 이유는 제시하지 않았다고 한다. 신발의 경우 앞굽이 2.5센터미터
이상일 때는 "일본 게다 신발 같다" 하는 이유로 단속했다고 김향란이 말해
주었다. 이유가 존재하든 말든, 그 이유가 무엇이든 "방침이니까" 하고 말았
다는 것이 대다수 면담 대상자의 전언이다.

2) 2014년 이후: 단속 약화와 선택지 증가

면담 대상자를 이야기를 들으면서 2010년대 단속 경험을 들어 보면 흥미
로운 지점을 발견할 수 있었다. 단속하는 입장인 청년동맹 간부도 유행을
따라하고 싶어 하고 또 그 마음을 이해하기에 가까이 있는 사람은 적당히
봐주는 경우도 많았다는 것이다. 유행하는 옷을 입고 자신을 꾸미는 것이
대다수 청년기 여성의 자연스러운 욕구이며 통제하려고 해도 할 수 없다는
것을 표현하지는 않아도 이들도 다 알고 있다는 것이었다. 그래서 잡혀 온
친구에게 "다른 사람에게 잡히지 말아라"라는 조언 아닌 조언을 던져주는
경우도 있었다고 했다. 면담 대상자 김향란은 다음과 같이 이야기해 주었다.

그렇다고 뭐 같이 일하는 청년동맹 간부들이 야 하지 마… 이렇게 딱
딱하게는 안 그러거든요. 회사 안에서 단속하게 되면 청년동맹 간부들도

자기네도 청년이고 자기네도 가꾸고 싶으니까⋯ 나가서 다른 사람들한테 잡히지 말라는 거예요. 그리고 피해 다니지요. 골목마다 청년동맹원들이 다 서 있거든요. (김향란)

상황이 이렇다 보니 2013년에 유독 강하게 단속한 이후로는 점점 단속 강도가 약해졌다고 대다수 면담 대상자가 기억하고 있었다. 물론 이전의 그 어느 때도 북한당국이 단속에 성공한 적은 없었다고 일부 면담 대상자가 이야기해 주었다.

치마가 엄청 짧아지잖아요. 예전에는 단속을 많이 했었는데⋯ 좀 안 하더라고요. 그 예전에는 발린 옷 여기 붙는 걸 못 입게 했는데⋯. 이제는 입어도 괜찮아요. 예전에는 허리 쑥 들어가고 붙는 원피스, 팬티라인이 보이는 걸 되게 그랬었는데 지금은 안 그래요. 다 입는 것 같아요. 그 단속이 느슨해지는 거예요. (배금희)

아무리 단속하고 그래도 입지 말라고 하는 옷을 입는 애들이 많았어요. 유행하는 옷들, 화장하고 그런 것은 못 말려요. 매번 정부가 굴복하고 있는 거죠. 지금 입지 말라고 하면, 막 처음에는 가위로 잘라버리고 그랬거든요. 나팔바지 입을 적에⋯ 그런데 나중에도 그런 건 다 넘겨주고⋯ 어쩔 수 없는 게 뭐 항시적으로 규찰대가 서 있을 수도 없고⋯ 그런 상황이니깐⋯ 계속 굴복하는 거 같아요. 진짜 뭐 그렇게 입지 말라고 해서 안 입고 그냥 딱 끝난 건 없어요. (방성화)

골목으로 해서 피해 다니다가 어느 순간에 잡힐 때가 있죠. 여맹 그런데 보고하겠다고 막 그러거든요. 그러면 또 벌금을 적당히 내고 그냥 오고⋯ 어차피 다 같이 사는데⋯ 여맹은 적당히 아이스크림이나 사 드시라고 북한 돈 5,000원 정도 주고⋯ (김혜명)

2013년까지만 해도 쎄게 단속을 했는데 다음에는 그렇게 심하게는 안 한 것 같아요. 사람들도 서로 신경 안 쓰고 단속하는 사람도 무조건 다 잡으려고 하지 않고 진짜 보기 흉한 거나 단속하지. 단속 당하면 이게 우리 식이 아니라고 하면서 인쇄한 종이를 보여 줘요. 읽으라고⋯ 서서 그거를 읽어 보지요. 예 읽었습니다 하면 입지 마세요. 예 알겠습니다 그렇게 하고 가지요. 귀걸이랑 이 목걸이랑 이런 것도 사용하고 다니는 것도 다 단속했어요. 귀걸이랑 못하게 하고 다니고 그랬는데 지금은 괜찮아요. 귀걸이랑 목걸이를 해도 돼요. 단속이 주춤해지면서 있기는 있는데 옛날처럼 길에서 귀걸이 보기만 하면 뺏고 그러지는 않아요. 지금은 그런 걸 하고 다녀도 너무 길거나 희한한 것만 하지 않으면 다 괜찮아요. 반지, 목걸이, 팔찌 다 괜찮아요. 바지만 청바지 안 입으면 되요. 그리고 사람들도 단속이 있는 자리를 알고 있어요. (한은경)

다만 청년동맹의 경우 여맹보다 훨씬 엄격하게 단속하는 경향이 존재한다고 일부 면담 대상자가 증언해 주었다. 금지하는 옷을 입으면 그 자리에서 바지를 잘라버리거나 규칙대로 적용하여 예외를 봐주지 않는다는 것이다.

몸에 딱 붙는 바지 입으면 장마당에 가서 지금이라도 사라고 그러지요. 규찰대가 그 바지 벗기고 막 가위로 막 잘라 버리고 그래요. 특히 청년동맹⋯ (한은경)

청년동맹이랑 여맹이 좀 다른 게 여맹은 같은 여자니깐 심각하게 단속 안하는데⋯ 학생은 막 제기 하겠다 보고 하겠다고 이름, 주소 적어 달라고 그러고 그러거든요. 여맹은 적당히⋯ (김혜명)

단속의 완화는 헤어스타일을 보다 폭넓게 용인하는 방식으로도 나타난다. [그림 3-4]에서 살펴보았듯 2009년에는 4개 스타일이 사진에 나타났다. 그러나 아래 [그림 4-3-1], [그림 4-3-2]를 살펴보면 2014년 5호에는 9개 스타일이 등장했다는 점이 드러난다. 머리카락의 길이는 길어도 어깨 선 위 길이라는 점에서는 유사하다. 그러나 올리거나 묶지 않은 머리에 더욱 화려하고 다양한 웨이브를 구현했다거나 커다란 장식을 착용한 모습이 등장했다는

[그림 4-3-1] 『조선녀성』 2014년 5호 30~31쪽 머리단장 관련 사진(1)

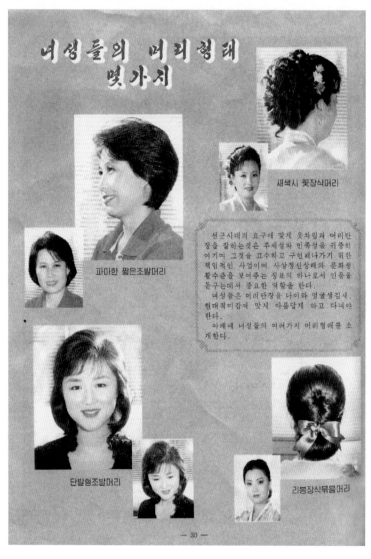

"북조선 여성", 장마당 뷰티로 잠자던 욕망을 분출하다!

점에서 변화가 있다. 또한 짧은 머리에도 정수리 부분에 여러 웨이브를 넣거
나 층을 많이 내는 스타일도 나타난다. "새색시, 부인, 중년부인, 로인" 등 연
령층을 나누어 모델을 제시한 것도 특징적이다.

[그림 4-3-2] 『조선녀성』 2014년 5호 30~31쪽 머리단장 관련 사진(2)

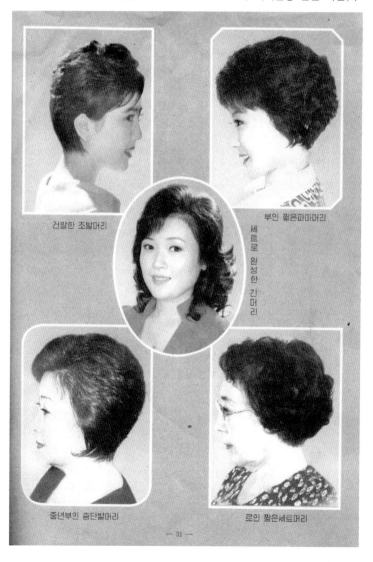

한편 북한당국이 원하는 "조선녀성다운" 한복 차림으로 공식 행사에 참여해야 하는 것이 원칙이지만 적당한 틈새를 만들어 내려는 시도도 존재한다. 이러한 균열은 이전 시기를 살았던 면담 대상자의 경험에서는 크게 드러나지 않는 현상이었다.

> 청년동맹 무도회인데 아는 언니는 그냥 접수 보겠다고 저고리 안 입었어요. 춤출 줄 모른다고 하고는 정장 입고 접수대에 앉아만 있었어요. (고영숙)

> 태를 땋고 행사 나오라고 했어요. 그런데 뭐 직장이 학교도 아닌데 그런 걸 하냐 그리고 깝치다가 잡혔죠. 머리를 매직하고 풀었어요. 원래는 귀 여기까지 자르지 않으면 묶어야 하는데… 평상시에는 괜찮은데 그게 행사였어요. 중국집에 갔을 때에 그 아줌마가 중국 여자는 이렇게 머리 길게 하고 매직하고 풀고 다니고 귀걸이 한다고 해서… 그리고 까불고 다녔어요. 쟤는 뭐야? 행사하는데 왜 저러고 다녀? 저거 나갈 때 잡아두라고 했대요. 그래서 잡혔죠. 뭐. 가서 쓴 소리 겁나 듣고… 뭐라고 막 욕하고 너 내일 ○○○에 와! 그래서 담배 두 보루 들고 가서 끝났어요. 그 담배 비쌌어요. (원관옥)

면담 대상자 고영숙의 이야기를 들어보면, 그가 언급한 지인은 대충 둘러대고 "저고리치마(치마저고리)" 차림새를 하지 않았을 뿐 아니라 적극 행사에 참여하지도 않았다. 면담 대상자 원관옥은 북한당국이 금지한 스타일을 고수하고 공식적 행사에 나갔다. 걸려서 쓴 소리는 좀 들었지만 벌을 받거나 비판서도 쓰지 않았다. 비싼 담배를 뇌물로 주고 적당히 무마했기 때문이다. 원관옥은 당시의 헤어스타일이 평소라면 넘어갈 수 있는 일이었는데 유독 행사여서 문제가 되었다고 평가했다. 특징적인 것은 단속한 사람도, 단속당한 원관옥도 자연스럽게 담배 두 보루를 주며 끝냈다는 점이다. 북한

사회 전반의 뇌물 관행 위에서 두 사람 사이에 무언의 합의가 이뤄졌다. 단속반은 단속에 걸린 사람을 바로 처벌하는 것이 아니라 굳이 다음날 오라고 하고 원관옥 또한 이야기를 알아듣고 다음날 북한사회의 관행대로 비싼 담배를 챙겨갔던 것이다.

이처럼 북한당국은 특정한 꾸미기 방식을 여성에게 요구하면서도 필요한 물품과 자원을 제공하지는 않는다. 여성은 남성과 달리 행사에 입을 별도의 한복도 사야 하고 바지 이외에 치마도 갖추어 두어야 한다. 태를 뚫으라고 하면 많은 시간을 들여 머리단장도 해야 한다. 직장에 출근하려면 화장을 해야 하고 운 나쁘게 "말씀"이 떨어지면 치마를 입고 출근해야 한다. 2010년 이후 북한사회에서 여성의 꾸미기 선택지는 이전보다 늘어났지만 "여성의 역할"을 요구해 온 북한당국의 태도는 크게 변하지 않았다.

그러나 주민의 행복과 거리가 먼 방식의 통제는 점차 약화되고 있는 것으로 보인다. 수많은 북한 여성은 오랜 규제와 단속 속에서 아름다워지고 싶은 욕망을 실천해 왔다. 그 가운데 협상력도 증가했다. 또한 여성의 욕망, 실천력과 더불어 전문가, 중개자, 상인, 개인이 이익집단으로 함께 맞물려 시장을 넓혀가고 있다. 아름다워지고 싶은 본능과 이익을 추구하는 본능이 함께 작동하고 있기 때문이다. 아무리 규찰대를 세워봐야 규찰대 또한 추세를 따르고 싶어 한다는 것, 북한당국이 꾸미기와 추세를 향한 주민의 욕망을 억제하지 못한다는 것, 화폐개혁 이후 주민이 대부분 "머리가 깨였다" 하는 것, 이미 시장의 영향력이 민생 곳곳에 스며있다는 사실을 북한당국이 너무 늦게 인정했는지도 모른다.

3) 인식과 현실의 속도 차이, 여성의 선택

북한에서 집을 잘 꾸미는 일은 매우 중요하다. 가까운 사람이 서로 다른 사람의 집 안에 들어갈 일이 많은 북한사회에서 집을 잘 꾸며 놓는 것은 다양한 의미를 지닌다. 그 집안의 재력을 보여주는 한편 여성의 경우 얼마나 살림을 "깐지게" 잘 꾸렸는지 증명해 준다고 대다수 면담 대상자가 증언하 었다. 특히 엄마의 살림 솜씨는 결혼 대상으로서 딸에 대한 평가로 이어지 기도 한다고 면담 대상자 박옥경이 말해 주었다.

> 북한만의 문화인 것 같은데 그릇을 깨끗하게 씻어놓고 그런 게 그 여 자의 살림 솜씨라고 평가가 되니깐⋯ 여자들이 알루미늄이나 놋 접시 같 은 경우에는 자주 이것을 닦아서 올려야 되고 누가 들어와서 보면 아⋯ 저 집은 이렇게 살림을 못해 이런 이야기를 듣기 싫으니까 그런 일을 자 주 하는 거 같아요. 무늬도 맞추어서 놔야 되고⋯ 예전에 그런 이야기도 있었어요. 살림살이 못하는 여자들을 구분하는 게 속장에 어떻게 정리가 되었냐 하는 게 중요한 거라고⋯ 그 기준에 맞추기 위해서 자랑하려고 그릇을 크게 쌓아놓는 거예요. 그것도 큰 그릇을⋯ 특히 딸이 있는 집 같 은 경우에는 결혼을 해야 되잖아요. 그런데 저희 엄마가 살림살이 못 하 고 이런 엄마라고 그런 소문이 나면 딸들도 그럴까 봐 엄마가 특히 신경 을 많이 썼던 거 같아요. 북한에서는 남의 집에 들어가 보는 일이 굉장히 자주 있는 거죠. 일주일에 두 세 번은 옆집에 드나들고⋯ 못해도 한 달에 두 세 번은 옆집이랑 같이 음식을 모아놓고 같이 먹고⋯ 사이좋게 그렇 게 지내는 것으로⋯ (박옥경)

> 식장이 유행이니깐⋯ 그거 또 집에 해야 해요. 양 옆에는 큰 문 두 개 있고 안보이는 쪽 안에 밥, 반찬, 보이지 않는 것을 다 넣는 거지요. 앞에 보이는 두 칸은 미닫이 문이 있고 사기그릇, 스테인레스, 늄, 양재기 다 보이게 장식하고⋯ 예쁜 그릇, 주전자, 술잔 넣고. 집에 딱 들어가면 정면 에 보이는 게 그 식장이예요. 그것도 하나의 멋이죠. 안에 그릇을 반짝반 짝하게 닦아서 놓는 거죠. 딱 보이는 그릇만⋯ 남들이 딱 봤을 때에 식장 안에 빛이 나면 예쁜 거지요. 북한은 좀 그런 게 있어요. 집에 남이 많이 드나들어요. 그래서 남들이 보는 눈이 있으니깐. (중략) 부엌은 바닥에 타일을 붙이고 가마 있는 쪽 벽에 늄 가마 세 개, 철 가마 하나 정도 걸어

요.[54] 그 늄 가마 닦는 것도 일이에요. 맨날 반짝반짝하게 해야 하니 힘든데 엄마가 바쁘면 딸들이 하고… (김진옥)

북한 사람들은 차림새나 집에 돈을 많이 쓰는 거 같아요. 형식적인 것에… 그게 한 70% 정도… 먹는 것은 그렇게 중요하게 생각하지 않아요. 집 꾸미는 거나 보여주는 걸 중요하게 생각하지. 먹는 거에 들어가는 건 30%? (배금희)

유행이라고 하면 누구나가 다 입고 싶어 하잖아요. 유행이라고 하는 말만 붙어도… (한은경)

면담 대상자 박옥경은 큰 그릇을 깨끗하게 전시하던 것이 유행이었으나 2010년대 중반부터는 그릇의 크기가 작아졌으며 반투명한 장에 넣는 방식으로 추세가 변했다고 일러주었다. 추세가 변하면서 시장에는 큰 그릇이 없어졌다는 것이다. 그에 따르면, 그릇만 작아지는 것이 아니라 식생활도 밥보다는 반찬, 양보다는 질을 추구하는 방식으로 식사생활이나 주민의 인식에도 조금씩 변화가 생겼다고 한다.

예전에는 하얀 유리장 안에 큰 그릇을 잔뜩 넣는 게 유행이었는데 이제는 꽃무늬 반투명 장에 넣어요. 예전에는 한 개 겹쳐놔도 되는 그릇을 이렇게 굳이 두 개씩 막 겹쳐서 넣는 게 유행이었는데… 요즘에는 조금씩 접혀서 작게 자그마하게 접혀서 두는 게… 최근 북한에는 밥그릇이 작아졌거든요. 밥그릇이 이렇게 컸는데 지금은 작아져서 밥을 좀 적게

---

54 면담 대상자가 말하는 "가마"란 철이나 알루미늄으로 만든 냄비, 프라이팬 등 요리할 때 사용하는 기구를 뜻한다. 철가마는 철로 만들었고 늄 가마는 알루미늄으로 만들었다. 전기를 사용하는 것도 있고 직화에 사용하는 것도 있다. "밥가마"는 전기밥솥, "채가마"는 반찬 만드는 전기 팬을 의미한다고 면담 대상자 다수가 설명해주었다.

먹고 반찬을 많이 먹는 거 같아요. 저희 집도 밥그릇이 바뀌기는 했어요. 그게 바뀔 수밖에 없는데… 큰 그릇은 이제 파는 데가 없거든요. 다 유행이 바뀌어 가지고 그런 것만 파니깐… 저희 집도 밥을 조금씩 먹고… 그리고 아빠가 밥을 조금씩 먹고, 몇 번을 몇 십번을 곱씹어 먹어야 한다고 해 가지고… 엄마가 밥그릇, 반찬도 건강을 생각하면서 만들었던 것 같아요. (박옥경)

이러한 변화는 여성의 짐을 덜어주는 측면도 있지만 동시에 또 다른 임무를 던지기도 한다. 반투명 장이 유행하면서 이전처럼 그릇을 자주 닦고 신경 써야 하는 상황은 줄어들었다. 그러나 근본적으로 이웃집에 자유롭게 드나들면서 살림살이를 보고 여성을 평가하는 성 차별적 관행은 사라지지 않았다. 작은 밥그릇에 좋은 반찬을 먹는다는 것은 질 좋은 반찬을 가족에게 공급하는 임무가 여성에게 주어진다는 것을 의미한다. 물론 시장이 등장했으므로 편의를 추구할 수 있는 측면도 존재한다. 그러나 근본적으로 성별 인식을 개선하는 상황을 동반하지는 못했다는 뜻이다. 대다수 면담 대상자가 집 꾸미기를 계획하고 실천하는 것뿐만 아니라 남성과 자녀의 차림새를 여성이 챙겨야 한다는 것도 여전히 변함없는 상황이라고 말해주었다.

아직도 특별하게 여자들만 뭐를 하지마라. 뭐를 하지 말라 하는… 되게 가부장적인 그런 게 되게 많이 남아있는 것 같아요. 게다가 다 여자들 일이죠. 남자들은 뭐 못질 할 때 있고… 그런데 모양 하고 꾸미고 하는 건 대부분 어머니들이 다 해요. 심지어 도배를 하잖아요. 사람 불러서 점심이랑 다 해서 고기도 먹이고 해요. 기술자 혼자는 다 못 하고 엄마가 같이 반은 해 줘야 해요. 동네에서 손 노는 이모들 있으면 같이 와서 도와줘요. (중략) 세대주, 애들 옷 어머니가 알아서 다 해주세요. 대부분 다 그런 거 같아요. 다른 집들도… 남자가 직접 자기 옷을 고르는 경우가 아주 없다고 말할 수는 없지만… 요즘은 같이 고르는 경우도 있고… (방성화)

딸내미 옷을 좀 잘 입혔어요. 아동복은 (중국 인민폐로) 50원, 60원? 좀 비싸면 100원 넘어가고… 전체 생활비에서 아이 옷은 한 30% 들어가요. 나는 못 입더라도 애는 잘 입히고 잘 내세워 줘야 한다고 그래 가지고… (김혜명)

장마당 가서도 보면 아내들이 남편의 옷을 대보기도 하고, 입혀 보기도 하고 아내들이 다 하는 것 같아요 (한은경)

『조선녀성』을 확인해 보면 면담 대상자 방성화의 말처럼 북한에서 여성이 직접 도배하는 경우가 적지 않은 것 같다. 『조선녀성』에는 회칠(페인트칠)하거나 도배하는 방법을 설명하는 글이 종종 등장한다. 예를 들어 2007년 6호에는 "회칠한 벽에 도배를 할 때" 같은 제목의 글이 등장하기도 한다(59쪽 표 3-1참조). 여맹 잡지에 이런 글이 등장했다는 것은 기혼여성이 집안을 꾸려나가는 담당자라는 인식이 저변에 깔려 있다는 점을 보여준다.

여성 중에서도 특별히 기혼 여성은 자신은 물론 가족의 옷과 음식 챙기는 것뿐만 아니라 집안을 잘 가꾸는 일까지 해야 한다. 물론 이외에도 장사를 해서 생계를 책임지거나 여맹의 동원에도 나가야 한다. 남성이 집안일을 많이 도와준다거나 경제력을 지니고 있는 것도 아니다. 결혼하는 순간부터 혼자서 가족과 가정을 꾸리고 돈 버는 일까지 감당해야 하는 것이 오늘날 북한 여성의 삶인 것으로 나타난다. 상황이 이렇다보니 아주 소수의 사례지만 결혼적령기를 지나서도 결혼하지 않는 여성이 조금씩 증가하는 것 같다. 면담 대상자 김향란과 리지영은 북한에서 결혼하지 않은 여성의 이야기를 들려주었다.

거기에서는 쌍말로 너무 남자들이 수준 없다고 말하거든요. 대체로 남자들이 평등하다고 하면, 진짜 서로 돕고 이래야 되고 집에 먼저 들어와서도 밥도 할 줄 알고 자기 자식들도 돌봐야 하겠는데 그런 면을 못 봤어요. 아내가 늦게라도 와서 밥을 해야 한다 그러고… 집이 어지러우면 거 둬야겠는데 그게 남자 할 일이야? 뭐 해달라고 하면 그게 남자가 할 일이야 그렇게 많이 얘기해요. 부부간에 싸움도 많아요. 남녀평등권으로서 남자가 진짜 집안일도 잘 돌봐야 하고 자식들도 잘 돌봐야 한다는 그런 영화가 있어요. 그런 토막극이 많거든요. 그런 거 보면서 현실과 멀다는 생각도 많이 했지만… 그러니까 여자가 밖에 나가서 돈도 벌고 남자들이 하는 모든 거를 다 할 수 있잖아요. (중략) 우리 회사에는 서른 살 되어서도 시집을 안가는 언니들이 많았어요. 내가 돈이 많으면 된다는 입장이 많거든요. 돈을 잘 버는 여자들은 시집 안 갔어요. (김향란)

솔직히 북한 남자들이 뭐 장사하는 몇몇 사람들 제외하고는 남자들이 생활력이 엄청 없어요. 그냥 자기 사는 것도 문제가 돼요. (중략) 학교 선생님이 시집을 안 갔거든요. 40이 되도록…. 노처녀라고 뒤에서 놀려주죠. 앞에는 못하고. 남자 쌤들끼리 모여서 막… 그래도 쌤이 성격이 좋아서 털털한 성격이었는데. 남자 쌤들이 저러니깐 시집 못 간다고 그러고… (리지영)

2010년 이후 오늘날 "조선녀성"은 돈이 최고라는 가치관과 기존의 가부장적 세계관이 충돌하는 지점에 위치해 있다. 또한 나날이 발전해가는 시장을 통해 "여성"에게 씌워진 온갖 책무를 다 수행하면서 한편으로 자신의 차림새를 꾸미는 즐거움을 맛보기도 한다. 여성이라면 늦어도 20대 중반에 결혼하여 가족의 모든 것을 꾸미고 이것저것을 책임져야 한다는 관념 아래 대다수 여성이 북한당국이 정해 놓은 노선을 따라가는 삶을 산다. 다만 사회에서 말하는 결혼적령기를 넘었더라도 결혼을 선택하지 않는 극소수의 사례도 나타나기 시작하는 것 같다.

요구는 하지만 책임지지는 않는 북한당국, 새로운 유행으로 꾸미고 싶은 욕구를 자극하는 시장, 당국과 시장경제에 대해 다르게 인식할 수밖에 없는 상황, 소비·취향에 대해 세밀해져 가는 인식, 여전한 가부장적 분위기, 꾸미기와 관련한 수많은 이익집단이 교차하는 지점에 오늘날 북한 여성이 위치하고 있다. 2010년대 북한 여성은 주어진 조건 내에서 최선을 다해 타협하고 갈등하고 때로 적당히 저항하기도 한다. 주어진 현실과 인식의 속도 차이 사이에서 북한 여성은 오늘도 주어진 여건 내에서 자신의 외양과 삶을 열심히 꾸며나가고 있다.

V. 맺음말: 북한 여성이 꾸미기 문화의 주인공이 되는 길

V. 맺음말:
북한 여성이 꾸미기 문화의 주인공이 되는 길

이 연구는 평양에서 제13차 세계청년학생축전이 열렸던 1989년 이후 2015년에 이르기까지 각 시기별로 북한 여성의 꾸미기 욕구와 관련 문화가 어떻게 변화했는지 살펴보고자 했다. 꾸미기 문화를 통해 북한사회의 역동성을 읽어내는 한편 어려운 여건 속에서 조금이라도 더 나은 미래를 모색하면서 한편으로는 생존전략을 세워가며 아슬아슬한 선택을 지속하는 북한 여성의 행위성을 분석하고자 했다. 연구를 마무리하며 각 연대별 상황을 정리하고 우리에게 남겨진 숙제를 간략하게 짚어보고 싶다. 북한 여성이 꾸미기 문화의 주인공이 되는 길을 열어가려면 외부에서는 어떤 역할을 할 수 있는지 밑그림을 그려볼 것이다.

1. 1990년대

1990년 이전에는 북한주민이 대부분 꾸미고 싶은 욕구가 존재하더라도 딱히 욕구를 실천할 수 없는 상황에 놓여 있었다. 예쁜 옷을 입고 남다르게 좋은 신발을 신은 째포(북송재일교포), 사사여행자, 중국 친척이 보낸 물건을 쓰는 이웃을 보면서 부럽다는 생각을 하는 사람들은 분명히 존재했다. 그러나 배급품이 아닌 물건을 마땅히 구할 곳이 없었고 오랜 기간 북한당국이 외부와 접촉하지 못하도록 주민을 통제해 왔기 때문에 개인적으로 그런 시도를 할 수 있는 길도 없었다. 그러다 보니 상류층 일부나 째포 몇 사람을 제외하고 대다수 북한주민은 옷차림에 있어서 다를 것이 크게 없었던 시절이었다. 대다수 북한주민은 태어난 지역에서 남들과 비슷한 배급을 받아 정해진 학교를 다니고 당국이 배치해 준 직장에 다니면서 꽉 짜인 조직생활을 하는 일생을 보냈기 때문이다.

그러나 1989년 제13차 세계청년학생축전에 임수경이 등장하며 북한주민 사이에 유행이라는 것이 하나의 사회현상으로 자리 잡기 시작했다. 다만 북한당국의 통제에 어긋나지 않는 선에서 소소한 유행을 시도했던 것이 이 시기 유행 현상의 한 단면이다. 기록영화에 나온 영화배우 옷차림을 따라하는 등 북한당국이 사전에 "공인한" 옷차림이 널리 유행하는 경우가 간혹 있었다. 한 걸음 더 나아가 1990년대 중반부터 배급제가 멈추어 섰고 대다수 북한주민의 생계는 각 가족 내 여성의 장사에 의존하여 겨우 유지할 수 있었다. 이렇게 긴급한 상황에서 어쩔 수 없이 북한당국은 통제의 끈을 느슨하게 늦추었고 장마당을 통해 중국을 비롯한 외부 물품이 북한 내부로 유입하는 것도 어느 정도 허용하기 시작했다.

식량난으로 대량아사가 발생하는 고통이 있었지만 살아남은 주민은 최소한의 생계 속에서도 자기 삶을 유지해나갔다. 농사일이나 장사로 궂은 일을 도맡아 하면서도 여성은 화장하는 것을 멈추지 않았다. 아주 어려웠던 시기에는 잠시 꾸미는 것을 중단했지만 시장에서 물건을 사다 집을 꾸미고 남편과 아이의 옷을 챙겼다. 장마당에 나가 장사를 하더라도 꼭 립스틱을 바르거나 크림 정도는 항상 발랐다. 의생활이 변변찮은 상황에서 일본제 "기성을 떨쳐입으면" 부러울 것이 없었고 기성 제품을 모방해서 옷을 만들기도 했다.

배급제가 사실상 작동하지 않는 상황에서 대다수 주민의 생존이 여성의 힘에 의지하는 현실이 이어지다 보니 그동안 여성에게 바지를 입지 말라고 했던 북한당국의 통제도 의미를 상실해갔다. 지방은 아예 단속을 포기했던 경우가 허다했다는 것이다. 절대 다수의 북한 여성이 바지 위에 치마를 입고 다니다가 단속이 나타나면 바지 단을 무릎 위로 걷고 치마 안으로 숨기는 방법으로 적당히 단속을 피했다. 무거운 짐을 이고 걸으며 시장에 앉아 장사하려면 치마가 아닌 바지를 입는 것이 훨씬 편한 일이었기 때문이다.

2. 2000년대

2000년대에 접어들어 경제가 조금씩 되살아나자 북한당국은 다시 주민을 통제하기 시작했다. 특히 화장과 머리단장, 옷차림, 결혼식과 혼수 등 여성의 꾸미기와 관련한 전반의 활동에 규제를 가하기 시작했다. 그러나 이미 북한사회에는 빈부격차가 벌어지기 시작했고 주민의 의식도 변화했다. 자기 삶을 스스로 개척해 나가야 한다는 의식이 퍼져나가 사교육 시장이 등장하기도 했다. 시장의 힘이 사회를 지배하고 있었고 북한 내부로 쏟아져 들어오는 한국 드라마의 영향은 대다수 여성의 욕구와 행위성이 커지는데 일조했다.

중국산 화장품이 다양한 종류와 풍부한 물량으로 등장하면서 이전에는 크림에 뻬아스가 전부였던 여성의 화장 관행도 변화했다. '장마당 뷰티'가 등장하면서 "크림, 뻬아스, 분, 구홍, 눈썹먹" 다섯 가지를 갖추는 것이 화장의 기본이 되었다. 대다수 북한 여성이 피부의 미백에 큰 관심을 보였고 색조화장에 대한 욕망도 숨기지 않았다.

북한 여성이 장마당 뷰티를 구성하고 소비하는 가운데 북한당국은 『조선녀성』 기사를 통해서 많은 항목을 규제할뿐만 아니라 물리적 단속도 가하기 시작했다. 그러나 여성은 시장에 나가 미용사에게 유행하는 헤어스타일을 해달라고 이야기하고 원하는 모양새를 하고 다녔으며 아무리 당국이 입지 말라고 경고를 해도 다양한 종류의 바지를 입었다. 결국 강력하게 금지한다고 해도 소용이 없다는 것을 깨달은 북한당국이 2000년대 후반에 들어 여성의 바지 착용을 일부 허용하기 시작했다.

성형이나 반영구 시술에 대한 관심도 높아졌다. 북한당국이 주는 월급으로 살기 어려웠던 의사가 성형수술을 해주었지만 위생관념과 시설, 의료기술의 수준이 미비한 가운데 부작용이 나타나기도 했다. 소비자인 북한 여성뿐만 아니라 장마당을 통해 제품을 판매하거나 각종 미용 서비스를 제공한 공급자도 장마당 뷰티의 주요 구성원으로 변화의 흐름을 이끌어 나가는 한 몫을 감당했다.

장마당을 통해 꾸미기 시장이 등장하며 여성의 욕구를 일부 채워주었지만 또 한편으로는 부담을 가중시킨 측면도 존재한다. 기본적으로 갖춰야 할 화장품 종류가 많아지면서 비용도 적지 않게 들었다. 시장에 등장하는 유행에 맞춰 남편과 자녀의 옷을 챙기고 이웃 사람들 보기에 "그쯘하게" 집안을 꾸며내는 것이 여성의 몫이라는 성별 고정관념이 더해졌다. 여성이 장마당에서 장사를 하며 가족을 대표해 생계를 책임져야 하는 상황은 변하지 않았지만 의무는 더 해진 것이다. 이렇게 2000년대는 북한당국과 여성이 줄다리기를 거듭하는 가운데 여성은 꾸미기 행위를 통해 자기 욕구를 해소하기도 하고 또 부담을 더 얻기도 하는 상황에 놓여 있었다.

3. 2010년 이후

장마당을 중심으로 여성들 사이에 꾸미기 문화가 나름의 관행과 유행을 갖춰가던 2009년 11월 30일, 북한당국은 "갑자기" 화폐개혁을 단행하였다.

"마른하늘에 날벼락처럼" 들이닥친 화폐개혁의 여파로 북한주민은 당국에 대한 신뢰를 완전히 잃어버렸다. 2000년대 당시만 해도 자식을 공부시켜 간부로 키우겠다고 포부를 가졌던 주민들 역시 화폐개혁 이후에는 북한사회에 대한 희망은 완전히 사라졌다고 털어놓았다. 북한과 같은 곳에서 대학에 가고 간부가 되는 것보다 돈을 벌어 재력을 갖추는 것이 더 좋은 일이라는 인식이 생겨났다. 북한당국이 만들어 놓은 체제 안에 살면서도 그 체제의 규정을 그대로 따라가지는 않는 것이 옳은 일이라는 믿음이 생겨났다고 하겠다.

이런 상황 속에서 북한 전역에 걸쳐 장마당 뷰티는 한층 심화하는 현상을 보이기 시작했다. 10대 여성이 화장하는 현상이 나타났고 북한 여성의 미의식에 맞게 미백기능을 선전하는 다양한 화장품이 장마당에서 인기를 끌었다. 판매원은 휴대전화로 손님을 관리하고 제품을 홍보했으며 개별 여성 사이에는 화장품을 둘러싼 자기 취향과 구매행위가 점차 자리를 잡기 시작했다. 가령 중국산을 사더라도 장마당 좌판에서는 사지 않고 특정한 판매원에게 산다거나 어떤 제품은 중국산을 사되 어떤 제품은 한국산을 사는 방식으로 소비와 관련한 자기 나름의 방식을 형성해 나갔다. 다만 여전히 북한 여성에게 건강하게 자신을 꾸밀 권리를 행사할만한 여건은 조성되지 않았다. 스스로 직접 제품을 1주일 정도 발라보는 것이 부작용을 '방지'할 수 있는 유일한 방안으로 나타난다.

『조선녀성』 기사에서도 시간이 지날수록 "조선옷" 차림에 대한 강조는 점차 사라졌다. 여성은 이전과 달리 규찰대를 보고 먼 길을 걸어 돌아가지 않았다. 점차 택시를 타고 도망가거나 적당히 뇌물을 주고 단속에 대처하는 사람이 늘어났다. 이런 협상 방식은 일종의 사회적 관행으로 굳어졌다. 김정은 집권 후 2013년 즈음 청년동맹을 중심으로 꾸미기 현상을 강하게 규제하는 움직임이 일어났다. 그러나 이 규제가 큰 소용이 없었고 2014년이 지나가며 점차적으로 다시 약해지기 시작했다고 면담 대상자 몇 사람이 이야기해 주었다.

북한 여성들 사이에서 옷차림을 선택하는 기준도 점차 세밀하게 구분하기 시작했다. 기성과 가공 정도로 구분하던 기준이 점차 시간이 지나면서 "중국 기성, 공장기성, 평성 가공, 청진 가공" 등 총 7개 하위 항목으로 세분화하는 현상이 나타났다. "기성"에도 최고급 기성이 있는가 하면 "가공" 제품이라고 해도 더 좋은 가공이 존재한다는 인식이 편만해졌다. 그런가 하면 김정은 집권 이후에는 이설주와 김정은이 유행을 선도하는 새로운 모델로 등장하였다. 결혼식은 다양한 유형의 외주업체가 협업을 하는 영역으로 변화해 갔다. 또한 북한 외부에서 들어 온 영상이 아니라 내부에서 만든 동영상 컨텐츠가 유행을 선도하기 시작했다. 시간이 흐르면서 각 항목별로 전문 상인이나 전문가 역량을 갖춘 개인이 나타나기도 했다. 미용을 위한 시술과 성형을 지속하는 가운데 성형을 원하는 사람과 시술자를 중개해 주는 업체도 나타났다. 의사가 아닌 무면허 업자가 성형수술이나 시술을 제공하면서 부작용도 여전해졌다. 다만 문제가 생기더라도 관련 분야의 서비스 제공자는 대부분 권력과 결탁하거나 시술이나 수술을 받은 사람이 문제라는 인식 때문에 문제제기 자체를 할 수 없는 것이 보편적 상황으로 나타났다. 장마당의 확대로 상품이 다양해지고 값이 증가하는 가운데 여성에게 결혼에 대한 부담을 전가하는 현상은 더욱 심해졌다. 혼수용품과 집을 마련하는 일부터 남성의 옷차림 챙기는 소소한 영역에 이르기까지 여성의 몫으로 여기는 사회 분위기 속에서 경제력이 상승한 일부 여성은 결혼을 선택하지 않고 독신으로 남기도 하는 것으로 나타난다.

4. 남겨진 숙제

지금까지 논의한 결과를 종합해 보면 북한 전역에 걸쳐 시장의 확대와 여성의 꾸미기 행위는 그 결을 함께 하고 있는 것으로 나타난다. 그간 드러나지 못하고 잠자던, 여성의 꾸미기 욕구는 시장을 통해 깨어나고 욕구를 자각한 북한 여성은 장마당 뷰티를 통해 꾸미기에 대한 욕망을 분출하기 시작했다. 꾸미기 문화의 발달은 여성의 꾸미기 욕구를 채워주고 선택지를 풍부하게 해준다는 점에서 긍정적인 효과를 지니고 있다고 생각한다. 무엇보다 북한에서 여성이 꾸미기 시장의 주요 소비자라는 점은 확실한 것으로 보인다. 그러나 여성이 꾸미기 문화에서 얼마나 주체적 위치를 점유하고 있는가 하는 점에 대해서는 단언하기 어렵다. 소비의 결과가 여성의 건강을 저해하거나 성별고정관념을 강화시키는 방향으로 나타나는 일도 적지 않기 때문이다.

그 가운데 북한당국의 영향력은 시간이 지나면서 점차 감소한 것 같다. 그렇다고 해서 북한당국의 옷차림 규제가 사라진 것은 아니다. 이 연구의 분석대상기간을 넘어서는 2016년 이후에도, 일상적 옷차림을 둘러싼 북한당국과 여성 사이의 줄다리기는 2019년 4월 오늘날까지 여전히 현재진행형이다. 2019년 제2차 북미정상회담 이후 3월 중순부터 북한당국은 『로동신문』 지면을 통해 "조선옷 입기, 사회주의적 생활문화 준수" 등의 특정 방식을 강조하며 "생활이 좀 어렵다고 하여 되는대로 살고 비문화적으로 행동하는 것은 애국심이 없는 표현이다" 하는 비판을 연이어 제기하기도 한다.[55]

이번 연구를 마무리하며 연구진과 함께 이 글을 읽는 독자에게도 눈앞에 다음과 같은 숙제가 펼쳐져있다는 것을 강조하고 싶다. 지금까지 살펴본 것처럼 북한 여성은 대부분 자신이 처한 상황 속에서 최선을 다해 다양한 방식으로 꾸미기 관련 욕망을 표현하고 또 실천하며 삶을 살아내고 있다. 그러나 정치적으로나 사회문화적으로 제한이 여전히 많은 것이 북한의 오늘날 현실이라는 점을 고려할 때, 북한 여성이 보다 건강한 방법으로 자신을

---

55 「민족성이 꽃펴나는 우리 생활」, 2019년 3월 21일 『로동신문』; 「생산문화, 생활문화를 확립하는 것은 숭고한 애국사업」, 2019년 3월 30일 『로동신문』.

꾸밀 기회를 갖도록 외부에서 다양한 노력을 기울이는 것도 중요한 의미를 지니는 일이라고 생각한다. 직접적으로 북한 여성과 접촉할 기회가 많은 대북 사업 NGO단체의 활동가는 물론이고 남북한의 여성교류 사업을 추진하거나 정부 부처에서 이런 일을 담당하는 관계자에 국한하는 이야기가 아니다. 중국 시장 수출을 목표로 상품을 생산하는 화장품 업계는 물론 방송국에서부터 개인 유튜버에 이르기까지 다양한 문화 컨텐츠 생산자의 역할이 매우 중요하다. 한국 영화나 드라마의 파급 효과가 폭발적이었다는 사실을 고려할 때, 공식적이고 직접적인 교류보다는 오히려 영상과 사진을 통해 북한 내 잠재적 소비자에게 영향을 미치는 방식이 훨씬 더 큰 효과를 발휘할 가능성도 존재한다. 꾸미기에 관한 북한 여성의 관심이 높기 때문에 이런 방법이 더 강한 효력을 지닐 것이라 생각한다.

북한 여성의 바지 착용 사례가 말해주듯 일상에서 개인이 선택하고 실천하는 작은 일이 거듭하고 누적해 나가면 큰 변화가 일어날 가능성이 높아진다. 다소 느릴 때도 있고 제한도 존재하지만 북한 내부에서 일련의 변화가 나타나는 것은 움직일 수 없는 사실로 보인다. 그런 의미에서 북한 여성을 상대로 꾸미기 행위를 하더라도 건강하게 꾸며야 한다는 사실을 강조하는 한편 건강한 방식으로 꾸미기 행위를 실천하는 방안을 알려줌으로써 그들의 행위뿐만 아니라 인식의 변화도 이끌어 낼 수 있을 것이라고 믿는다.

남겨진 과제를 수행하기 위해서는 먼저 이 연구가 시도한 것처럼 북한사회 전반에 대한 이해를 선행하는 작업이 필요하다. 예를 들어 이미 화장품 문화가 발달하여 성분, 브랜드 이념, 제조 회사의 이미지, 디자인, 서비스 태도까지 평가하는 한국사회의 여성과 관련 부분에서 이제 막 걸음마를 뗀 북한 내 여성의 소비문화 양상은 당연히 다르다. 한국의 여성에게는 화장품의 성분분석이 유효한 의미가 있지만 북한 내 여성의 관점에서 볼 때 이 문제는 아직 그다지 중요한 사안이 아닌 것으로 보인다. 부작용이 있는지 판별하려고 직접 자기 얼굴에 발라보고 그 결과를 토대로 제품을 선택하는 것이 오늘날 북한 여성의 상황이기 때문이다. 성분분석이 무엇인지, "정제수, 디메치콘, 파라벤" 같은 용어가 무엇을 의미하는지 설명하는 것조차 꾸미기 문화나 전반적 북한사회의 인식이 더 변화한 후에야 유용한 일이라고 생각한다.

그런 의미에서 북한 여성의 현실을 충분히 이해했다면 이들의 상황에 적합한 방식으로 "눈높이" 전략을 취할 필요가 있다. 북한 여성이 이해하기 쉬운 언어로 건강하게 꾸미기 활동을 실천하도록 간접적으로라도 방법을 알려주어야 한다. 예를 들어 북한에서 한국 드라마를 많이 본다는 점에 착안하여 드라마 일부에서 건강한 피부 관리법이나 깨끗하고 위생적인 화장법을 보여주기만 하더라도 북한 여성의 꾸미기 행위에서 실질적 변화를 기대할 수 있을 것이라고 생각한다. 북중국경 근처에서 한글로 된 설명서를 동봉한 화장품을 판매하거나 단순한 설명을 제품에 스티커로 붙이는 방법도 생각해 볼 수 있겠다. 관련 내용을 유튜브 동영상으로 만들어 업로드 하는 방식으로 필요한 정보를 전달해도 좋겠다. 중국에서 다양한 물건과 정보가 북한 내부로 들어가는 상황은 이미 누구도 거스르지 못하는 흐름이기 때문이다. 일련의 방법을 통해 기초화장품을 충분히 바를 것, 미백을 원한다고 해도 절대로 아무 화장품이나 바르지 말아야 한다는 것, 그런 일은 위험하다는 것, 어떤 경우에도 정식으로 의료인 자격을 갖추지 않은 사람에게 성형 수술이나 시술을 받지 않아야 하며 소독하지 않은 기구를 사용하지 말아야 한다는 사실을 알려주어야 한다.

연구에서 살펴본 바 북한당국 스스로 여성의 건강을 위해 장마당 뷰티와 관련한 법적 기준을 마련한다거나 공적 규제를 실천하는 일은 매우 요원해 보인다. 개인의 건강보다 집단의 가치를 우선하고 여성보다 남성의 기준에 맞추어 삶의 기준을 제시하는 북한사회에서 여성의 건강이나 행복은 우선적 가치라고 여기지 않기 때문이다. 그보다는 체제와 질서를 유지하기 위한 집단적 규칙이나 관행을 중요하게 여기는 곳이 오늘날 북한 여성이 일상적으로 경험하는 현실이다. 그렇기 때문에 북한 여성이 꾸미기 문화의 진정한 주인공으로 자리를 잡기 위해서는 이들이 자신의 욕망을 건강하게 표현할 수 있도록 외부에서 미세하나마 균열을 내는 노력을 지속적으로 이어갈 필요가 있다. 다양한 분야에서 이런 시도가 더 많아질 것을 기대하며 연구를 맺는다.

참고문헌

『조선녀성』

『로동신문』

김석향, 「1990년 이후 북한주민의 소비생활에 나타나는 추세 현상 연구: 북한이탈
　　주민의 경험담을 중심으로」, 『북한연구학회보』 제16권 1호, 2012.

김석향, 『회령 사람들, 기억 속 이야기를 들려주다!』, 국민대학교 출판부, 2013.

김석향, 『북한이탈주민이 들려주는 북녘 땅 고향 이야기: 우리 동네 인민반』, 콘라
　　드 아데나워 재단 서울사무소, 2018.

김석향·박민주, 「북한 내 재생산 영역의 사회구조와 여성의 실천」, 『여성학논집』
　　제33권 1호, 2016.

양문수, 「2000년대 북한경제 평가와 향후 전망①: 거시경제 전반」, KERI 북한농업
　　동향 제15권 1호, 2013.

이석, 「2000년대 북한경제와 강성대국의 경제적 의미」, 『KDI 북한경제리뷰』 제11권
　　11호, 2009.

통일부 통일교육원, 『2018 북한이해』, 통일부 통일교육원, 2017.

pmg 지식엔진연구소, "유리가가린", 『시사상식사전』, 박문각, 2018.

Andrei Lankov and Seok-hyang Kim, "A New Face of North Korean Drug Use: Upsurge
　　in Methamphetamine Abuse Across the Northern Areas of North Korea", *North
　　Korean Review* Vol. 9, No. 1(SPRING 2013).

Clifford Geertz, The Interpretation of Cultures, Basic Books, 1973.

『보건타임즈』 2016년 7월 21일, 「아리바이오, 중 한후화장품에 연간 170억 규모 수출」.

『동아일보』 2019년 4월 22일 인터넷 기사, 「"여대생 단발, 중년 굽실머리"…北이 주민에 권장한 헤어스타일」.

http://www.cybernk.net

http://www.unikorea.go.kr/unikorea/business/NKDefectorsPolicy/status/lately/

http://www.bktimes.net/detail.php?number=60549

https://terms.naver.com/entry.nhn?docId=5662119&cid=43667&categoryId=43667

https://mnews.joins.com/article/23447214#home

저자소개

김석향

　　이화여자대학교 사회학과 및 동 대학원을 졸업하고 미국 조지
아대학교에서 박사학위를 받았다. 현재 이화여자대학교 북한학과
교수이며 통일학연구원 원장으로 재직하는 중이다. 저서로는『북한
의 언어와 문학(북한학총서 6)』(공저),『북한의 여성과 가족』(공저),
『북한 이탈주민의 언어생활에 나타나는 북한 언어정책의 영향』,
『회령사람들, 기억 속 이야기를 들려주다』,『한반도 건강공동체
준비』(공저),『북한이탈주민이 들려주는 북녘 땅 고향 이야기』등이
있다.

박민주

　　이화여자대학교 북한학과 박사과정을 수료했고 2019년 8월 졸업
예정이다. 현재 울산여성가족개발원에 재직 중이다.

표지 그림
박혜주

　　UX디자이너로 활동하고 있으며 서울대학교 미술대학 석사과정
에 재학 중이다. 인스타그램@macaumacaron